四川民族地区
铸牢中华民族共同体意识同步现代化研究

四川省民族宗教事务委员会　编著

四川民族出版社

图书在版编目（CIP）数据

四川民族地区铸牢中华民族共同体意识同步现代化研究 / 四川省民族宗教事务委员会编著. -- 成都：四川民族出版社, 2023.6（2024.1重印）

ISBN 978-7-5733-1380-5

Ⅰ. ①四… Ⅱ. ①四… Ⅲ. ①中华民族－民族意识－研究－四川 Ⅳ. ①C955.2

中国国家版本馆CIP数据核字（2023）第118641号

四川民族地区铸牢中华民族共同体意识同步现代化研究

SICHUAN MINZU DIQU ZHULAO ZHONGHUA MINZU GONGTONGTI YISHI TONGBU XIANDAIHUA YANJIU

四川省民族宗教事务委员会　编著

责任编辑　伍丹莉
责任印制　谢孟豪
出　　版　四川民族出版社
地　　址　成都市敬业路108号
邮政编码　610091
联系电话　（028）80640532
照　　排　四川胜翔数码印务设计有限公司
印　　刷　成都壹起印数码印刷有限公司
成品尺寸　170mm × 240mm
印　　张　21.5
字　　数　300千
版　　次　2023年6月第1版
印　　次　2024年1月第2次印刷
书　　号　ISBN 978-7-5733-1380-5
定　　价　68.00元

编 委 会

编委会成员

主编

张富国

（中共四川省委统战部副部长，四川省民族宗教事务委员会党组书记）

苏嘎尔布

（四川省民族宗教事务委员会党组书记、主任）

序

深入推进中国式现代化、实现中华民族伟大复兴，离不开各族人民的团结奋进。中国特色社会主义进入新时代，以习近平总书记为核心的党中央不遗余力推进中华民族共同体建设的伟大工程，从党的集中统一领导、实现区域均衡发展、加强民族团结进步、建设各民族共有家园、坚持宗教中国化方向等多个维度，系统性推动党的民族工作高质量发展，助推少数民族地区同步实现现代化。2022年10月，习近平总书记在中国共产党第二十次全国代表大会上强调要“以铸牢中华民族共同体意识为主线，坚定不移走中国特色解决民族问题的正确道路，坚持和完善民族区域自治制度，加强和改进党的民族工作，全面推进民族团结进步事业”[①]。通过各个民族的大团结、大联合，巩固和发展最广泛的爱国统一战线，为实现中华民族伟大复兴汇聚起磅礴伟力。

四川自古以来就是各民族交往、交流、交融的家园，有全国最大的彝族聚居区、第二大藏族聚居区和唯一的羌族聚居区。历史上的四川民族地区，地缘环境封闭、交通条件落后、宗教信仰迥异，由于受教育水平的低下、人力资本和技术体系的缺乏，贫困在这一区域发生代际传递。甘孜藏族自治州、阿坝藏族羌族自治州、凉山彝族自治州依靠区域生态、文化民俗、特色产业、优势资源等内生性元素的发展动力不足、区域历史的惰性，致使外部政策帮扶难度更大、成本更高。国家资源的

① 习近平：《高举中国特色社会主义伟大旗帜 为全面建设社会主义现代化国家而团结奋斗：在中国共产党第二十次全国代表大会上的报告》，北京：人民出版社，2022年版，第39—40页。

大量投入难以迅速转变为当地发展的内生动力，大规模发展市场化经济的条件、促进社会流动性的要素在这一区域难以满足，成为四川省实现现代化的短板区域。改革开放以来，特别是西部大开发战略的实施，四川民族地区各族群众的物质生活得到了改善，藏族、羌族、彝族等少数民族对党和国家的认同进一步增强。党的十八大以来，四川省坚决贯彻落实党中央关于加快贫困地区脱贫、加强和改进党的民族工作的重大战略部署，加快甘孜州、阿坝州、凉山州的“跨越式”发展。

四川省同步实现现代化、统筹推进治蜀兴川战略，关键在于民族地区继续巩固脱贫攻坚成果、各族群众深入交往、交流、交融，实现省域社会稳定。经过全省上下十多年的努力，民族地区在“铸牢中华民族共同体意识、经济发展、文化旅游、民生保障、生态文明、对外开放、科技发展、教育卫生、法治建设、党的建设”等领域正迎头赶上。民族地区的经济总量不断扩大，产业结构不断优化，脱贫攻坚成果不断巩固。例如甘孜州和阿坝州依托丰富的旅游文化资源，发挥比较优势，加速调整传统经济发展模式，加快发展现代特色产业。凉山州摆脱了绝对贫困、破解了区域性整体贫困的历史症结，重大专项扶贫取得历史性成就，交通、通信、水电等基础设施建设有了全方位进步。在经济社会发展基础上，民族地区群众的民生福祉得到更大保障。在就业创业服务方面，民族地区着眼新常态下的新特点，深入实施就业优先战略和新一轮就业创业政策。针对省内藏族聚居区，实施了“六项民生工程计划”，使农牧民群众的获得感和幸福感进一步提升。与此同时，坚持“以人民为中心”的教育理念，办好人民满意的教育，加大国家通用语言文字推广力度，率先启动现代远程教育，以“四川云教”辐射带动边远民族地区实现教育现代化，将教育作为扶贫治贫的关键举措，有效阻断了贫困代际传递。另外，新时代的四川民族地区坚持以提高民族事务治理法治化水平为目标，坚持用法治思维、法治方式，化解社会矛盾，持续深化“诉非衔接”“公调对接”“诉源治理”等专项工作，风险矛盾源头治理成效显著，有力维护了民族地区社会和谐稳定。四川民族地区现代化进程高质量推进，归根到底是党的建设取得了突破性进展。四川民族地区始终把党的思想政治引领摆在首位，不断发展壮大基层党组织，扭转了过去党的建设宽、松、软的困局，打造了一批信得过、靠得住、用得上的党员干部队伍，致力于服务各族群众、化解重大风险、增进民族团结、维护国家统一。

四川民族地区铸牢中华民族共同体意识、同步实现现代化，要立足当下，更要放眼未来。四川民族地区力争全方位、各领域实现2035年远景目标。铸牢中华民族共同体意识方面，努力建成实现现代化基础上的新型民族关系，各民族交往、交流、交融更加深入，命运共同体意识基本增强，社会和谐稳定的目标全面巩固；经济社会发展方面，实现现代特色产业成熟发展，全面融入成渝经济圈，建设川西北文旅经济带、攀西文旅经济带，文旅深度融合发展，基本建成现代化经济体系；民生保障方面，同步实现基本公共服务均等化，加快夯实劳有所得坚强保障、促进实现全体人民住有所居、让弱有所扶的承诺落到实处；生态治理方面，基本实现生态环境治理现代化，重要河流治理成效大幅改观、高原生态工程建设全面推进、自然资源保护力度全面强化；对外开放方面，实现全方位、高层次、多领域的国内国际双循环对外开放新格局高质量发展；科技方面，初步建成现代化创新型社会，创新驱动发展战略实施取得实质性成效，科技创新成为地区经济增长主要驱动力；教育水平提升方面，普通高中教育与中等职业教育同步协调融合发展，绝大多数城乡新增劳动力接受过高中阶段教育，能够熟练掌握和运用国家通用语言文字，农牧区学生接受优质高等教育机会进一步增加；法治和党的建设方面，基本建成法治政府、法治社会，各民族人民平等参与、平等发展等权利得到充分保障，党的领导与民族区域自治有机结合，制度优势充分彰显、党的建设全面加强。

四川民族地区铸牢中华民族共同体意识、同步实现现代化不是一朝一夕就能完成的，既要从长谋划，也要锲而不舍、久久为功。在新的伟大征途上，四川民族地区要坚持和加强党的全面领导、坚持中国特色社会主义解决民族问题的正确道路、坚持和完善民族区域自治制度、强化“五个认同”，保障民族平等权利，以各族群众的共同发展为根本目标。要继续优化区域主体功能和产业空间布局，高质量推进乡村振兴，全面深化改革。充分激活旅游文化潜能，健全民族文化和旅游工作领导机制，建立文化和旅游发展纳入各地绩效目标考核的激励机制，引导各类资金参与投资文旅领域，以旅游促进各民族文化交融创新。坚持和完善生态文明制度体系，构建生态安全、生态经济、生态生活体系，建立健全政府生态文明目标责任体系。持续加强对口支援与合作共进，加快打造特色产业、着力提升品牌效应、加大基础设施和贸易合作通道建设力度，尤其是推动民族地区产业结构优化升级和经济发展方式转变，把资源优势转化为经济优势。持之以恒推进卫生健康事业高质量发展，加快推动幼有所育迈向幼有优育，加强各级教育事业保障建设。贯彻落实关于全面推进依法治国若干重大问题的决定，严格执行国家、四川省关于法治建设相关规划。在民族与区域因素相结合的理念指引下，推进民族地区立法工作，推进法治政府建设，提高司法公信力，加强法治宣传教育，强化法治工作人才队伍建设，推进社会法治体系和法治能力现代化。以抓紧、抓实基层党组织建设为基础，打造坚强的党员干部人才队伍。将党的“政治领导力、思想引领力、群众组织力、社会号召力”有效转化为“缩小区域发展差距、加强社会管理、促进民族团结、保障国家安全、提高社会文明程度”的效能，动员全社会力量，以铸牢中华民族共同体意识为主线，共同缔造“你中有我，我中有你，谁也离不开谁的命运共同体”。

目录

Contents

‖第一章‖

铸牢中华民族共同体意识

一、中国式现代化道路进程中的中华民族共同体建设

中华民族自古以来就是一个整体，在历史的长河中很早就形成了“多元一体”的格局。“中华民族五千多年的发展历程，就是一部各民族交往交流交融的历史，追求国家大一统、推进民族团结融合始终是主流。”[①]中国式现代化道路是在中国共产党领导下由中华大地上各个民族共同缔造的。时刻强调中华民族大家庭理念，积极树立中华民族共同体观念，铸牢中华民族共同体意识是新时代中央民族工作的重点，同时也是社会主义现代化建设的核心层面。2021年中央民族工作会议强调：“全面建设社会主义现代化国家，一个民族都不能少。”中国共产党第二十次代表大会报告明确指出：“以铸牢中华民族共同体意识为主线，坚定不移走中国特色解决民族问题的正确道路，坚持和完善民族区域自

① 中共中央统一战线工作部，国家民族事务委员会：《中央民族工作会议精神学习辅导读本》，北京：民族出版社，2022年版，第8页。

治制度，加强和改进党的民族工作，全面推进民族团结进步事业。”[①]纵观中国共产党引领各族人民共同推进社会主义现代化的历史进程，我国在促进各族人民团结奋进、共同创造美好生活、铸牢中华民族共同体意识等方面，有着现实的客观要求、特色的道路优势与深厚的条件基础。

（一）铸牢中华民族共同体意识是全面推进为中华民族伟大复兴而团结奋斗的必然要求

中华民族是各个民族团结奋进、共同缔造的具有强大凝聚力的共同体，不是想象出来的虚幻的共同体。费孝通先生曾指出中华民族是一个“多元一体”的民族实体，“这个自在的民族实体在共同抵抗西方列强的压力下形成了一个休戚与共的自觉的民族实体。这个实体的格局是包含着多元的统一体，所以中华民族还包含着50多个民族”。[②]各民族之间相互包容、相互交往交流交融，“各民族在分布上的交错杂居、文化上的兼收并蓄、经济上的相互依存、情感上的相互亲近，形成了你中有我、我中有你，谁也离不开谁的多元一体格局”。[③]然而，当今世界正处于百年未有之大变局，国际局势风云突变，一些西方国家和反华势力屡屡勾结民族分裂势力和宗教极端势力，旨在制造民族仇恨、分裂国家、遏制中国发展，企图破坏中国社会稳定的大好局面，以此达到阻碍中华民族伟大复兴的目的。

近年来，流亡国外的达赖藏独集团仍在各种场合推销所谓的“中间道路”，其实质是谋求西藏独立、分裂祖国，“图谋建立历史上从来不存在的‘大藏区’，宣称‘西藏问题’是600万藏人的问题，要将西藏、

---

① 习近平：《高举中国特色社会主义伟大旗帜　为全面建设社会主义现代化国家而团结奋斗：在中国共产党第二十次全国代表大会上的讲话》，北京：人民出版社，2022年版，第39—40页。

② 费孝通：《中华民族多元一体格局》，北京：中央民族大学出版社，2020年版，第44页。

③ 引自习近平总书记在2014年中央民族工作会议暨国务院第六次全国民族团结进步表彰大会上的讲话，2014年9月29日。

四川、云南、甘肃和青海等藏族及其他民族聚居区合并在一起，建立统一的行政区”[①]。与此同时，西方某些反华政客屡次打着宗教、人权的幌子，炮制所谓的“新疆维吾尔族强迫劳动法案”，不断挑战中国的国家利益和政治底线。比如美国总统拜登于当地时间2021年12月23日签署所谓的“维吾尔强迫劳动预防法案”，中国外交部发言人对此立即做出强烈表态：“所谓新疆地区存在‘强迫劳动’和‘种族灭绝’，完全是反华势力炮制的恶毒谎言。新疆经济发展和社会安定举世公认，各族人民安居乐业有目共睹。美方反复借涉疆问题造谣生事，实质是打着人权的幌子搞政治操弄和经济霸凌，企图破坏新疆繁荣稳定、遏制中国发展。”[②]国外反华分裂势力的肆意干扰举动，体现出当今“百年未有之大变局”和“中华民族伟大复兴战略全局”两个大局的现实背景下，中华民族共同体建设首要面临的严峻挑战。“一些发展中国家盲目照搬西方模式，非但没有构建起牢固的国家认同，甚至还导致有的国家民族问题愈演愈烈。”[③]我国保持民族关系和谐、政治社会稳定的大局，靠的是对中华民族共同体的认同，是在国家层面牢牢树立起中华民族共同体理念，铸牢中华民族共同体意识。

（二）中国共产党领导是中国特色社会主义最本质的特征，也是铸牢中华民族共同体意识的根本制度优势

中国特色社会主义的制度优越性源于我们党团结带领全国各族人民始终以马克思主义为指导思想和行动纲领的社会发展历程，凸显在全方位、全过程保障全国各族人民当家做主的主人翁地位的确立和巩固。中

① 参见肖杰：《今日西藏，为何彰显了“中间道路”的非法与荒谬》，中国西藏网，2021年5月31日。

② 参见《外交部发言人就美方签署所谓“维吾尔强迫劳动预防法案”发表谈话》，外交部官网，https://www.fmprc.gov.cn/web/wjdt_674879/fyrbt_674889/202112/t20211224_10475186.shtml

③ 中共中央统一战线工作部，国家民族事务委员会：《中央民族工作会议精神学习辅导读本》，北京：民族出版社，2022年版，第51页。

国特色社会主义进入新时代，习近平总书记强调："制度优势是一个国家的最大优势，制度竞争是国家间最根本的竞争。制度稳则国家稳。新中国成立70年来，中华民族之所以能迎来从站起来、富起来到强起来的伟大飞跃，最根本的是因为党领导人民建立和完善了中国特色社会主义制度。"①人民代表大会制度、中国共产党领导的多党合作和政治协商制度、民族区域自治制度、基层群众自治制度等等多维多层制度共同构成了中国特色社会主义制度。中国特色社会主义制度作为中华民族大家庭稳定的行为规范，其最大的优势在于实现了党的领导、人民当家做主与依法治国的有机统一。

与西方资本主义国家的制度相比较而言，中国特色社会主义制度的优势主要体现在以下几个方面：一是中国共产党是中华民族共同体的领导核心。回溯我国社会主义制度的演进历程，不难发现这么一条铁律——我们党是全国各族人民不断团结奋进、实现中华民族伟大复兴中国梦最坚强的引领者。"在中国特色社会主义制度体系中，中国共产党是整个制度的'乐队指挥'，是制度的确立者、探索者、设计者和领导者。离开了中国共产党领导，中国特色社会主义制度就失去了'主心骨'，就会在运行和发展中迷失方向。"②二是集中力量办大事的组织动员能力。历史经验和现实实践证明，中国特色社会主义制度的成功之处在于能够动员全国各族人民，组织调动各方面的资源，能够让中华民族为一个共同的奋斗目标前进。比如面临地震灾害、洪水袭来、新冠疫情等风险，各族群众在中国共产党的组织领导下统一行动、共同努力，充分彰显出"一方有难、八方支援"的社会主义制度优势。三是始终坚持为中华民族利益奋斗的历史唯物主义政党政治观。毛泽东同志强调："共产党员是一种特别的人，他们完全不谋私利，而只为民族与人民求福利。他们生根于人民之中，他们是人民的儿子，又是人民的教师，他

① 《习近平谈治国理政》第3卷，北京：外文出版社，2020年版，第119页。

② 黄建军：《中国特色社会主义制度优势的五重意蕴》，《马克思主义研究》，2021年第9期。

们每时每刻地总是警戒着不要脱离群众，他们不论遇着何事，总是以群众的利益为考虑问题的出发点。”[①]“不忘初心、牢记使命”，“为中国人民谋幸福、为中华民族谋复兴，是我们党始终不渝的初心使命。”[②]在社会主义现代化建设的伟大征程上，党始终践行着为中国各族人民谋幸福的使命，为建设一个稳定繁荣的中华民族共同体砥砺前行。

（三）民族区域自治制度是铸牢中华民族共同体意识的制度保障

历史上的王朝国家因为治理技术、治理能力的不足，对广袤的边疆社会往往采取“因俗而治”的方式。近代以来的先知先觉者们在推动现代民族共同体建设的过程中充分认识到了区域特质、非均衡的历史底色，如孙中山先生基于这样的认识，提出了“汉、满、蒙、回、藏”五族共和的建国构想，然而这一“国族”建构理想随着民主共和的失败而流产。中华人民共和国成立以后，通过采取特殊的方式和政策，逐步将边疆地区纳入、整合到多民族国家的政治统一体当中。在现代中华民族共同体建构中，实现了对少数民族地区的有效治理，而其中的关键因素在于实施“民族区域自治制度”。1949年《中国人民政治协商会议共同纲领》明确规定：“各少数民族聚居的地区，实行民族区域自治，按照民族聚居的人口多少和区域大小，分别建立各民族自治机关。”“在单一制的国家结构形式下通过民族区域自治来保障和实现少数民族政治权利”[③]，使得中华民族共同体建设的方式不断完善、内容不断丰富、成效也不断增强。多民族平等共存、多元一体的中华民族的格局，正是在现代“民族区域自治”这一民主制度的基础上形成的。可以说，民族区域自治制度的建立，是与中华民族共同体建设、铸牢中华民族共同体意

① 《毛泽东文集》第3卷，北京：人民出版社，1996年版，第47页。

② 中共中央统一战线工作部，国家民族事务委员会：《中央民族工作会议精神学习辅导读本》，北京：民族出版社，2022年版，第52页。

③ 周平：《多民族国家的族际政治整合》，北京：中央编译出版社，2012年版，第180页。

识的历史背景和客观条件相适应的，是中国这个多民族大家庭的必然选择，它在真正意义上赋予了少数民族当家做主的权利。

在新的伟大历史征程上，以习近平同志为核心的党中央高瞻远瞩，始终坚持民族区域自治制度，推动民族因素与区域因素结合治理进程。在2021年8月27日至28日召开的中央民族工作会议上，习近平总书记特别强调以铸牢中华民族共同体意识为主线，推动新时代党的民族工作高质量发展，“必须坚持和完善民族区域自治制度，确保党中央政令畅通，确保国家法律法规实施，支持各民族发展经济、改善民生，实现共同发展、共同富裕”。[①]民族区域自治就是在维护统一的政治和领土的共同体的前提下，对历史和文化共同体的保留和包容。它充分体现了党和国家对民族地区长期以来形成的历史文化、风俗习惯、社会民情的尊重。可以说民族区域自治的成功实践，为解决多种历史文化共同体融合而成的中华民族共同体建设探索出了一条特色道路。

（四）区域协作与积极帮扶是铸牢中华民族共同体意识的具体方略

中国作为一个超大规模的国家，在推动中华民族共同体建设的道路中，充分遵循社会主义制度的基本原则，积极发挥区域之间协作发展的制度优势。在众多具体的实践活动中，区域协作都彰显出重要的动员机制和行动协调能力。西部边疆民族地区是边远地区，同时也是深度贫困地区，为了更好地打赢脱贫攻坚战，帮助民族地区群众早日摆脱贫困，我们党和政府积极推进区域协作帮扶工程。党的十九大指出：“动员全党全国全社会力量，坚持精准扶贫、精准脱贫，坚持中央统筹省负总责市县抓落实的工作机制，强化党政一把手负总责的责任制，坚持大扶贫

① 《习近平在中央民族工作会议上强调 以铸牢中华民族共同体意识为主线 推动新时代党的民族工作高质量发展》，求是网，2021年8月28日。

格局，注重扶贫同扶志、扶智相结合，深入实施东西部扶贫协作，重点攻克深度贫困地区脱贫任务。”[①]

区域协作的目的是为了实现各族群众的共同富裕，区域协作发展是在中国共产党的领导下走的一条“包容式”的发展道路，是中国特色社会主义的具体实践。学者郑永年对此有着充分的认知，他认为西方人不理解中国的区域协作的制度优势，正如他所讲的：“中国的扶贫模式是任何社会都做不来的。我和美国朋友交流，他们无法理解中国的对口帮扶政策，中央政府怎么能有权力用广东省的财富去帮助贵州、新疆、西藏？很难想象印度的一个邦去帮助另外一个邦，美国的一个州帮助另外一个州。”[②]正是多年来“建立健全区域合作机制、区域互助机制、区际利益补偿机制”[③]效能的发挥，使得边疆民族地区市场经济不断发展、现代产业不断繁荣。特别是在交通技术的革命性发展（小到村村通公路建设，大到铁路和航运网建设）、互联网技术的飞速革新、中华民族共同体认同的趋势之下，[④]社会交往不断扩大、信息不断流通、人口流动不断增加、公民权利不断扩展、地域联系不断强化，各民族相互交往交流交融的速度不断加快、广度不断扩展、程度不断深入。正是区域协作、相互帮扶的制度优势，使得边疆民族地区在被动整合的过程中，也加快了自身的主动融合。

① 习近平：《决胜全面建成小康社会夺取新时代中国特色社会主义伟大胜利——在中国共产党第十九次全国代表大会上的报告》，《人民日报》，2017年10月18日。

② 引自郑永年：《中国共产党与中国现代化》，爱思想网，https://www.aisixiang.com/data/126610-2.html。

③ 《中共中央国务院关于建立更加有效的区域协调发展新机制的意见》，新华社，2018年11月29日。

④ 林彦虎：《民族文化认同的意识形态主导取向、深层动力及建构路径》，《新疆社会科学》，2017年第6期。

（五）团结互助的民族政策及其经验是铸牢中华民族共同体意识的现实基础

一百多年来，中国共产党领导中华民族共同体建设，积累了丰富的治理政策与社会经验。中华人民共和国成立之初，党的第一代领导人就以民族平等和民族团结为主线推动中华民族共同体建设，如毛泽东同志所讲的："我国少数民族有三千多万人，虽然只占全国总人口的百分之六，但是居住地区广大，约占全国总面积的百分之五十至六十。所以汉族和少数民族的关系一定要搞好。这个问题的关键是克服大汉族主义。在存在有地方民族主义的少数民族中间，则应当同时克服民族主义。"[①]党团结带领各族人民，始终以马克思主义民族观为理论指导思想，出台了一系列旨在促进民族团结、保障少数民族群众各项权利的政策文件，比如1952年8月中央人民政府公布了《中华人民共和国民族区域自治实施纲要》《关于地方民族民主联合政府实施办法的决定》和《关于保障一切散居的少数民族成分享有民族平等权利的决定》等等。总结起来，在经济上，出台帮助民族自治地方发展经济相关的政策；在政治上，依法规定各族人民一律平等；在文化上，发展少数民族地区科教文卫事业，各民族充分享有对本民族语言文字的使用权利；在社会上，尊重少数民族同胞的风俗习惯，充分保障宗教信仰自由的权利，"尤其是各民族共同发展繁荣的政策大大提升了少数民族和民族地区的发展水平，创造了一个个'一步跨千年'的奇迹"。[②]

站在民族工作高质量发展的新的历史起点上，习近平总书记强调，要继续发挥党的民族政策优势，充分依据中华民族共同体建设经验优

---

① 毛泽东：《正确处理少数民族问题》，国家民委政策研究室：《中国共产党主要领导人论民族问题》，北京：民族出版社，1994年版，第144—145页。

② 王希恩：《马克思主义理论和实践中的民族主义》，北京：社会科学文献出版社，2020年版，第387页。

势，“把各族人民对美好生活的向往作为奋斗目标，确保少数民族和民族地区同全国一道实现全面小康和现代化。中华民族是一个大家庭，一家人都要过上好日子。要加快少数民族和民族地区发展，推进基本公共服务均等化，提高把‘绿水青山’转变为‘金山银山’的能力，让改革发展成果更多更公平惠及各族人民，不断增强各族人民的获得感、幸福感、安全感，让各族人民共创美好未来、共享中华民族新的光荣和梦想”。[①]近年来，民族地区反贫困的政策经验成为中华民族共同体建设成就的一个缩影。比如在不断消除民族地区绝对贫困的基础上，积极培育新乡贤，让寨老、能人等乡村共同体的代表与新时代的反贫困基调相契合，引导乡村群众树立起反贫困的志向，带领乡村共同体走致富道路，繁荣共同体的经济生活。与此同时，充分发挥“民族村寨”等整体性治理单元的有效性经验，“从民族自然村寨出发，挖掘特色，开发资源”。[②]在具体扶贫政策的落实方面，谨防扶贫资金陷入平均配给的历史窘境，充分调动个体的自主性和创造性，加快致富设施建设，鼓励人们改变低效的生产方式，提高人们参与市场经济的能力，创新农村集体经营方式，以现代市场化、竞争性、个体性的财富积累机制化解、破解返贫风险，真正从多方面的政策着手，为铸牢中华民族共同体意识奠定现实基础。

二、新时代以铸牢中华民族共同体意识为主线推动党的民族工作高质量发展

为中国人民谋幸福、为中华民族谋复兴是中国共产党的奋斗目标和

① 习近平：《在全国民族团结进步表彰大会上的讲话》，新华网，2019年9月29日。

② 王章基：《民族地区乡村振兴的“村寨模式”研究——以黔东南45个民族特色村寨为样本》，《广西大学学报》（哲学社会科学版），2019年第3期。

历史使命。党的十八大以来，以习近平同志为核心的党中央从中华民族伟大复兴的战略全局出发，贯彻落实党的民族政策，始终坚持党对民族工作的领导，以铸牢中华民族共同体意识为主线推动党的民族工作高质量发展，进一步增强中华民族的凝聚力，“各民族像石榴籽一样紧紧拥抱在一起”。

（一）持续推进民族团结进步事业，肩负起铸牢中华民族共同体意识的时代责任

各个民族之间团结友善、相互尊重、相互帮扶，和衷共济奔向更加美好的生活，这是中华民族的传统美德，同时也是我们党领导中华民族不断从“站起来”到“富起来”再到“强起来”的重要保证，是马克思主义民族观的重要体现。党的十八大以来，我们国家以铸牢中华民族共同体意识为主线，不断推进民族团结进步事业向前发展，取得了重大的成就，积累了宝贵的经验。然而，越是成绩斐然的时刻，越要居安思危，越不能忘记各族群众团结奋进走过的路。习近平总书记为此强调：“我们伟大的祖国，幅员辽阔，文明悠久。一部中国史，就是一部各民族交融汇聚成多元一体中华民族的历史，就是各民族共同缔造、发展、巩固统一的伟大祖国的历史。我们辽阔的疆域是各民族共同开拓的，我们悠久的历史是各民族共同书写的，我们灿烂的文化是各民族共同创造的，我们伟大的精神是各民族共同培育的。中华民族多元一体是先人们留给我们的丰厚遗产，也是我国发展的巨大优势。”[①]在十四五时期，面对日益增多的外部风险，我们要防患于未然，“聚焦铸牢中华民族共同体意识，加大对民族地区发展支持力度，全面深入持久开展民族团结进步宣传教育和创建，促进各民族交往交流交融”。[②]

① 习近平：《在全国民族团结进步表彰大会上的讲话》，新华网，2019年9月29日。

② 《中华人民共和国国民经济和社会发展第十四个五年规划和2035年远景目标纲要》，新华网，2021年3月13日。

（二）建成实现现代化基础上的新型民族关系

2021年既是中国“十四五”规划的开局之年，也是实现2035年远景目标的起始之年。一个明确的远景目标，是引导我们国家发展的巨轮胜利前进的动力所在。“2035年基本实现社会主义现代化，是我国全面建成小康社会、实现第一个百年奋斗目标之后，向第二个百年奋斗目标进军的关键一步，是‘十四五’以至未来十五年引领我国发展的总目标，具有十分重要和深远的战略意义。”[①]站在两个一百年奋斗目标的历史交汇点上，习近平总书记为核心的党中央以铸牢中华民族共同体意识为主线，推进民族团结进步事业，力求到2035年建成实现现代化基础上的团结、互助、平等、包容、交融的新型民族关系。新型民族关系既是对共产党人以往形塑的民族关系内容的承继，更是对中国特色社会主义民族关系内涵的丰富和发展。对于现代化进程中的多民族国家而言，构建一种什么样的民族关系，既是历史命题也是现实难题。世界上其他国家和地区长期以来盛兴狭隘民族主义、自由主义、文化多元主义，导致现代化进程充满了民族隔阂、族群冲突、族际压迫。而在马克思主义民族观指引下的社会主义中国，党和政府深刻认识到新型民族关系的建构过程与国家现代化进程高度重叠的时代价值，注重强调构建团结、互助、平等、和谐的民族关系。只有建成新型民族关系才能实现繁荣稳定、强大凝聚力的中华民族共同体，才能实现中华民族真正高质量的现代化。

① 韩正：《到二〇三五年基本实现社会主义现代化远景目标（学习贯彻党的十九届五中全会精神）》，人民网，2020年11月19日。

（三）各民族交往交流交融更加深入，命运共同体意识基本增强

铸牢中华民族共同体意识，核心在于不断深化56个民族的交往交流交融，有学者认为："增加多族群之间的互动与交流是构建信任关系的第一步，族群心理意识认可对提升多族群融合关系尤为重要。"[①]中华民族共同体，既是政治领土共同体，同时也是命运共同体。只有强化各民族之间的交互融合，才能形成真正的中华民族命运共同体。2019年10月中共中央办公厅、国务院办公厅印发《关于全面深入持久开展民族团结进步创建工作铸牢中华民族共同体意识的意见》指出："要推进建立相互嵌入式的社会结构和社区环境，积极营造各民族共居共学共事共乐的社会条件，开展各族群众交流、培养、融洽感情的工作，形成密不可分的共同体。搭建促进各民族沟通的文化桥梁，坚持以社会主义先进文化引领促进各民族文化传承发展。开展富有特色的群众性交流活动，打造'中华民族一家亲'系列实践教育活动平台。"[②]相信，持之以恒推进中华民族共同体建设，到2035年前后，各民族之间的交往交流交融必然会更加深入，中华民族共同体的命运共同体意识基本增强。

（四）各族群众获得感、幸福感、安全感显著提升

全国各族人民对美好生活的向往是我们党持之以恒奋斗的目标，各族人民的获得感、幸福感、安全感的显著增强是铸牢中华民族共同体意识的首要目标，是检验党的民族工作成效的关键。在实现现代化的伟大征程上，以习近平总书记为核心的党中央坚持以人民为中心的发展道

---

① 李松：《多族群嵌入式社区构建研究：基于融合视角》，北京：光明日报出版社，2021年版，第155页。

② 中共中央办公厅、国务院办公厅：《关于全面深入持久开展民族团结进步创建工作铸牢中华民族共同体意识的意见》，新华社，2019年10月23日。

路，强调“江山就是人民、人民就是江山”。矢志不渝地贯彻新发展理念，为的是让56个民族生活在一个充满获得感、幸福感、安全感的大家庭里。中国式的现代化，不让任何一个区域、任何一个民族掉队，“如果民族地区的发展差距持续拉大的趋势长期得不到根本扭转，就会造成心理失衡，乃至民族关系、地区关系失衡”①。同样，“民族地区‘幸福感’和经济发展不充分、不协调，与发达省区有差距是铸牢中华民族共同体意识的重要症结所在”②。《中华人民共和国国民经济和社会发展第十四个五年规划》当中特别提到：“坚持尽力而为、量力而行，健全基本公共服务体系，加强普惠性、基础性、兜底性民生建设，完善共建共治共享的社会治理制度，制定促进共同富裕行动纲要，自觉主动缩小地区、城乡和收入差距，让发展成果更多更公平惠及全体人民，不断增强人民群众获得感、幸福感、安全感。”③只有让全国各族人民享有更多实实在在的收益、更加幸福的生活、更加安全的社会环境，才能让各族群众真正从内心深处认同中国共产党的领导和中华民族共同体。

（五）社会持续和谐稳定的目标全面巩固

超大型国家的长治久安，取决于内部族群关系的融洽和边疆民族地区的社会稳定。平安中国、和谐中国的美好愿景目标的达成，离不开56个民族的携手奋进。铸牢中华民族共同体意识、推动经济社会发展、顺利实现现代化转型，离不开一个长期稳定的社会环境。改革开放以来的40多年，我们党团结带领各族人民奋勇向前，一方面，取得了经济社会发展方面史无前例的重大成就，2020年，我国国内生产总值（GDP）

① 虎有泽、尹伟先：《铸牢中华民族共同体意识研究》，北京：中国社会科学出版社，2019年版，第67页。

② 虎有泽、尹伟先：《铸牢中华民族共同体意识研究》，北京：中国社会科学出版社，2019年版，第65页。

③ 《中华人民共和国国民经济和社会发展第十四个五年规划和2035年远景目标纲要》，新华网，2021年3月13日。

首次突破100万亿元的大关；另一方面，我们国家也实现了长期的社会稳定，各族群众安居乐业。特别是近些年来，国家持续推进平安中国建设，开展扫黑除恶行动，有效铲除黑恶势力，社会治安环境显著改善。据统计，“2020年，全国群众安全感为98.4%。中国长期保持社会和谐稳定、人民安居乐业，成为国际社会公认的最有安全感的国家之一”[①]。反观同一时期其他国家和地区，缺乏一个稳定的政权、和谐的社会环境，政权更替频繁发生、犯罪率持续增高、枪支泛滥和暴力冲突不断，人民生命财产安全得不到保障，现代化进程时常中断。我们国家社会稳定的良好局面来之不易，全党同志和各族人民在奋发有为，继续推动经济高质量发展的同时，实现社会的持续稳定，在全面建设社会主义现代化国家新征程上，持续强化社会治安防空，以高“治商”化解国内外社会风险，力求中华民族共同体全体成员持续过上稳定平安的生活。《中华人民共和国国民经济和社会发展第十四个五年规划和2035年远景目标纲要》中对于社会和谐稳定有着明确的要求，即特别强调要正确处理新形势下人民内部矛盾，加强社会治安防控，编织全方位、立体化、智能化社会安全网。落实到具体的行动上，就是通过健全社会矛盾综合治理机制、推进社会治安防控体系现代化两个层面的举措来全面巩固建设平安中国取得的重大成果。[②]随着中国特色社会主义新型民族关系的完善和发展、各民族交往交流交融的持续深化以及中华民族命运共同体意识的增强，社会和谐稳定的目标必然在有步骤的实现过程中得到全面巩固。

---

① 《中国的全面小康（白皮书）》，国务院新闻办公室印发，2021年9月28日。

② 《中华人民共和国国民经济和社会发展第十四个五年规划和2035年远景目标纲要》，新华网，2021年3月13日。

三、铸牢中华民族共同体意识与同步实现现代化的实践路径

（一）坚持党的全面领导，推动各民族共同走向社会主义现代化

习近平总书记在多个场合明确指出中国特色社会主义最本质的特征是中国共产党领导，中国特色社会主义制度的最大优势是中国共产党领导。中华民族各项事业的有力推进，离不开党的全面领导。铸牢中华民族共同体意识，根本的保证在于始终坚持党的全面领导。历史实践和经验表明，我们党是最能够凝聚和整合中华民族的组织力量。正如有学者认为的："多民族国家的政党，尤其是执政党，由于长期扮演族际政治整合主体的角色，必然地建构起特定的族际政治整合价值。这是多民族国家政党和族际政治发展的必然产物。"[①]我们多民族国家的组织力、凝聚力、战斗力根本上源于党的领导力。而我们党之所以具有强大的引领力，原因在于"党在不同历史时期，始终把统一战线摆在重要位置，坚持大团结、大联合，坚持一致性和多样性的统一，加强思政政治引领，广泛凝聚共识，广聚天下英才，努力寻求最大公约数、画出最大同心圆，不断巩固和发展最广泛的统一战线"[②]。在推动各族群众共同走向社会主义现代化的征途中，始终坚持党的全面领导，"听党话、跟党走"，以党的政治领导力、思想引领力、群众组织力、社会号召力的发挥促进各族群众经济上共同发展、社会上交流互嵌、文化上兼容并蓄。只有坚决贯彻落实的党的民族政策，才能全方位、全过程地调动起铸牢

① 周平：《多民族国家的族际政治整合》，北京：中央编译出版社，2012年版，第151页。

② 中共中央宣传部：《中国共产党的历史使命与行动价值》，北京：人民出版社，2021年版，第54页。

中华民族共同体意识的积极因素、最大限度地形成56个民族共同奋斗的强大合力。

（二）坚定全面建设社会主义现代化国家解决民族问题的道路自信

能否解决民族问题是世界上各个国家和地区现代化过程面对的普遍难题，各个国家和地区有着自己处理民族关系的道路，以单一的眼光去审视多种多样的道路是不民主、不公正的，“世界上还没有任何一种模式或道路可以彻底解决民族问题，即使是同一种政策在不同国家实施的效果也不尽相同”[①]。在中华民族伟大复兴的征程上，铸牢中华民族共同体意识、各族群众同步实现现代化，前提是要坚持中国特色社会主义解决民族问题的正确道路。费孝通先生早就强调：“以平等、团结、互助为特征的社会主义民族关系已经建立，并在不断发展之中。我国的社会主义时期，是各民族共同繁荣和共同发展时期。社会主义制度的优越性，为我国各个民族的繁荣和发展提供了前所未有的可靠保证。”[②]中国特色社会主义解决民族关系的正确之道，是中国之治的重要方面。中华大地上的56个民族能够团结互助、携手共进、共同发展、共建共享，凝聚起中华民族共同体的同心力，前提是始终坚持中国特色社会主义制度下解决民族问题、处理民族关系的道路，伟大的奋斗历程和丰富的实践经验表明，我们社会主义国家民族区域自治的制度是正确的、中华民族多元一体的理论是正确的、解决民族问题的特色道路是正确的。坚持走中国特色社会主义解决民族问题的道路，这是各族群众同步实现现代化的政治方向，必须坚定道路自信、理论自信、制度自信、文化自信，不

---

① 虎有泽、尹伟先：《铸牢中华民族共同体意识研究》，北京：中国社会科学出版社，2019年版，第26页。

② 费孝通：《中华民族多元一体格局》，北京：中央民族大学出版社，2020年版，第136页。

走封闭僵化的老路、不走改旗易帜的邪路，以强大的政治定力走好走实铸牢中华民族共同体意识的道路。

（三）坚持和完善民族区域自治制度，将制度优势更好地转化为国家治理效能

铸牢中民族共同体意识，重在切实可靠的制度方略、长期稳定的制度建设、健全有效的制度机制。不断坚持和完善民族区域自治制度，是我们党和国家长期治理边疆民族地区的制度方略，是铸牢中华民族共同体意识的制度基石。我们实行民族区域自治，“一方面是汉族和少数民族在历史上形成的‘你中有我，我中有你’的地域联系无法分割，另一方面也是为了便于不同民族之间的平等合作，促进共同发展、共同繁荣。这种模式的民族区域自治制度的设计，包含了经济因素和政治因素的考虑……民族自治制度是一种现代民族国家建构模式中的重要内容，是建立在民族平等基础上的，并且具有民主的意义”[①]。不管历史场景如何变化，我们都始终坚持和完善民族区域自治制度，充分保障56个民族自由生活、民主参与、平等协商、共同发展的权利，将区域特性和国家整体结合起来，特别是因地制宜推进民族地区经济发展。“实行民族区域自治，不把经济搞好，那个自治就是空的。”[②]因为在经济地位上处于弱势的少数民族群体在现代化的进程中受挫，容易产生不公正感和相对剥夺感，进而降低对民族国家的政治认同。在2021年中央民族工作会议上，习近平总书记明确指出：“必须坚持和完善民族区域自治制度，确保党中央政令畅通，确保国家法律法规实施，支持各民族发展经济、改

① 王建娥：《族际政治：20世纪的理论与实践》，北京：社会科学文献出版社，2011年版，第193页。

② 《邓小平文选》第1卷，北京：人民出版社1994年版，第167页。

善民生。”[①]民族区域自治制度是我国的一项基本政治制度，是新时代铸牢中华民族共同体意识、各族群众同步实现现代化的制度保障，要切实做到统一与自治相结合、民族因素与区域因素相结合，充分将民族区域自治的制度优势转化为治理效能。

（四）依法保障民族平等权利，迈向权利共享的现代化

全面坚持和保障各族群众平等的民主权利是铸牢中华民族共同体意识的根本原则，是不能变更的法律规则。我们是多民族国家，同时也是民主国家，“多民族民主国家的运作和成功，并不仅仅取决于对构成国家根本的大多数人的态度和政策，至少在同等程度上，也取决于少数民族和移民人口同国家发生联系的方式，他们是否理解和愿意履行责任……没有一个国家能够在公民之间普遍的族裔和政治价值对抗的缝隙中生存”[②]。在现代化的历史进程中，有些国家实行了民族差等、民族压迫的政策，导致族群分离和民族矛盾，如美国长期奉行的种族歧视、种族压迫和族群不平等剥削，使当今美国不论哪个政党执政，政治极化、族群分裂、种族仇恨都不可避免。而在中国共产党领导的社会主义国家，各民族都有实际的平等权，这是对马克思主义民族观的最好诠释。“在马克思主义经典作家理论中，民族平等绝不是一种貌似公正的‘对等’的关系，而是需要‘大民族’‘压迫民族’做出‘让步’，以对自己的‘不平等’给予少数民族和原来的被压迫民族以‘补偿’方能建立的关系；是需要对落后民族给予真诚而长期的帮助，以消除‘事实上的不平等’方能建立和维持的关系。”[③]我们党团结带领全国各族群众实现

---

① 中共中央统一战线工作部，国家民族事务委员会：《中央民族工作会议精神学习辅导读本》，北京：民族出版社，2022年版，第21页。

② ［美］菲利克斯·格罗斯：《公民与国家：民族、部族和族属身份》，王建娥等译，北京：新华出版社，2003年版，第199页。

③ 王希恩：《马克思主义理论和实践中的民族主义》，北京：社会科学文献出版社，2020年版，第62页。

民族独立、人民解放、文明进步，始终不忘民族平等的初心使命、始终坚持民族平等的法治原则。2014年9月召开的中央民族工作会议上，习近平总书记特别强调："要坚决反对大汉族主义和狭隘民族主义；大汉族主义要不得。狭隘民族主义也要不得，它们都是民族团结的大敌。"[①]依法保障各族群众的平等权利、依法治理民族事务，保障各民族的平等交往、平等交换、平等交流，才能促进各族群众的融合。实现政治民主、经济发展、社会交往、文化繁荣等诸多权利的"共同富裕"，迈向权利共享的现代化，才能实现社会主义共同富裕的远景目标。

（五）强化"五个认同"，增进中国式现代化的共同性

对于任何一个民族的现代化进程而言，民族认同必然是核心的要素。正如有学者指出的："这些法律制度定义了该民族独特的价值和特质，并反映出其人民悠久的传统和道德观。因此，在今天，对民族认同的诉求成为社会秩序与团结的主要合法性来源。"[②]中华民族是一个统一的大家庭，它的内涵中具有共同体成员对共有价值、共识基础的认同。一方面，认同要素凝聚了民族统一体，同时，统一体的延续又强化了认同，"统一体的建立显然在族裔共同体情感和最终具有内聚力的民族的发展过程中扮演了主要角色"[③]。古老的中华民族绵延至今，离不开共同体核心价值的认同。中国特色社会主义进入新时代，习近平总书记强调要把各族干部群众的思想和行动统一到党中央决策部署上来，不断增强各族群众对伟大祖国、中华民族、中华文化、中国共产党、中国特色社会主义的认同。具体而言，在中国式现代化进程中，认同伟大祖国才能

① 虎有泽、尹伟先：《铸牢中华民族共同体意识研究》，北京：中国社会科学出版社，2019年版，第69页。

② ［英］安东尼·D.史密斯：《民族认同》，王娟译，南京：译林出版社，2018年版，第24页。

③ ［英］安东尼·D.史密斯：《民族认同》，王娟译，南京：译林出版社，2018年版，第36页。

持续唤起各族群众的爱国热情，认同中华民族才能凝聚起民族力量，认同中华文化才能铸牢共同的思想基础，认同中国共产党才不会使中华民族复兴路偏航，认同中国特色社会主义才能走好中华民族携手共进的正确道路。为此，铸牢中华民族共同体意识，各族群众同步实现现代化，关键在于做好以“五个认同”为重要内容的认同强化工作。中华民族的伟大复兴，重在培育和践行56个民族都认同的理念、都认同的价值。“五个认同”的牢固树立，是形塑“汉族离不开少数民族、少数民族离不开汉族、各少数民族之间也相互离不开”的思想观念的基础。奔着2035美好愿景目标前进，必然地需要“五个认同”的理念深入各族群众的内心、进入各族群众的大脑，以“五个认同”的主流意识将全国各族群众紧密联系起来，以“五个认同”的共同理念缔造各族群众的精神家园，增进中国式现代化的共同性。

（六）推广普及国家通用语言文字，缔造中国式现代化的统一性

在历史上，不同民族区域之间的差距被逐渐拉大，除了高山峡谷、大江大河的阻隔导致少数民族民众生活区域流动性弱的地理原因之外，更重要的原因是少数民族地区现代知识文化传播的有限、民众通用语言能力的低下（识字率低下，尤其是使用国家通用文字、国家通用语言能力的低下，更加强化了他们的封闭性特征）。如果说母语是传统时期各少数民族的重要特征，那么通用语言则是现代民族国家认同、中华民族共同体建设的重要机制。吉登斯对此早已关注到了，他在论述民族国家的治理时特意提及“书写”的重要性，即他所言：“书写能使社会关系达致口承文化所无法实现的更为广大的时空范域。”[①]“现代化是一个国家在各个领域多维度全面发展的演进过程，其中语言文字使用的规

① ［英］安东尼·吉登斯：《民族—国家与暴力》，北京：生活·读书·新知三联书店，胡宗泽等译，1998内部第54页。

范化程度是衡量现代化水平的重要标志之一。”[①]中国式现代化进程的高质量推进，亟须统一的沟通媒介。汉族与少数民族、少数民族之间更广范围、更深层次的交往交流交融，少数民族致富能力的提升、对现代知识文化的接受、对中华民族共同体的认同，离不开统一的语言文字、共同的书写方式。特别是民族地区乡村社会的发展，国家通用语言和通用文字的普及是尤为关键的一环。我们党长期以来高度重视国家通用语言文字的推广普及，毛泽东和周恩来等党和国家领导人早就关注到简化汉字和推广普通话等举措对于国家建设和治理的重要意义。党的十八大以来，以习近平同志为核心的党中央为语言文字事业改革发展进一步指明了方向。《国家中长期语言文字事业改革和发展规划纲要（2012–2020）》《国家语言文字事业“十三五”发展规划》等党和国家政策文件的制定出台，为铸牢中华民族共同体意识、各族群众同步实现现代化提供了重要途径。在尊重和保障少数民族语言文字的基础上，推进知识扫盲、双语教育，提升少数民族群众使用通用语言文字的能力，将会更进一步促进民族地区农牧民“五个认同”的能力。否则，中华民族共同体建设内生动力，尤其是民众自身的能力就无法被调动起来。

（七）加快各族群众共同发展，实现共同富裕远景目标

早在20世纪50年代，周恩来总理就多次提到：“我们对各民族既要平等，又要使大家繁荣。各民族繁荣是我们社会主义在民族政策上的根本立场。”“我们社会主义的民族政策，就是要使所有的民族得到发展，得到繁荣。所以，我们国家的民族政策，是繁荣各民族的政策。在这个问题上，各民族是完全平等的，不能有任何歧视。我们的根本政策

① 中共中央统一战线工作部，国家民族事务委员会：《中央民族工作会议精神学习辅导读本》，北京：民族出版社，2022年版，第107页。

是要达到各民族的繁荣。”[①]各族群众共同的发展，才能带来对中华民族共同体的认同。在很大程度上，经济收入与国家认同存在正相关关系。正如有研究认为：“在新型城镇化政策背景下，在民族地区的城市和乡村提供更为均衡的基本公共服务，有利于促进农村少数民族的国家认同意识的提升……发展少数民族地区经济、促进少数民族就业、构建民族互嵌型社会阶层结构和推进民族地区城市化进程，有利于增强少数民族的国家认同意识。”[②]在不断铸牢中华民族共同体意识的时代背景下，我们党带领各族群众加快区域协调发展、城乡之间整合发展、基本公共服务均等化、脱贫攻坚与乡村振兴有效衔接、相对贫困治理与共同富裕协同推进等等，大力改善民生经济。与此同时，通过因地制宜发展特色产业、保障农牧民就业、增加农牧民收入、缩小地区和城乡差距，让少数民族民众真正有获得感和幸福感。在56个民族携手共进的康庄大道上，决不让一个民族掉队，没有中华民族整体的繁荣发展，就不会有高质量的现代化。各族群众的共同发展、共同富裕，是铸牢中华民族共同体意识的根本指向，也是同步实现现代化的最终目的。

① 周恩来：《关于我国民族政策的几个问题》，《中国共产党主要领导人论民族问题》，北京：民族出版社，1994年版，第179页。

② 杨鹍飞：《国家认同与民族认同：少数民族身份认同变迁的实证研究——基于甘肃、青海、新疆三地的调查分析》，《广西民族研究》，2015年第4期。

第二章

经济发展

一、历史与现状

（一）历史

1. 中华人民共和国成立前

中华民族共同创造了辉煌的中华文明。几千年来，中华民族历经王朝更替与分分合合，却始终在政治、经济、文化上“你中有我、我中有你”，逐步融为一个不可分割的整体。四川自古以来就是各族人民交往交流交融之地，这里有全国最大的彝族聚居区、第二大藏族聚居区和唯一的羌族聚居区，这些区域在历史上主要以传统的自然经济为主，但是由于地理和气候环境的不同，以及历史上社会形态的差异，这些地区在经济发展方面也存在着一定的差异。

四川省内的藏族人口聚居区，主要包括甘孜藏族自治州和阿坝藏族羌族自治州，古称康区或安多区。在农牧业发展方面，四川的涉藏地区主要种植青稞、小麦等作物，牧业主要以牦牛、羊和马三种畜群为主；生产方式较为落后，农业处于刀耕火种的阶段，木犁木耙是主要农具；放牧方式是逐水草而居，以游牧的方式进行生产；生产工具简陋，畜产品的加工完全以手工的方式进行。元朝时，中央王朝开始在边疆和西南地区建立地方行政制度，四川涉藏地区的土司制度也始于此时。在土司统治下的地区，草场等生产资料基本上由土司和头人支配，土司和头人属于农奴主阶级。涉藏地区的一些大寺庙直接管辖部落，也是涉藏地区最大的高利贷者，寺庙通过控制土地、牲畜、榨取广大农牧民的无偿劳动和贡赋以及强迫人民布施来进行剥削。涉藏地区的广大农牧民受到土司、寺庙、头人的多重剥削。此时，四川涉藏地区进入封建农奴制社会，土司、寺庙、头人成为汉藏之间交易的主体，自然经济有了进一步的发展，藏商成为主要的交易代表。清康熙五十七年（1718），泸定铁索桥建成，之后汉族商人大量进入涉藏地区，汉藏商的交易中心主要集中在打箭炉（今康定）。在清朝光绪年间，赵尔丰在巴塘建立了制革厂、印刷厂、纸墨厂等，使川边涉藏地区有了新的产业部门和产业工人。民国期间，刘文辉也在涉藏地区进行了矿产资源开采。1927年后，国民党在涉藏地区开展“屯垦事业”，官商之间以多种形式合作开展工商业，包括：伐木、开矿、制药等等。四川彝族聚居地区在地域上主要包括凉山彝族自治州和马边、峨边。与涉藏地区相似，解放前的凉山彝族区域的生产力也十分落后，仍处于奴隶制社会。很多地方的农业还是以刀耕火种的形式进行生产。种植业品种主要以玉米、水稻、土豆、荞麦等为主。畜牧业主要以放牧羊、牛为主，渔猎业为农牧业的副业。虽然彝族地区落后的奴隶制生产关系占主导地位，但是地方工业和商业仍有一定的发展。其工业的历史可以追溯到汉代时期。彝族地区解放前由于处于奴隶制社会阶段，其内部各族之间的商品交换极端落后，商品交换主要限于奴隶主贵族、土司、头人之间。氏族部落之间也有原始的物物交易，和涉藏地区内部交易一样，主要是生活必需的消费品，但交易额很小。采铜业和盐业发展起来后，铜产品和盐制品成为较大宗的交易商品。

2. 中华人民共和国成立后至改革开放

1950年11月至1953年2月，四川全面贯彻执行党和国家的民族政策，推行民族区域自治制度，建立了我国第一个少数民族自治州——甘孜藏族自治州，随后又建立了凉山彝族自治州、四川藏族自治州（后改为阿坝藏族羌族自治州）、木里藏族自治县。1984年先后成立峨边、马边两个彝族自治县。1955年至1959年期间，在中国人民共产党的领导下，四川60多万的农奴和奴隶开展了民主改革，废除了维护封建农奴主和奴隶主阶级利益的政治、经济、文化和社会制度，确立了社会主义制度，开创了四川民族地区历史新纪元。随着对农业社会主义的改造，农牧业合作化的实现，劳动人民生产热情高涨，长期被束缚的生产力得到解放，民族地区经济文化建设得到了长足的发展。以下对阿坝藏族羌族自治州（后简称“阿坝州”）、甘孜藏族自治州（后简称甘孜州）、凉山彝族自治州（后简称凉山州）解放后至改革开放前的经济发展情况进行简述。

阿坝州主要以牧业为主，在13个县中有8个纯牧业县，5个半农半牧业县。在解放后，阿坝州的经济得到了迅速的发展。见下表。

表2-1　1952年—1975年阿坝州经济发展情况（当年价）[①]

单位：亿元

	1952	1957	1962	1970	1975
GDP	0.24	0.8	1.3	1.54	2.19
第一产业	0.13	0.28	0.51	0.68	0.97
第二产业	0.08	0.35	0.54	0.53	0.84
第三产业	0.03	0.16	0.26	0.33	0.38

① 资料来源于《阿坝州发展50年》。

从表2-1可以看出：在改革开放之前的阶段，阿坝州仍属于一个以第一产业为主的农牧业州，之后陆续兴办了一些工业企业，使阿坝州的经济结构发生了很大的变化。此阶段阿坝州整体GDP以缓慢的速度保持增长。

甘孜州成立于1950年，是全国建立的第一个专区级少数民族自治州，总面积15.37万平方千米，辖18个县（市）、289个乡（镇、街道）、2181个行政村。1950年全州的年粮食总产量为11276万斤，人均年口粮不到220斤。1950年甘孜州的农业生产总值仅为5038万元，根据当时甘孜州的总人口计算，人均农业总产值不到100元。当时全州加工型企业只有三个，年总产值仅有40万元，人均工业产值不到1元。农业经济的落后和地方民族工业的萌芽，使得甘孜州当时的经济情况非常落后。建州后，中国共产党首先对甘孜州原有的农业、手工业和资本主义工商业进行了社会主义改造，确立了社会主义经济制度，从而解放了生产力，农牧业、民族工商业得到迅速发展。到1978年，甘孜州经济情况得到了极大的发展，民族工业基地也开始发展，当年全州的年工业生产总值为5617万元，比建州初期增长了139倍；当年全州的农业生产总值比建州初期增长了2.8倍，农牧民的人均粮食产量增加了一倍；城乡居民储蓄从建州初期的1万元增加到1978年的1943万元；公路里程数由92千米增加到5070千米；以上数据说明甘孜州虽然比起建州初期的经济社会发展有了长足的进步，但是考虑到对比基数很小，所以即使从增长幅度来看有了很大的提高，但是人均量还是较低，加上这30年期间各种天灾人祸因素的影响，整体来看甘孜州仍然没有摆脱贫困落后的根本面貌。

1950年初，解放军进入西昌及凉山地区，结束了国民党政权在大陆最后的统治区域，建立起人民政府，并按照民族区域自治的原则，分别建立了西康省彝族自治区和四川省凉山彝族自治区。在西昌解放后，凉山州的民主改革和经济建设拉开了序幕。凉山州的主要产业是农业，但是凉山的农业比汉族地区落后了很多。例如在昭觉县，玉米和水稻作为其当地主要的粮食作物平均亩产量都只在50公斤左右。[①]这一时期，中国共产党对凉山的农业主要进行了技术性扶持和政策性扶持。首先在技术性扶持方面，教授彝族民众新的农业生产技术，指导其进行农业生产。其次是加强凉山的农田基础建设，包括开荒、兴修水利和改善土地。在喜德县，1950至1952年期间通过开荒增产的粮食达到3万多斤[②]。由于凉山地区地理环境恶劣，自然灾害经常发生，即使是平常年，彝族民众的收成也并不可观，中国共产党在此区域不仅发放生活资料、生产资料帮助彝族民众恢复生产，同时还发放生产贷款。例如在喜德县，1950至1952期间政府共发放此类贷款112281350元。[③]同时中国共产党要求“将现有农具全部发到群众手里，并保证用于生产，克服只管发不管效果的现象”。[④]据统计，在1950至1955年间，中国共产党在凉山共发放无偿农具30多万件，农业贷款30亿元。[⑤]对于生产生活都处于落后状态的彝族民众来说，这笔贷款在一定程度上改善了他们的生产条件。

3. 改革开放后至“十二五”

改革开放以来，社会主义市场经济不断壮大，经济发展从以科学发展观统领经济社会发展到推动经济高质量发展，政治、经济体制变革的不断深入和完善，极大地解放和发展了全社会的生产力和创造力，有力地推动了“三州”经济的持续发展，建立起了完整、系统的现代经济体系，经济规模不断壮大，综合实力显著提升。在国家西部大开发、“九五”计划、脱贫攻坚等战略的支撑和指引下，三州进入了新时代，实现了经济社会的稳定快速发展。

进入改革开放后，阿坝州GDP由1952年的0.2亿元发展到2008年的

① 周恩来：《关于我国民族政策的几个问题》，《中国共产党主要领导人论民族问题》，北京：民族出版社，1994年版，第179页。

② 喜德县委：《喜德县三年来工作总结》，凉山彝族自治州档案馆藏，1952：79–1–6–1。

③ 喜德县委：《喜德县三年来工作总结》，凉山彝族自治州档案馆藏，1952：79–1–6–1。

④ 凉山工委：《关于55年上半年的工作意见》，甘洛县档案馆藏，1955：1–1–9–3。

⑤ 凉山工委：《关于55年上半年的工作意见》，甘洛县档案馆藏，1955：1–1–9–3。

75.6亿元，总量扩大315.1倍，经济总量翻了8.3番；1978年—2008年年均增长5.3%；人均GDP由1952年的67元增加到2008年的8458元，增长25.2倍，自1978年以来年均增长4.4%。由于受到地震影响，2008年阿坝州GDP同比下降35.7%。实施扶贫解困，完成百村甘泉计划16个村，实施易地扶贫搬迁工程，完成搬迁789户3656人。全年接待海内外游客199.86万人次，实现旅游总收入17.42亿元人民币。完成城乡建设投资26.34亿元，开展扶贫开发和综合防治大骨节病建设项目规划选址。在改革开放的第四个十年内，阿坝州GDP由2008年的75.6亿元发展到2018年的306.67亿元，经济总量扩大4倍。全州农林牧渔业总产值78.34亿元，比上年增长3.9%。全年实现全部工业增加值105.11亿元，比上年增长0.7%。全州有固定电话用户19.62万户，移动电话用户86.96万户，互联网用户27.63万户。全年实现社会消费品零售总额79.27亿元，比上年增长1.2%。实现旅游总收入166.71亿元，新建一所高等职业学院。

改革开放以来，甘孜州市场主体趋于多元化，百花齐放、百舸争流，形成了以公有制经济为主体，多种所有制经济共同发展的良好格局。甘孜州GDP由1952年的0.5亿元发展到2008年的94.0亿元，总量扩大179倍，经济总量翻了7.5番，自1978年以来年均增长6.2%；人均GDP由1952年的100元增加到2008年的9640元，增长95.4倍，自1978年以来年均增长5.1%。1978年，全州民营经济增加值仅369万元，占GDP的比重为1.21%，1990年突破1亿元，2003年突破10亿元，2016年突破100亿元。康巴儿女翻身做主，聚焦甘孜的资源优势和阶段发展特征，专注发展定力，走出了一条具有中国特色、甘孜特点的跨越式发展道路，古老而神奇的康巴大地发生了翻天覆地的历史性巨变。

1978年，经国务院批准，政府撤销西昌专区建制并入凉山彝族自治州。改革开放后，凉山州GDP由1952年的0.44亿元发展到2008年的561.1亿元，总量扩大1275.2倍，经济总量翻了10.3番，1978年以来年均增长9.7%；人均GDP由1952年的25元增加到2008年的12896元，增长514.8倍，自1978年以来年均增长8.3%。凉山州政府加强对改革工作的领导，全州狠抓农业产业结构调整，不断改进农业基础设施、加大扶贫攻坚力度，农业总产值在1998年达到46.54亿元（90不变价），主要牧业经济指标提前超额完成“九五”计划。以水能、矿产资源开发为重点，大力招商引资，重点项目如苦荞麦开发项目、蓖麻开发项目、中药材及制药项目等有序开展并逐步提升。在改革开放的第三个十年内，凉山州GDP由1998年的76.81亿元发展到2008年的561.0亿元，人均GDP达到12896元，国民经济快速增长，综合实力进一步增强。认真落实各项支农惠农政策，加大农业投入，2008年实现农业增加值157.63亿元。消费品市场繁荣活跃，招商引资项目发展蓬勃，攀钢西昌钒钛基地、盐源、会东100万吨干法旋窑水泥项目、雅泸高速公路项目等成为主要发展项目。

在党的民族政策照耀下，在党的民族区域自治政策指引下，三州三县步入了建设社会主义的伟大历史征程，投身于改革开放和现代化建设的伟大实践。州委、州政府团结带领各族群众，破解发展难题，厚植发展优势，使三州发生了翻天覆地的历史性巨变，呈现出“经济快速发展、社会和谐稳定、民生持续改善、民族团结和睦、人民安居乐业”的崭新局面。

（二）现状

民族地区经济高质量发展为铸牢中华民族共同体意识提供了经济物质基础。民族地区经济高质量发展意味着各民族地区生产力的发展、生活条件的提高和生产生活环境的改善，中华民族共同体意识是建立在社会物质财富不断丰富的基础之上的。从社会存在和社会意识的关系来看，中华民族共同体意识是各民族现实物质关系的思想反映，是以各民族生产力的发展和物质财富的保障为前提的。中国共产党历来重视民族地区经济高质量发展，党的十八大以来，以习近平同志为核心的党中央坚持“全面建成小康社会，一个民族都不能少；实现中华民族伟大复兴，一个民族也不能少”的宏伟目标。2020年底，全国民族自治地方和全部人口较少民族全部实现整族脱贫。消除绝对贫困的核心要义之一就在于收入脱离贫困线和“两不愁、三保障”共同构成的物质层面的现实保障。生产力的发展是物质财富富足的条件。丰富的物质财富是消除绝对贫困的基本条件，只有生产力的不断发展和经济物质基础的坚实，才能增强各族群众的凝聚力和向心力，在不断铸牢中华民族共同体意识的道路上坚定前行。

1. 经济社会全面提升：

经济总量不断扩大，产业结构不断优化。2016年阿坝州的GDP达到291.32亿元，按可比价计算比上年增长6.2%。其中，第一产业增加值44.05亿元，增长4.5%，对经济增长的贡献率为11.3%，拉动经济增长0.7个百分点；第二产业增加值132.91亿元，增长6.1%，对经济增长的贡献率为48.6%，拉动经济增长3个百分点；第三产业增加值104.36亿元，增长7%，对经济增长的贡献率为40.1%，拉动经济增长2.5个百分点。在经济结构层面，地区生产总值三次产业结构由上年的15.4∶49.1∶35.5调整为15.7∶47.2∶37.1，第一、三产业比重比上年提高0.3和1.6个百分点，第二产业下降1.9个百分点。2017年，阿坝州GDP平缓上升，达到295.16亿元，比上年增长4.0%；进入2018年，也是汶川特大地震救灾10周年，阿坝州加快灾后的恢复重建，全年地区生产总值突破300亿元大关，比上年增长4.7%。其中，第一产业增加值49.55亿元，增长3.5%，对经济增长的贡献率为11.3%，拉动经济增长0.5个百分点；第二产业增加值139.53亿元，增长4.5%，对经济增长的贡献率为48.6%，拉动经济增长2.3个百分点；第三产业增加值117.59亿元，增长5.4%，对经济增长的贡献率为40.1%，拉动经济增长1.9个百分点。人均地区生产总值32552元，增长4.1%。2019年，阿坝州的GDP实现了猛速增长，经四川省统计局初步核算，阿坝州的地区生产总值达到390.08亿元（图2-1），比上年增长6.1%，并且在进入2020年后继续保持增长，达到411.75亿元。同时，阿坝州的三次产业结构也在不断优化，到2020年，第一产业增加值为82.07

亿元，增长5.3%；第二产业增加值96.45亿元，增长5.3%；第三产业增加值233.23亿元，增长1.9%。三次产业结构为19.9∶23.4∶56.7。

图2-1 阿坝州GDP情况（2016—2020）

2016年，甘孜州全州地区生产总值（GDP）达到229.8亿元。其中，第一产业增加值59.27亿元，第二产业增加值82.71亿元，第三产业增加值87.82亿元。2017年，全州实现地区生产总值（GDP）261.5亿元，增长9.1%。其中，第一产业增加值61.29亿元，第二产业增加值103.82亿元，第三产业增加值96.39亿元。三次产业分别拉动GDP增长1.1个、5.9个和2.1个百分点。三次产业增加值占GDP的比重分别为23.4%、39.7%和36.9%。2018年，全州实现地区生产总值（GDP）291.2亿元，增长9.3%。其中，第一产业增加值65.47亿元，第二产业增加值121.78亿元，第三产业增加值103.95亿元。三次产业分别拉动GDP增长0.8个百分点、5.9个百分点和2.6个百分点，三次产业增加值对GDP增长的贡献率分别为9.1%、63.0%和27.9%；2019年，全州地区生产总值（GDP）达到388.46亿元，直逼400亿大关，增长6.5%。其中，第一产业增加值66.52亿元，第二产业增加值89.02亿元，第三产业增加值232.92亿元，三次产业增加值对GDP增长的贡献率分别为8.9%、50.8%和40.3%。相比1950年，甘孜州第一产业增加值从1950年的2985万元增长到2019年的66.52亿元，是70年前的222.8倍；第二产业增加值从1950年的200万元增长到2019年的89.02亿元，是70年前的4451倍；第三产业增加值从1950年的167万元增长到2019年的232.92亿元，是70年前的13947.8倍，三次产业结构实现了从“一二三”到“三二一”的飞跃。产业发展实现了从百废待兴到由小变大、由弱变强、百业兴旺的历史性跨越。2020年是甘孜藏族自治州建州70周年，70年来甘孜州发生了巨大的变化，2020年全州地区生产总值（GDP）达到410.61亿元，是建州时的1207.67倍。其中，第一产业增加值80.67亿元，增长4.5%；第二产业增加值105.34亿元，增长8.4%；第三产业增加值224.6亿元，增长0.9%。分区域看，东部地区生产总值189.08亿元，增长4.1%；南部区地区生产总值92.88亿元，增长3.1%；北部地区生产总值128.66亿元，增长3.1%。总体来看，党的十八大以来，甘孜州的经济总量增长速度明显加快。

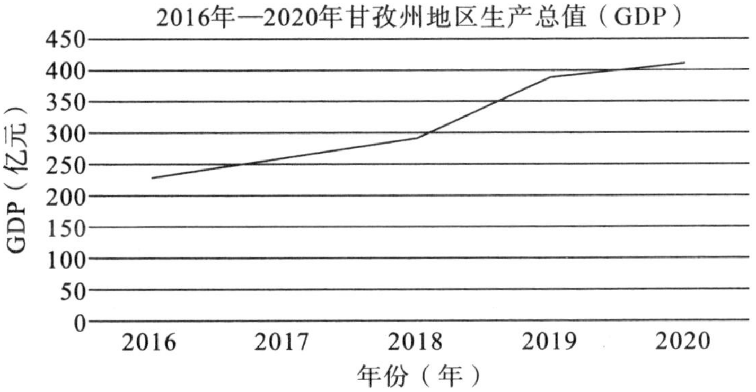

图2-2　甘孜州GDP情况（2016—2020）

凉山州2016年全州地区生产总值达到1403.92亿元，增长6.0%，经济稳中求进，呈现总体平稳、稳步提升的运行态势，基本实现恢复性增长。其中第一产业增加值280.71亿元，增长4.2%，对经济增长的贡献率为14.0%；第二产业增加值684.15亿元，增长6.6%，对经济增长的贡献率达到54.6%；第三产业增加值439.06亿元，增长6.1%，对经济增长的贡献率为31.4%。人均GDP达到29549元，比上年增长3.7%。2017年，凉山州国民经济实现平稳增长，全州地区生产总值（GDP）达到1480.91亿元，增长5.3%。其中，西昌、德昌、会理等安宁河谷地区5县1市GDP达1086.59亿元，占全州总量的73.4%，同比增长5.7%，拉动全州经济增长

4.2个百分点。凉山第一产业增加值296.52亿元，增长3.8%，对经济增长的贡献率为14.5%；第二产业增加值621.88亿元，增长5.0%，对经济增长的贡献率达到39.1%；第三产业增加值562.51亿元，增长6.5%，对经济增长的贡献率为46.4%。人均GDP达到30669元，比上年增长3.7%。民营经济方面，2017年，凉山州实现民营经济增加值810.83亿元，占GDP的比重为54.8%，与去年同期持平。2018年，全年地区生产总值（GDP）达到1533.19亿元，增长4.0%。其中，第一产业增加值307.61亿元，增长3.8%，对经济增长的贡献率为18.8%；第二产业增加值613.13亿元，增长0.6%，对经济增长的贡献率为6.5%；第三产业增加值612.45亿元，增长7.9%，对经济增长的贡献率为74.7%。人均GDP达到31472元，比上年增长3.1%。2019年，凉山实现GDP总量1676.30亿元，同比净增119.82亿元，7年来净增量首次突破百亿，名义增长率达到7.7%，扣除价格因素，实际增长5.6%，增幅同比提高1.6个百分点，分别比一季度、上半年和前三季度提高0.6、0.6和0.4个百分点，呈现稳中有进的态势。其中第一产业增加值367.66亿元，增长3.3%，对经济增长的贡献率为11.6%；第二产业增加值559.79亿元，增长2.1%，对经济增长的贡献率为13.3%；第三产业增加值748.85亿元，增长9.7%，对经济增长的贡献率为75.1%。人均GDP达到34085元，比上年增长4.6%。2020年全年地区生产总值（GDP）达到1733.15亿元，同比增长3.9%，分别比一季度、上半年和前三季度提高11.4个百分点、4.1个百分点和1.8个百分点，呈现逐季回升态势。其中，第一产业增加值406.74亿元，增长4.8%，对经济增长的贡献率为23.9%；第二产业增加值559.55亿元，增长4.6%，对经济增长的贡献率为40.9%；第三产业增加值766.86亿元，增长3.1%，对经济增长的贡献率为35.2%。

图2-3 凉山州GDP情况（2016—2020）

投资拉动经济发展成效显著。固定资产投资是经济社会可持续发展的重要推动力，是拉动经济增长、增加财政收入、扩大就业渠道、改善发展环境、提高居民生活水平的重要手段。它对经济增长起双重效应，既能增加生产（服务）能力，形成供给效应；又对生产构成需求，形成需求效应。所以，投资对经济社会发展的拉动作用至关重要。

2020年，阿坝州社会固定资产投资比上年增长12.3%。进入2021年后，阿坝州上下紧紧围绕省委“六稳六保”工作思路，认真贯彻落实州委州政府工作部署，围绕“投资唱主角”工作思路，抓实抓细项目投资工作，精准发力、有效施策，全州全社会固定资产投资呈现快速增长态势，实现一季度“开门红”。仅就2021第一季度，阿坝州投资增速快速增长，排位上升10位。

2020年甘孜州全社会固定资产投资同比增长0.7%。分产业看，第一产业投资增长45.2%；第二产业投资增长14.4%；第三产业投资下降9.1%。第二产业中，工业投资增长14.4%。三次产业占全社会固定资产投资的比重分别为5.7%、37.3%和57%。进入2021年，甘孜州把项目投资作为拉动经济增长的主引擎，把重点项目作为关键突破口，1月至3月、1月至4月全社会固定资产投资增速分别达到30.8%、29.7%，稳居全省第一。

凉山州投资强劲增长，年末施工项目达到1018个，比上年增加34

个，完成全社会固定资产投资比上年增长12.4%。进入2021年上半年，凉山州全社会固定资产投资同比增长16.3%，位列全省市州第一位。分领域来看，今年上半年，基础设施投资和产业投资的占比均实现较大幅度的增长，特别是基础设施投资占比上升7.2个百分点，为31.5%，同比增长51.1%。从产业来看，三产投资均实现同比增长，特别是第一产业投资占比上升1.9个百分点，为4.0%，同比增长126.3%。凉山州会东县至会理市，国道353两旁的宜攀高速正在加紧建设，以高速公路投资为代表的基础设施投资，2021年上半年拉动全凉山州投资增长12.4个百分点。

农牧业基础不断夯实。2020年，阿坝州粮食总产量为16万吨，蔬菜产量72.62万吨，园林水果产量30.13万吨；甘孜州全年粮食产量23.07万吨，蔬菜产量达43.13万吨，瓜果产量达0.09万吨，全州肉类总产量92186吨；凉山州全年实现农林牧渔业及其服务业总产值698.7亿元，增长5.5%。粮食总产量达到246.96万吨，蔬菜产量342.3万吨，园林水果产量196万吨。近年来，阿坝州针对合作社经营规模小、服务能力弱、带动力差，一些合作社组织机构运行松散、管理制度不规范等问题，坚持因地制宜、分类施策，着力推进农民专业合作社高质量发展。截至2021年上半年，全州共培育国家级示范社11家，省级示范社77家，州级示范社154家。甘孜州准确把握高原现代特色农牧业发展定位，将发展现代农业作为推动现代农业高质量发展的主要抓手。甘孜州整合财政16.4亿元、撬动金融资本2.1亿元、吸引社会资本7.24亿元，启动建设差异化、特色化现代农业园区40个。园区覆盖产业基地28.72万亩，养殖畜禽33.61万头（只），累计认证“三品一标”农产品205个，建成电商服务和仓储物流配送中心（站）1479个，吸引各级农业产业化龙头企业62户进驻园区，培育农民合作社1336个、家庭农场251家，园区内综合产值达18.55亿元。目前，凉山州农业产业化发展过程中，围绕马铃薯、蚕桑、蔬菜、荞麦、水果、水稻、花卉、中药材八大产业，发挥资源优势，突出地方特色，以市场需求为导向，延长产业链条，深化和拓展农民专业合作经济组织的发展领域。总体来看，农牧业综合生产能力显著提升，基本实现了农牧业现代化发展。

2. 脱贫攻坚成果显著

阿坝州集民族地区、革命老区和反分裂维护稳定前沿阵地于一体，属于典型的贫困地区。同时，阿坝州也地处全国“两屏三带”生态安全战略格局的核心区域，是长江上游重要生态屏障和水源涵养地，是黄河流经四川的主要区域。在脱贫攻坚的道路上，阿坝州坚定贯彻习近平总书记关于扶贫工作的重要论述，聚焦“两不愁三保障”目标，制定出台扶贫开发条例等政策措施40余项，构建起“1+3+10+N”政策规划体系，形成全域全员全时攻坚工作格局。在阿坝州8.42万平方千米大地上，至2020年底，全州13个贫困县（市）全部摘帽、606个（村级建制调整后为534个）贫困村全部退出，10.38万名贫困人口全部脱贫（2020年动态管理后的贫困人口数据），贫困发生率从2013年的14.5%降至0，解决区域性整体贫困取得决定性胜利。

立足比较优势做优生态经济。阿坝州的生态旅游资源丰富，被誉为“旅游王国”，境内山川壮美、生态优良、风光迷人，拥有高密度、高品位的世界级旅游资源，在全国8处世界自然遗产中，阿坝就占有3处。其中，若尔盖高原沼泽湿地被原国家环境保护局定为33个重点保护区域之一。由于阿坝州拥有丰富的文化和自然旅游资源，具有高品位、多层次、多类型、特色鲜明和旅游区位好等优势，灾后重建又为发展旅游业、文化产业、生态农业及三大产业的融合发展奠定了良好基础，加之旅游业具有产业关联广、综合带动强的特点，适应民族文化和自然生态旅游市场迅猛发展趋势，立足旅游资源优势、产业发展基础、旅游综合作用，以发展文化生态旅游统筹推进经济社会发展，成为阿坝州一条理想的路径选择。[①]通过将绿水青山变成金山银山，成为老百姓脱贫致富

① 喇明英：《全域旅游对阿坝州推进文化生态旅游发展的作用与启示探讨》，《中华文化论坛》，2017年第9期。

的强大靠山。因为旅游业具有产业关联度大、综合性强、贴近人民生活等产业特性，在促进资源整合、调整经济结构、稳定经济增长等方面具有重要作用，是拉动经济发展的重要动力。阿坝州把生态保护与林业产业发展相结合，构建集休闲、体验、康养为一体的生态旅游产业模式，实现生态受保护、游客获体验、林企增效益、群众得收益的发展新格局。在脱贫攻坚的道路上，阿坝州立足自己的比较优势，全力打造旅游产业。2011年，汶川县委主要领导接受四川省社会科学院等单位专家关于发展“全域旅游”，以文化生态旅游为抓手统筹推进旅游业、文化遗产保护和文化产业、特色农业和特色城乡建设、社会建设和生态建设的建议，形成了“旅游统筹，文化为魂，一三互动，接二连三”的发展思路，明确提出“发展全域旅游”“旅游统筹，全域景区”“推动旅游全域化发展”。2012年，阿坝州提出打造“阿坝全域旅游景区”，推进旅游产业转型升级发展思路，将建设“全域、全时、多元”景区作为文化生态旅游发展的目标。阿坝州以全域旅游发展方式推进文化生态旅游发展，取得了良好的经济社会效益。生态扶贫富了群众，绿了荒山。阿坝州创新实施生态扶贫行动，开发林管员、河管员、草管员等生态公益性岗位数万个，推动贫困群众通过参与生态保护获得稳定增收，实现长期稳定脱贫。产业调整释放生态红利。阿坝州积极调整产业结构，把旅游业作为先导性产业来抓，依托大九寨、大熊猫、大草原、大长征、大雪山、大冰川、大彩林、大遗址、大禹故里等为代表的旅游品牌，打造生态经济增长极。依靠旅游，阿坝县神座景区内113户贫困户已全部脱贫。截至目前，阿坝州已建立包括森林类型、湿地类型、野生动植物类型的自然保护区25处，其中国家级4个、省级12个，总面积22683.55平方千米，占全州国土面积的26.94%。最新发布的阿坝州生态系统服务价值核算结果显示，阿坝州生态系统生产总值超过1万亿元，是其GDP的35倍。

目前，阿坝州林业产业基地面积达73万亩，2020年全州农牧民人均林业收入2200元。三年来，全州累计统筹生态扶贫资金6.04亿元，2.4万名建档立卡贫困劳动力踏上生态管护岗位，实现了管护资源全覆盖、管护职能全覆盖、有劳动能力和就业意愿的贫困户全覆盖，更实现了生态保护与脱贫攻坚“双赢”。

产业富民，助农增收渠道广。“十三五”以来，阿坝州累计争取中央、省资金38.02亿元，重点加大农业产业培育和基础设施建设投入，不断提高农业综合生产能力。坚持以现代农业园区培育为总抓手，全力推进现代高原特色农牧业基地建设。截至2019年底，种植特色果蔬55.8万亩，产量达94.26万吨；出栏各类畜禽267.85万头（羽/只），肉奶总产25.15万吨；建成果蔬核心示范基地76个，适度规模养殖场380个，建设各级现代农业园区20个。

大力实施基础扶贫，完成9355人易地扶贫搬迁，建成农村公路1.09万千米，解决2.46万名贫困农牧民饮水安全问题。大力推进产业扶贫，坚持以发展产业、扩大就业为主线，积极探索产业带扶贫促脱贫的新路径，建成省级旅游扶贫示范县3个、省级旅游扶贫示范村38个，发展星级农（牧）家乐、乡村酒店363家，累计带动5.3万名贫困农牧民通过产业脱贫。创新开展生态扶贫，成立生态造林合作社340个，2.4万名有劳动能力的贫困人口就近实现生态保护公益岗位就业，仅2018年就人均增收6600元。全面提升脱贫质效，建立防止返贫监测库，识别返贫边缘户352户1581人、脱贫监测户249户1070人，逐一制定帮扶举措加快推进乡村振兴，发挥州级2亿元启动资金撬动作用，整合各类资金11.9亿元，有序推进2个示范县、18个示范乡镇和14个示范村创建工作，实现脱贫攻坚与乡村振兴有效衔接。①

甘孜州幅员15.3万平方千米，所辖18个县（市）都曾是省级重点贫困县，占全省的20%；有贫困村1360个，占全州的50%；有建档立卡贫困人口19.74万人，占全州的17%，是全国14个集中连片特困地区之一和全省脱贫攻坚“四大片区”的重要组成部分，目前已经全部脱贫摘帽。

① 刘坪、杨克宁：《雪山草地拔穷根 藏寨羌乡奔小康——决战脱贫攻坚、决胜全面小康看阿坝》，《中国民族》，2020年第12期。

甘孜州坚持“折东搞示范、折西补短板”“产城相融、三产融合”的总导向，2017年在折东地区率先开展“大渡河流域乡村振兴示范区”建设，努力打造282个“精品新村”，以期全面建成“产业兴旺、生活富裕、生态宜居、和谐稳定、团结进步”和“全域旅游”的示范区，为全州提供可借鉴和推广的经验。

精准扶贫建“小康甘孜”。整合中央定点扶贫、广东对口支援、省内对口帮扶等各方力量，统筹专项扶贫、行业扶贫、金融扶贫、社会扶贫等各方资金，深入实施住房安全、产业扶贫、就业扶贫、基础设施、教育扶贫、健康扶贫、生态扶贫“七大攻坚行动”，在全省市（州）率先出台防止致贫返贫监测帮扶管理暂行办法，常态化开展“回头看”“回头帮”。[①]农牧民生活实现了“水桶变水管、油灯变电灯、土路变油路、喊话变电话、帐房变楼房”的历史性巨变。甘孜州连续2年被评为“全省脱贫攻坚先进市（州）”，夺取了甘孜州减贫史上的最好成绩。

在脱贫攻坚道路上，甘孜州十分注重基础设施方面的建设，先后实现了四轮“交通大会战”，交通建设年度投资规模连续8年超过100亿元，国省干道累计达5695.21千米，农村公路通车里程增加到2.9万千米，跃居全省第一。实现县县通国道、乡乡通油路、村村通硬化路，雅康高速公路全线通车，甘孜格萨尔机场建成通航，甘孜州成为全国唯一拥有3个海拔4000米以上支线机场的市州。

全国脱贫看四川，四川脱贫看凉山。2020年，凉山如期取得了全面消除绝对贫困、全面实现“两不愁三保障”的决定性胜利，为全国乃至世界反贫困做出了重要贡献，产生了较大的国际影响力。这既是社会主义制度优越性的集中体现，也是凉山人民不懈奋斗的结果。从1986年中央政府改变以往救济式的扶贫方式，在全国范围有计划地开展大规

① 中共四川省甘孜藏族自治州州委：《圣洁甘孜迎巨变 川西高原结硕果——决战脱贫攻坚、决胜全面小康看甘孜》，《中国民族》，2020年第12期。

模的开发式扶贫开始，凉山州11个深度贫困县始终位于国家扶贫开发工作重点县之列，得到国家给予民族地区和贫困县的政策和资金支持，扶贫工作一直是凉山州内的重要工作，逐渐形成了一套常态化的扶贫实践路径。

凉山州自“十二五”以来，立足集中连片特困的特殊州情，深入制定实施了《凉山彝族自治州农村扶贫开发规划（2011—2020年）》《乌蒙山片区区域发展与扶贫攻坚（凉山部分）实施规划（2011—2015年）》《大小凉山彝区“十项扶贫工程”总体方案》《关于支持大小凉山彝区深入推进扶贫攻坚加快建设全面小康社会进程的意见》等战略决策，扎实推进扶贫开发工作，取得阶段性成效。全州农村贫困人口从2010年底的107.67万人减少到2015年底的40.8万人，贫困发生率从25.61%下降到9.1%，贫困地区面貌明显改善。

在产业方面，凉山州坚持“绿水青山就是金山银山”，把发展特色产业作为改变大凉山千百年来落后生产耕作方式的一场革命，长短结合、因地制宜，大力发展以核桃为主的“1+X”生态林业、“‘果薯蔬草药’农牧业+电商”、乡村旅游等产业，全州规划建设了118个现代农业产业融合示范园区。通过这些年的多栽多种多养，全州建成林业产业基地2298万亩，种植水果163.6万亩、马铃薯237万亩、蔬菜141万亩、中药材10.4万亩，猪牛羊禽存栏达2791万头（只）。

在就业方面，凉山州从提高贫困群众能力素质方面入手，在行政村全覆盖创建农民夜校3745所、累计培训群众611.3万人次，连续三年投入3.8亿元实施新型农民素质提升工程，对12.73万贫困家庭适龄劳动力进行全员轮训；引导群众掌握技能，走出大山务工增收，2016—2019年累计转移输出农村劳动力503.9万人次，外出务工人员不仅获得了经济收入，更重要的是带回了理念、知识、技能、资金，起到了就业一人、改变一家、影响一村的积极作用

教育扶贫是阻断贫困代际传递的治本之策。全州各类学校达1631所，在校学生122.59万人，十五年免费教育惠及学生114.65万人，小学、

初中适龄人口入学率达99.64%、98.12%，教育教学质量不断提升。为了办好民族地区人民满意的教育，凉山州在全国率先启动“一村一幼”计划，帮助学生过好语言关，不输在起跑线，累计开办村级幼教点3069个，招收幼儿12.85万人，同步开展的“学前学会普通话”行动实现幼教点和幼儿园全覆盖。

健康扶贫作为重要保障，全州县级综合医院全部达到二甲以上等级，贫困县乡镇卫生院、村卫生室全部达标，各县市县域内就诊率均达90%以上，全州免费婚检率达98.9%、孕产妇住院分娩率达96.6%，建档立卡贫困人口基本医疗保险参保率达100%，贫困县贫困患者县域内住院治疗医疗费用自付比例控制在5%以内。将无业可扶、无力脱贫的特困群体“一个不少”地纳入低保兜底，累计达8.9万户28.5万人，做到了应保尽保。

3. 优势特色产业发展迅速

阿坝州地形地貌复杂、气候多样，为发展生态农牧业提供了天然的优势。阿坝州享有“生物基因宝库”的盛名，是名、特、优、稀水果和反季节蔬菜的优良种植区，绿色食品资源开发前景广阔。阿坝州的果业主要分布在大渡河流域的小金县、金川县和马尔康县，岷江流域的汶川县、茂县、理县、黑水县、松潘县和嘉陵江流域的九寨沟县，主要的果种有苹果、雪梨、甜樱桃、青脆李、枇杷、杏、桃、葡萄、猕猴桃等。近十年来，依靠政府扶持、结构调整、科技进步等，阿坝州水果生产规模化、集约化水平不断提高，产业规模稳定增长；标准化栽培快速增长，精品绿色果园持续涌现；地方名产知名度加速提升。目前，经农业部等级保护的地理标志产品有汶川车厘子、茂县苹果、茂县李子、九寨沟柿子等。经国家工商总局成功注册的地理商标有金川雪梨等。此外，在果酒生产方面也取得了很大的进展。据调查显示，汶川县、理县、茂县、金川县等水果主产区，农民人均收入中30%以上来自特色水果产业。

除了水果产业之外，阿坝州也着力打造高原蔬菜带产业。2012年以来，阿坝县委县政府切实把高原特色蔬菜产业发展作为农业结构调整、农业供给侧改革的重要抓手，推进高原蔬菜示范基地建设，实施标准化生产，加快构建优势集中、连片经营的蔬菜产业新格局，探索出一条适合高原发展、农牧民致富增收的新路子。阿坝州根据地理区位发展不同的蔬菜品种，以岷江和大渡河流域海拔1800米地带为核心，以发展低淀粉型马铃薯及菜用薯为主，建成马铃薯鲜食低淀粉种植基地5万亩；以农区九县海拔2700米以下、高原区3000米以下区域为核心，发展高淀粉加工型马铃薯，逐步形成马铃薯标准化基地，建成马铃薯标准化养殖基地10万亩。以阿坝县为核心，辐射若尔盖县、松潘县、壤塘县、马尔康市等适宜区，建设青稞标准化生产基地，已建成青稞标准化生产基地5万亩；以国道213和317沿线的阿坝县、若尔盖县、壤塘县和九寨沟县等为核心发展油菜标准化种植基地，推动农旅融合发展，建成油菜标准化养殖基地3万亩。

总体而言，阿坝州针对草场、林地、耕地资源不集中的现状，遵循“规模集中、区域连片”发展理念，统一规划、集中发展高原生态农牧业。以汶川县、理县、茂县为核心，辐射带动小金县、金川县、九寨沟县和黑水县，逐步形成甜樱桃和青（红）脆李产业带，甜樱桃和青（红）脆李种植面积15.1万亩；以小金县、茂县和理县为核心，逐步形成苹果产业带，苹果栽种面积6.72万亩；以理县为核心，辐射带动马尔康市、若尔盖县，逐步形成优势大白菜产业带，种植面积达6万亩；以松潘县、红原县、马尔康县和小金县等高海拔区域为主，辐射阿坝县、若尔盖县和壤塘县适宜区，逐步形成优势莴笋、棒菜、花菜产业带，种植面积9万亩；以汶川县卧龙、草坡片区和茂县土门片区为主，辐射阿坝县、若尔盖县等高原气候区域，逐步形成优势莲白产业带，种植面积5万亩；以茂县为主，渭门乡、沟口乡番茄标准化种植基地为带动，辐射理县、金川、黑水等县，以生产优质高效的茄果类蔬菜为主，逐步形成茄果类精品产业带，种植面积3万亩；以小金县、阿坝县为主，辐射马尔康市、松潘县、壤塘县，适度扩大生产规模，以鲜荚果销售为主，逐步形成优质特色绿豌豆产业带，种植面积3万亩。阿坝州在产业布局方面的调整，充分做到了精细化发展当地特色种植业，同时也推进了特色产业标准化。

甘孜州是全国全省生态地位最重要、自然资源最富集、民族风情最独特的地区之一。近年来，甘孜州认真践行生态优先、绿色发展理念，坚持“一优先、二有序、三加快”产业发展思路，走出了一条具有高原特色、甘孜特点的现代产业发展路子。

早在2012年，甘孜州在全国就率先提出全域旅游发展战略，把全州作为一个大景区来建设，按“三圈两轴”布局启动全域旅游。2013年，以备战“稻城机场顺利通航、亚丁景区精彩亮相”为抓手，引领了甘孜州南部和北部旅游。2014年，确立“以全域旅游统领经济社会发展”思路，着力实施文旅、农旅、城旅、体旅“四个融合”。2015年，启动了海螺沟创“5A”，泸定桥、康定木格措、丹巴甲居藏寨创“4A”等系列创“A”活动，并将甘孜旅游精准定位为“全域山地旅游”。同年8月，国家旅游局下发《关于开展“国家全域旅游示范区”创建工作的通知》，全域旅游上升到国家层面。发展旅游产业是“造血式”扶贫，实施全域旅游战略的实践证明：旅游是发展经济、改善民生、实现民族地区脱贫奔小康的重要途径。仅2019年，甘孜州接待游客3300余万人次，同比增长47.98%；实现旅游综合收入363亿元，同比增长62.16%。坚持把旅游服务作为农牧民群众创业就业的主阵地，创新推出“资源变资产、牧区变景区、牧民变股民”旅游开发模式，以全域旅游促进消费升级、引领消费增长、带动群众增收，形成了以文化旅游为龙头的“4+6”现代服务业体系。2019年，第三产业在三次产业中的占比达到60%，高出全省平均水平7.6%。

建设现代农业“10+2”产业体系推进甘孜传统农业向现代农业跨越。围绕推动绿色工业经济集约集群集聚发展，按照“大建基地、建大基地，大建产业、建大产业，大引企业、引大企业”的思路，打造提升以清洁能源为重点的“6+1”绿色现代工业体系。充分发挥“水、风、光”互补1亿千瓦资源优势，聚力建设国家级清洁能源示范基地和省级水电消纳产业示范区，全力发展区块链、大数据等绿色高载能产业，推动绿色工业经济向规模化、高端化、现代化方向转型升级。成甘和甘眉飞地工业园区高质量发展，甘眉飞地工业园区成为“中国成长力百强产业园区”，全州规模以上工业增加值增速连续4年为全省第一。

由于凉山地理条件和气候条件具有特殊性，特色产业的发展也是帮助凉山脱贫的重要路径之一。土豆、玉米、苦荞是凉山种植业的“老三样”，这些作物收益低，农民难以脱贫。凉山州坚持“输血”与“造血”并重，着力推进特色产业扶贫，把资源优势转化为产业优势。近年来，凉山把产业扶贫作为实现稳定脱贫的根本之策，大力调整农业产业结构。如今的凉山，不只有茭白，蓝莓、草莓、葡萄、错季蔬菜等经济价值较高的农作物相继在深沟峡谷、平坝半山得到大面积推广，还形成了以核桃为主的生态林业和以“果薯蔬草药”为主的农牧业等特色产业，告别了广种薄收的历史。如今，凉山州培育了如会理石榴、雷波脐橙、盐源苹果、金阳青花椒、宁南蚕茧等一批有影响力、知名度的特色产业，增强了贫困群众自我发展能力。产业发展得益于复杂的产业生态，即产业市场体系。美姑县确立了“三借三还”的产业扶贫思路，通过向贫困人群投放母羊、发放马铃薯，促进美姑山羊、马铃薯、核桃三大产业的发展；木里县发展以牦牛、毛羊、山羊、藏香猪、藏香鸡为主的畜牧产业，通过培育养殖大户和家庭农牧场，带动贫困农户获得稳定的产业收入。有研究认为贫困的实质是人的发展所必需的最基本的机会和选择的被排斥，对凉山彝族地区来说，这个机会最突出表现在农村市场发展机会的不充分，农贸市场分散性强、功能性弱。针对这一现实问题，凉山州在培育本土市场的同时，发挥帮扶体系作用，采取“以购代捐”的方式，2018年实现1.5亿元的认购，转移输出贫困劳动力6.1万人，提供公益性岗位4561个，产业脱贫人群达到8.6万人，638个贫困村集体经济达标。

4. 改革开放成绩卓著

改革开放是中国命运的关键抉择，更是开启了四川省三州跨越式发展的壮丽篇章。改革开放以来，阿坝州以开明促开发，稳步建立绿色、旅游、水电三个高地，实现了由封闭走向开放、由贫穷走向温饱并逐步迈向小康的历史性跨越。甘孜州在经历改革开放后从计划经济全面步入开放的市场经济时代，随着商业经济蓬勃发展，商品流通规模扩大、流通渠道拓宽、商业业态多样化、流通现代化程度提升，消费品市场发生了翻天覆地的变化，呈现出日趋繁荣活跃的发展势头。农业和农村经济取得了翻天覆地的巨大变化。农村基础设施得到显著改观，各项配套功能日趋完善，生产条件极大改善；农村经济总量大幅度增长，各类农产品生产能力不断提升，农村居民的生活水平和质量实现了跨越式提高，取得了显著成效。改革开放以年来，在国家支持及社会各界的关心帮助下，凉山的各项建设已取得很大成就，特别是在解决贫困方面，凉山州解决绝对贫困和区域性整体贫困问题，取得了历史性成就，重大专项扶贫取得标志性成就，特殊社会问题治理取得趋势性成就，经济发展也实现了历史性提升。同时，凉山基础设施瓶颈也得到历史性突破。

二、近期与远景目标

进入新时代以来，在党和政府的领导下，经过各族人民的共同努力，民族地区取得了长足的发展，各民族全面消除了绝对贫困，在全面建成小康社会的基础上，促进区域协调发展、推动共同富裕，是党和政府一项长期而艰巨的历史任务，也是全国各民族群众的共同夙愿。当前，我国仍然存在发展不平衡、不充分的问题，尤其是民族地区经济发展依然较为滞后，习近平总书记在“二十大”报告指出党的中心任务“就是团结带领全国各族人民全面建成社会主义现代化强国、实现第二个百年奋斗目标，以中国式现代化全面推进中华民族伟大复兴”，实现高质量发展是“中国式现代化的本质要求”。[①]这也对民族地区的经济发展提出了更高的要求。

（一）2025年近期目标

四川是一个多民族省份，以铸牢中华民族共同体意识为主线做好民族工作，直接影响全省改革发展稳定大局。改革开放以来，四川始终坚持以经济建设为中心，坚持发展才是硬道理的战略思想，着力推动经济持续健康发展，经济规模稳步扩张，发展基础不断夯实，发展水平大幅提高，经济地位明显提升，综合实力实现新跨越。

1. 构建新发展格局

构建民族地区新发展格局的着力点，要从五个方面对“三州三县”地区进行着力，即优化产业结构，实现平衡发展，建设生态文明，促进内外联动，实现共同富裕。到2025年，阿坝州全州生态环境持续向好，经济实力大幅提升，民生福祉有力增进，发展活力充分迸发，社会文明不断进步，治理效能显著增强，全面建成“一州两区三家园”。甘孜州构建以国内大循环为主体、国内国际双循环相互促进的新发展格局，为甘孜州加强新型基础设施、新型城镇化、交通水利等重大工程“两新一重”建设和扩大消费提供了新动能；推进成渝地区双城经济圈建设，为甘孜州发挥资源优势，更好地融入川渝大市场，打造成渝“后花园”、产业“大后方”提供了新平台。同样，凉山州牢牢把握构建新发展格局

① 习近平：《高举中国特色社会主义伟大旗帜为全面建设社会主义现代化国家而团结奋斗》，《人民日报》，2022年10月26日。

的战略机遇，为发展放大五大资源等独特优势、开辟经济发展新空间带来的重大机遇。坚决摒弃各自为政、画地为牢的狭隘观念，自觉在国家大战略、大格局中找准定位，充分发挥比较优势，做好“全面融入”大文章，实现更好更大发展。[①]突出以安宁河谷综合开发为战略牵引，联动推进攀西经济区加快转型升级，打造攀西国家战略资源创新开发试验区、现代农业示范基地和国际阳光康养休闲度假旅游目的地，全面融入全省“五区协同”发展。

2. 加快发展现代特色产业

争取在2025年，三州民族特色农牧业发展不断加快，特色优势产业不断壮大，特色旅游业得到迅速发展。为保证发展速度与质量，阿坝州将加快构建“6+N”高原特色农牧业产业新体系、“5+N”生态工业产业新体系、“1+6”现代服务业产业新体系，打造一批现代农牧业产业示范园、中小微企业产业示范园和文化旅游名镇。甘孜州推进粮油、果蔬、茶菌、牛羊等特色优势产业与观光旅游、休闲度假、农事体验等的深度融合。依托百公里绿色生态产业带和田园综合体，建设农业景观廊道。围绕“最美景观大道自驾骑行游、最美乡村古寨休闲度假游、最美雪山湖泊观光避暑游、最美藏乡田园农牧体验游”主题旅游产品，打造生态观光、文化体验、康养休闲、户外运动四大旅游产品体系，开发四季旅游产品，建设面向国内外的特色休闲度假区。凉山州“十四五”特色优势产业发展的方向主要有：第一，采选冶炼压延产业集群，如攀西西昌钢钒公司300万吨/球团项目、凉山矿业红泥坡铜矿198万吨/年采选工程、木里容大矿业金矿开采工程、木里菜园子金矿采选工程、西昌钢钒冶金渣制砖综合利用项目、凉山州渣沙碎石综合利用项目、会理会东硫磷钛循环经济产业项目、会东雷波磷化工项目、雷波磷石膏综合利用项目。第二，规划建设一批金属薄板、五金件等生产项目，建材化工产业

① 苏嘎尔布：《政府工作报告》，《凉山日报》（汉文版），2021年4月1日。

集群。第三，食品医药产业集群，如凉山州苦荞及其制品加工项目、凉山州果蔬加工项目、畜禽加工项目、凉山州优质药材种植加工项目。第四，装备制造产业集群，如风电装备制造项目、水电装备制造项目、氢能装备制造项目、光伏产业装备制造项目、中小型农用机械装备制造项目等。通过大力发展这些特色产业集群，促进优势特色产业成链发展，做大做强做优六大产业集群，带动产业竞争力整体提升。

3. 积极融入成渝经济圈

四川阿坝州主动融入双城经济圈，加快推进汶马高速、郎汶高速、都四轨道交通、成兰（西）铁路等出川、出州大通道，打通阿坝，连接成渝大通道，着力构建“四向通道、全域拓展”开放新态势。叠加运用新一轮西部大开发、东西部扶贫协作和省内对口帮扶等优惠政策，加强与成都等区域中心城市合作交流，加快推进成阿园区扩区强园、德阿园区基础设施建设，高标准规划建设绵阿园区，做大做强园区经济。充分利用州内资源、能源、政策等优势，加强与省内各地和重庆的合作交流，积极承接绿色载能、清洁能源、生物医药、民族工艺加工等转移性产业，加快培育与川渝两地主导产业相配套的延链、补链、强链项目，积极融入川渝产业发展生态圈，加快构建全面合作、互利共赢的长效机制。

作为生态功能区，甘孜州将坚持生态优先、绿色发展，发挥比较优势、生态优势，积极融入和服务成渝地区双城经济圈建设。首先是重大规划融入，对标成渝地区双城经济圈建设蕴藏的利好政策，整体谋划，系统推进“十四五”规划、生态文明建设等规划编制，打造成渝地区双城经济圈战略资源保障、休闲旅游度假、绿色产品供应、宜居生活圈延伸的“大后方”，筑牢长江黄河上游生态屏障；其次，是产业体系融入，把甘孜丰富的资源优势与成渝地区双城经济圈市场优势、人才优势、技术优势有机结合，以水电、矿山、生态、旅游等资源开发为重点，以延长矿产资源生产链、推动全域旅游提档升级、扩大农特产品销售市场等为抓手，不断提高与成渝地区双城经济圈建设的契合度；再次，是基础设施的融入，除协调推动铁路、公路和航空方面的建设、延伸外，还要积极引进成渝地区双城经济圈通信企业参与甘孜大数据、云计算、能源互联网、工业互联网等的新基建，加快打通融入成渝地区双城经济圈的大通道；最后，通过飞地园区建设等推进平台融入、发展康养产业，推动公共服务融入，拉近甘孜和成渝之间的其他联系。

凉山州加快融入成渝地区双城经济圈建设。编制实施融入成渝地区双城经济圈建设规划。充分发挥绿色生态农业优势，加快建设成都大凉山农特产品加工贸易“飞地园区”，大力发展航空食品研发等产业，推动优质农产品进入成渝大市场。[①]充分发挥文化旅游资源优势，与成渝地区联合开发跨区域文化旅游产品，共同打造精品旅游线路，推动与成渝地区互为康养旅游客源地与目的地。充分发挥战略资源优势，积极参与成渝地区产业链分工，促进关联产业协同发展。充分发挥区位优势，构建连接成渝地区大通道。积极搭建交流合作平台，推动与成渝地区建立多层级交流合作机制，支持市场主体、社会组织开展对接合作。

（二）2035年远景目标

展望2035年，四川省的经济实力大幅跃升，建成现代产业体系，经济总量和城乡居民人均可支配收入迈上新的大台阶，人均地区生产总值在2020年基础上翻一番。科技实力跻身全国前列，科技创新成为经济增长的主要动力，科技强省基本建成。治理体系和治理能力现代化基本实现，法治四川、法治政府、法治社会基本建成，平安四川建设达到更高水平。国民素质和社会文明程度达到新高度，巴蜀文化焕发新活力。生态环境更加优美，长江、黄河上游生态安全屏障更加牢固，美丽四川建设目标基本实现。交通强省基本建成，更高水平地参与国际和区域经济

① 苏嘎尔布：《政府工作报告》，《凉山日报》（汉文版），2021年4月1日。.

合作，对外开放新优势明显增强。社会事业发展水平显著提升，基本公共服务实现均等化，人民生活更加美好，人的全面发展、全体人民共同富裕得到更为明显的实质性进展。

1. 新发展格局纵深发展

民族地区经济高质量发展为铸牢中华民族共同体意识提供了经济物质基础。民族地区经济高质量发展意味着各民族地区生产力的发展、生活条件的提高和生产生活环境的改善。中华民族共同体意识是建立在社会物质财富不断丰富的基础之上的。从社会存在和社会意识的关系来看，中华民族共同体意识是各民族现实物质关系的思想反映，是以各民族生产力的发展和物质财富的保障为前提的，新的发展格局对促进民族地区的经济发展具有重要的战略意义。

阿坝州首先注重构建嵌入新发展格局的开放态势，其次挖掘适应新发展格局的内需潜力。在构建嵌入新发展格局的开放态势方面，阿坝州将持续加强对口支援、大力发展飞地经济、深化区域交流合作以及深化对外交往交流作为抓手，首先，深化对口支援合作机制，变“单向帮扶”为“携手共进”；其次，推动飞地园区成为融入双循环的主阵地，积极承接发达地区产业转移，发展壮大新能源、新材料、装备制造等高新技术产业；再次，主动服务国家区域发展大战略，全面融入四川“一干多支、五区协同”格局，形成互利共赢发展新局面；最后，依托飞地园区，积极承接跨梯度产业转移，发展外向型产业，培育壮大外贸出口企业和品牌，支持农特产品出口基地建设，推进跨境电商发展，加快建设航空口岸，扩大优势特色产品出口。在挖掘适应新发展格局的内需潜力方面，阿坝州着手积极发挥新型工业化、信息化、城镇化和农业现代化的后发优势，拓展投资空间，优化投资结构，探索形成市场主导、政府引导的投资内生增长机制。完善政府和社会资本合作等多元投资模式，撬动更多社会资本参与投资建设。搭建银政企融资对接平台，用好开发性金融工具，打好地方政府专项债券发行等政策组合拳，健全专项债券使用“政银企”风险共担机制。谋划建设一批补短板、强基础、增功能、惠民生、利长远的重大项目，加大对公共卫生防疫、应急物资保障、地质灾害防治、生态保护治理、森林草原防灭火、现代产业园区、新型城镇化和乡村振兴等领域的投入，统筹推进长江黄河干支流防洪体系建设，保障投资稳定增长。

甘孜州发挥区域比较优势，强化区域协作分工，强化分类指导，促进各类要素合理流动和高效集聚，形成优势互补、高质量发展的区域经济布局。按照“规划一张图、交通一张网、城镇一体化、产业一盘棋、生态一根线”思路，全面推进康定、泸定、甘孜新区一体化协同发展，打造高质量发展增长极。加快完善城际快速交通网络，统筹推进公共交通一体化建设和运营，构建1小时交通通勤圈。加快构建川藏铁路综合经济带，抢抓川藏铁路建设机遇，推动交通、城镇和产业布局重构，打造引领全州高质量发展的新型交通网、城镇发展主轴和特色产业带。发挥铁路大运力、高速度的优势，做好川藏铁路和公路交通的分工协作，围绕全域旅游优化路网布局，加快推动公路交通转型发展。促进三大区域协调联动发展，坚持“东部率先、南部崛起、北部加快”发展思路，强化分类指导，围绕产业发展特色化、公共服务均等化，促进区域协调联动发展。

在未来，凉山州将推进区域协调发展和新型城镇化，深度融入川渝发展新格局，支持西昌打造攀西地区现代化国际性中心城市，促进五大区域协调联动发展，加快安宁河谷流域综合开发，将其建成凉山州最具活力的经济高地，建设一批百亿级、千亿级的产业集群，打造全国重要的钒钛产业、稀土研发制造、有色产业、先进材料基地。加快安宁河谷流域综合开发，以推动优势资源深度开发为引领、以做强西昌极核为带动，以促进安宁河流域各县（市）一体化高质量发展为取向，不断增强安宁河谷经济承载和辐射带动功能、新兴产业引领功能、乡村振兴示范功能、新型城镇化建设示范功能、南向开放门户功能，将其建成凉山最具活力的经济高地，打造凉山现代化建设的主引擎。壮大通道经济和流域经济，[1]围绕成昆铁路、高速公路、国省干线，加快开发沿线旅游资源，合理布局产业园区、物流基地、商贸网点和公共服务设施，引导人口和产业向交通沿线聚集，大力发展铁路经济和路衍经济，打造特色产业发展集中区、特色商品集中展销区。

2. 现代特色产业成熟发展

多民族文化与中华民族文化之间的关系是由中华民族母体一并孕育、滋养的成对观念体系，均以自身发展为对方发展提供补益和促进的彼此联结。发展民族产业，是丰富中华文化内涵、促进经济社会协同发展的有效途径。民族地区的发展很大程度上影响着国家的和谐发展，在中华民族共同体视域下研究少数民族产业，并在此基础上进一步探讨铸牢中华民族共同体意识与发展产业的互动机制，对实现共同繁荣具有重要的时代意义和实践价值。

阿坝州推动“汶理茂一体化”发展。树立集聚发展、区域协同、分工协作、互利共赢的发展理念，合力推动汶川、理县、茂县三县一体化发展，培育壮大全州经济社会发展的主引擎和增长极，打造高质量发展示范区、绿色发展引领区、现代化建设先行区。推动交通互联互通，加快“理县—茂县”旅游通道、“理县杂谷脑—汶川草坡或耿达”应急通道等工程建设，打造半小时交通通勤圈。充分发挥民族特色、地域特色，共同推动藏羌文化走廊、熊猫文化走廊建设，打造岷江河谷发展区、禹羌文化体验区，建设区域性旅游文化品牌，推动旅游一体化发展，合力打造成渝地区双城经济圈后花园。创建优质农产品“大品牌+区域性品牌”，实现农业产业提档升级。推动工业园区合作，协同引资发展高技术和高附加值产业，形成优势产业集群，建成现代绿色工业基地。

---

① 央青：《凉山招商引资“强磁场” 转型发展“加速跑”》，《凉山日报》（汉文版），2022年2月15日。

甘孜州大力发展特色加工业，以打造涉藏地区特色文旅产品生产销售中心为目标，坚持工旅融合，培育发展非遗文化产品，加大金属制造、藏式家具、民族服饰、唐卡、石刻、制陶以及藏绣等民族文创产品开发力度，重点打造白玉河坡民族手工艺文旅融合示范产业园区、德格麦宿文化产业园区、乡城菩提工艺产销基地、稻城民族手工艺产销基地、炉霍郎卡杰绘培训基地、道孚特色加工产业基地，在重点旅游景区和城镇配套建设特色手工艺展销区。加强对省级、州级工艺美术大师的培养，鼓励支持文创产品开发和创新、创造。到2025年，力争本土旅游产品州内市场占有率达到50%以上，特色加工产业实现产值6亿元。培育发展新兴产业，以打造川藏高原新兴产业制造基地为目标，积极布局发展新兴产业。稳妥发展现代绿色锂矿业，打造锂资源采选、加工、应用全产业链。加快发展制氧（氢、氮）产业，形成以制氧、供氧设备出售租赁、供氧产品生产、康养体验等为一体的全产业链，加快理塘县格聂高原供氧项目建设，逐步构建高原用氧健康服务体系，做大健康用氧产业。发挥高原生物资源优势，发展生物育种、生物医药等生物产业。依托飞地园区，积极承接产业转移，发展壮大新材料、新能源等高端制造业，加快融入国内经济大循环。

凉山州大力发展六大特色优势产业集群。改造提升采选冶炼压延产业集群，充分利用全州丰富的金属、非金属资源优势，支持鼓励大企业、大集团兼并重组一批小散矿山，发挥放大“资源+能源”的组合优势，对传统的黑色、有色、非金属资源采选业进行规模化、机械化、智能化改造，有效提升现有产能，加强矿产资源综合开发利用，重点抓好盐源平川铁矿、会东满银沟铁矿、宁南鲕状赤铁矿、雷波磷矿、甘洛铅锌矿采选工程等采选工程，抓好凉山矿业红泥坡铜矿、海潮铜矿、木里菜园子金矿、容大矿业金矿、冕宁稀土矿、石灰石矿，以及美姑、昭觉、雷波等县南红玛瑙等一批重点金属、非金属采选项目。抓好黑色、有色压延产业发展，重点抓好攀钢西昌高炉炉料结构优化节能减排项目、凉山矿业10万吨阳极铜扩能及新建15万吨阴极铜冶炼等重大项目。

抓好黑色、有色深加工产业发展，重点抓好西昌钢钒钢钛结合可逆式单机架轧机项目和板材厂新建热镀锌机组等项目，博鑫铜业公司的铜箔、铜芯线等建设项目，甘洛铅酸蓄电池生产及综合回收利用等重大项目；依托攀钢西昌钢钒公司，规划建设易拉罐、五金件等生产加工项目。加快发展食品医药产业集群，充分利用现有农特产品生产基地、畜禽养殖基地、中药材种植基地及围绕脱贫攻坚规划建设的现代农业产业园等，加快发展农产品、畜禽产品、中药材等深加工产业。

3. 全面融入成渝经济圈

民族地区经济高质量发展和铸牢中华民族共同体意识都坚持同一性，民族地区经济高质量发展不是各个民族地区孤立发展，而是全国各民族在民族地区经济相互依存、相互联系地发展，这与以民族团结为特征、以各民族共同繁荣为目标的中华民族共同体意识在本质上是一致的。四川民族地区的发展也在全面融入成渝经济圈中不断地努力。

阿坝州加快融入成渝交通圈，推进绵九高速、成阿高速、都四轨道交通、成兰铁路、成西铁路等出州大通道，畅通阿坝，连接成渝大通道。融入成渝产业生态圈，推进成阿园区扩区强园、德阿园区基础设施建设，高标准规划建设绵阿、遂阿园区，承接成渝绿色载能、清洁能源、生物医药、民族工艺加工等产业转移，建设川渝两地主配套产业基地。加快融入成渝创新体系，推动区域协同创新体系建设，引进和转化成德绵地区科技成果，增强创新驱动发展能力。

甘孜州借力成渝地区双城经济圈发展，发挥比较优势、生态优势，积极融入和服务成渝地区双城经济圈建设。全面融入川渝大市场，扩大特色农产品输出规模，强化旅游产品营销，打造成渝地区重要优质农产品供应基地和生态康养休闲度假区。加快融入成渝地区产业链，推进水电、矿山、生态、旅游等资源开发合作，引进大数据、新能源、生物医药等优势企业，共建产业发展平台。全面融入成渝地区区域协同创新体系，引进省内重点高校设立分支机构或开展联合办学，推动科技成果引进与转化。加快融入成渝现代基础设施体系，推动铁路、公路和航空互联互通，引进成渝地区企业参与大数据、云计算、能源互联网、工业互联网等新基建建设，打通融入成渝经济圈的大通道。

凉山州主动承接成渝地区双城经济圈辐射，精准对接《成渝地区双城经济圈建设规划纲要》，围绕“一通道、四基地、一屏障”目标定位，在政策、资源、产业和基础设施等方面实现同向相融、同频共振。积极对接西部陆海新通道建设，围绕成渝地区产业发展方向优化产业布局，有序承接产业转移和延链配套，加速做大做强做优钒钛、稀土、清洁能源、大型物流、特色农业、旅游康养和劳务输出产业。建立面向成渝地区招商引资专项机制，建立与成渝地区多层次、常态化交流合作机制，务实推进基础设施、产业协同、科技研发、公共服务等领域合作。支持产业联盟、创新联盟、行业组织、商（协）会等开展跨区域、多领域合作。发挥好各级各部门职能作用，有效激发国企、民营企业活力，形成合力，推动融入成渝地区双城经济圈建设的强劲态势。

4. 基本建成现代化经济体系

2019年阿坝州全州地区生产总值为390.08亿元，占全省比重由2007年的1%下降至0.83%，同期增幅、增长率不及全省平均值。要在“十四五”和2035年赶上全国、全省的发展步伐，任务极其艰巨繁重，依靠龙头带动打造农牧业示范园至关重要。“6+N”高原特色农牧业产业新体系，就是要在每个县打造一批现代农牧业产业示范园。“6”代表牛羊、生猪、特色果蔬、高原菜蔬、优质粮油、道地药材等六大主导产业；“N”代表有发展潜力、尚处培育的新兴产业。近3年来，小金县开源农业发展有限责任公司累计为市场订单供应高山蔬菜6200吨，实现产值2100万元，为当地创收1400万元，带动270户贫困户户均增收1.8万元。“十四五”期间，开源农业拟与当地蔬菜企业合作，将“小金模式”复制到金川、马尔康、理县、茂县等地，建设培育6—8个园区，规划品种25个左右，力争把“净土阿坝”做成全国知名区域品牌。同时，阿坝州经济发展存在“四大、三小、两难、一弱”问题。“四大”，即发展速度上与全国、全省差距不断拉大，发展规律上增长周期因灾波动较大，发展势头上持续稳定增长压力较大，发展结构上产业结构转型难度较大；“三小”，即经济总量偏小、财政收入偏小、人均GDP偏小；“两难”，即特色产业发展难、区域协调发展难；“一弱”，即州内市场需求疲弱。要破题“四大、三小、两难、一弱”，阿坝州将加快构建“5+N”生态工业产业新体系，打造一批中小微企业产业示范园，以缩小差距，聚集企业入园发展。同时，目前阿坝州的游客虽然多，但是都是浮于表面的观光游，没有沉下来的体验。为了解决这种尴尬，阿坝州在未来要加快构建“1+6”现代服务业产业新体系，在重点县打造一批文化旅游名镇，以文化旅游为核心产业，培育商业、康养、餐饮等六大相关产业，以文旅融合留住游客，拉动消费。

加快构建绿色现代工业体系，推动工业经济绿色高质量发展，是甘孜州国民经济和社会发展“十四五”规划中构建现代生态产业体系的重要篇章。甘孜州将从四个方面着力，全力确保全州工业经济开好局、起好步。一是着力完善“6+1”现代工业体系。加快构建“6+1”现代工业体系，高标准编制工业经济“十四五”发展规划。全力实施制造业崛起、产业链补短强弱、新基建制造赋能、项目建设提升“四大工程”，推进工业经济质量标准化、产业规模化、产品特色化。二是着力提升产业链现代化水平。做强食品饮料、中藏医药和特色加工业，三大行业产值分别增长19%、7%、20%以上。加快培育以数字经济为主的绿色高载能产业，加快集中式与分布式水电消纳示范点建设，力争全州水电消纳市场交易电量达到40亿千瓦·时，基本消除水电调峰弃水。新兴产业以理塘县高原供氧扶贫项目为重点，着力推进生产线全部投产运营，落实“3+N”的服务体系布局，形成健康保健服务能力。持续推进重点矿山技术改造提升，着力推进鸳鸯坝锂产业集中区、里伍中咀井巷工程、鑫源矿业深部开拓等重点项目建设，力争原矿处理量达150万吨，水泥产量达100万吨。三是着力优化区域产业布局。推动飞地园区融入成渝地区双城经济圈，甘眉工业园区力促通威二期、方大二期等项目竣工投产；成甘工业园区开工建设万里扬新能源汽车零部件项目，探索以资源换产业的发展模式；力促融捷锂盐项目投产，着力打造锂资源全产业链；飞地园区力争实现产值300亿元以上；抢抓川藏铁路重大项目建设机遇，引导新型建材、传统地材产业沿铁路走向布局。四是着力激发市场主体活力。推进工业企业梯度培育计划，全年培育升规企业5户以上、省级“专精特新”企业3户以上、小微企业20户以上。

凉山州加快构建现代产业体系，以打造“一平台、两基地、六大产业集群”为重点，深化供给侧结构性改革，培育新动能，重塑新优势，促进全州工业经济全面振兴。规划布局一批产业新城，加快推进园区提档升级，积极培育研发平台，做强做实产业发展支撑，强化要素支撑保障，创新管理运行体制机制，实现优势产业聚集发展。充分利用富甲天下的“水风光”清洁能源优势和得天独厚的稀土钒钛等战略资源优势，着力打造具有全国影响力的重要清洁能源基地和钒钛稀土战略资源创新开发应用基地。优化资源配置，强化要素保障，促进优势特色产业成链发展，做大做强做优六大产业集群，带动产业竞争力整体提升。改造提升采选冶炼压延产业集群，重点发展装备制造产业集群，加快发展食品医药产业集群，积极发展建材化工产业集群，大力发展建筑产业集群，重点培育数字经济产业集群。

三、路径与保障

（一）优化区域主体功能

1. 统筹基本公共服务均衡发展，大力支持优势区域率先发展

重点扶持特色优势产业率先发展，强化成渝地区双城经济圈建设，促使阿坝、甘孜、凉山三州加快全面融入双城经济圈建设；促使三州的经济带崛起，凸显成渝双城经济圈的引领带动作用；统筹安排三州经济区域协调发展，不断加强基础设施建设，实现与周边地区互联互通，达到优势互补、分工协作的区域协同发展格局。

2. 促进城乡协调发展

加快推进新型城镇化建设和新农村建设步伐，使经济增长惠及三区各地市、县、乡、村；推动城乡经济发展差距；发挥成渝两城的辐射作用，推动人口适度聚集，提升城镇化水平，实施新型城镇化发展战略，促进人口就地就近城镇化。优化城镇空间结构，围绕中心城市和县城，大力发展卫星城镇，促进城镇间交通互联互通，推动城镇组团式发展，打造一批人口承载力强的城镇集群。

3. 促进物质文明建设和精神文明建设协调发展

坚持开展社会主义、爱国主义、集体主义思想教育，积极培育和践行社会主义核心价值观，弘扬民族精神。在三州范围内多渠道开展诚信文化宣传，逐渐完善社会信用征信体系。多渠道开展城市与农村文明建设，丰富社会基层精神文化生活。

（二）优化产业空间布局

1. 增长极布局模式

每一地区在经济发展过程中，不同的产业会有不同的增长速度，一些地区性主导产业以及新型产业会在一定时期内优先发展和聚集，之后会形成对周边地区经济的辐射带动作用。阿坝州在优化区域经济发展布局方面，着力打造四个增长极：充分发挥展示推介、领衔交流作用，打造全州旅游高质量发展增长极；树立集聚发展、区域协同、分工协作、互利共赢的发展理念，合力推动汶理茂三县一体化发展，培育壮大全州经济社会发展的主引擎和增长极，打造高质量发展示范区、绿色发展引领区、现代化建设先行区；统筹州内、州外工业园区布局，打造高质量发展增长极；实施小县优城行动，创新产城融合发展模式，推动旧城区改造和新城区建设，全面提升城市经济品质、人文品质、生态品质、生活品质，打造宜居宜业、宜游宜人、繁荣舒适的现代复合型城区，建设一批高原魅力县城，打造县域经济核心增长极。甘孜州按照“规划一张图、交通一张网、城镇一体化、产业一盘棋、生态一根线”思路，全面推进康定、泸定、甘孜新区一体化协同发展，打造高质量发展增长极。2019年，凉山州在完善协同发展机制，促进区域差异化协调发展上花力气、下功夫，大力培育新兴经济增长极，推动县域经济高质量发展，使区域经济呈现“核心”引领，协同发展，各具特色的新局面。目前，凉山州又提出了建设金沙江经济带，打造凉山第二个经济增长极的新构想。

2. 点轴布局模式

点轴布局是增长极布局模式的进一步延伸，随着三州经济的不断发展，经济增长点也会逐渐增多。川西地区的铁路、公路等基础交通设施发展迅速，道路沿线经济带形成点轴式产业布局，并不断对周边产业形成聚集效应，进而形成点轴系统的雏形，实现区域经济协同发展。三州不断推进农牧业的现代化，做精做细特色种植业、做大做强现代畜牧业，打造了一批优势农产品基地和优势产区。[①]阿坝州实施品牌培育工程，树立生态“大品牌”理念，登记认证、认定一批“两品一标”农产品，打造“净土阿坝”特色农产品；成立“净土阿坝”品牌产业联盟，推广“净土阿坝品牌+地域品牌+产品品牌”模式。甘孜州围绕打造提升以“圣洁甘孜”十大产品为核心的“10+2”现代农业产业体系。凉山州根据融入成渝地区双城经济圈建设的目标定位，结合自身的比较优势，提出“一通道、四基地、一屏障”的发展思路，其中的一个“基地”就是建设优质农产品供应基地。凉山将抓好优质粮油、马铃薯、苦荞、烟草、蚕桑、畜牧、水果等特色产业发展，打造全国知名的现代特色农业产业示范区，丰富成渝地区的“菜篮子”“米袋子”“果盘子”；努力做大做强旅游业，将旅游业打造成川西三州经济发展的支柱产业，带动第一、第二产业发展；不断开发新的有文化内涵的旅游项目，促使三州的旅游业转型升级。

阿坝州坚持“生态产业化、产业生态化、优势产业特色化”导向，实施生态资源转化战略，加快构建“6+N”高原特色农牧业体系、“5+N”生态工业体系、“1+6”现代服务业体系，深入实施建基地、育龙头、创品牌“三大工程”，开展“建链补链强链”行动，推动产业融合发展，加快构建以生态产业为核心的现代产业体系。甘孜州推动生态旅游与民族文化融合发展，提升对大香格里拉旅游区的核心引领作用，打造国际生态文化旅游目的地、国际自驾游最佳目的地、红色旅游发展示范区，加快创建国家全域旅游示范区。凉山州融入全省“一核五带”文旅发展总布局，聚焦建设“国际阳光康养休闲度假旅游目的地”“大

① 卓嘎措姆、旦巴次仁、罗布格桑：《西藏交通基础设施与区域经济发展现状分析》，《西藏科技》，2020年第8期。

凉山彝族风情旅游目的地”“大香格里拉生态旅游目的地”，进一步丰富完善全州“一核五区三带”文旅发展战略和思路，加快文化旅游首位产业建设步伐；加强产业园区建设，着重发展生态型产业；不断完善产业园区基础设施配套，加大在财税、土地等方面对产业园区的扶持，优化产业园区的发展环境，充分发挥产业园区的集聚效应，打造若干个示范性经济开发区。

3. 做好产业梯度布局

增长极布局和点轴式布局模式有效融合后，形成网络布局模式，产业聚集之后会发挥规模效应和扩散效应的作用，导致各区域间的经济发展走向不平衡，各区域间的产业分布格局也会不平衡，在特定区域内必定会形成经济技术梯度，这种产业梯度的形成会导致资金向高梯度区域流动，会在一定程度上制约低梯度区域的发展。要积极推进资源友好型产业的发展路径，重塑区域经济地理，培育主导产业，推动特色优势产业，逐渐形成分工明确、梯度清晰的产业发展格局。

（三）推进乡村振兴

阿坝州坚持以脱贫攻坚成果引领乡村振兴战略，科学推进、巩固拓展脱贫攻坚成果与乡村振兴有效衔接，严格落实“四个不摘”政策，确保脱贫工作的持续性和稳定性。健全防止返贫监测帮扶机制和解决相对贫困长效机制，完善农村社会保障和救助制度，持续巩固“一收入两不愁三保障”成果。突出重点村和特色村，推动新村建设提档升级，深入推进“美丽四川·宜居乡村”达标村建设。扎实推进农村“三大革命”，全面改善农村人居环境。加强农村垃圾处理设施建设，建设一批垃圾处理场（站），布局完善镇级垃圾中转站，配备配齐农村垃圾运输车，实现农村垃圾“村收集、镇转运、县处理”。

甘孜州遵循乡村发展规律，分类有序推进乡村振兴，巩固提升大渡河流域乡村振兴示范成果，全面推进雅砻江、金沙江流域乡村振兴。立足乡村多样性、差异性、区域性特征，分类推进康养休闲型村庄、集聚提升型村庄、城镇郊区型村庄、文旅融合型村庄、农牧体验型村庄、搬迁撤并型村庄建设，因地制宜推进农区、牧区、半农半牧区乡村振兴，集中力量打造一批特色产业基地、特色小镇、田园综合体、度假乡村和特色村落。以青德、新都桥、甲居、八美、磨西等旅游城镇为载体，打造一批农旅融合发展示范区，推动镇村景业深度融合发展。

凉山州加快安宁河谷流域综合开发，以推动优势资源深度开发为引领，以做强西昌极核为带动，以促进安宁河流域各县（市）一体化高质量发展为取向，不断增强安宁河谷经济承载和辐射带动功能、新兴产业引领功能、乡村振兴示范功能、新型城镇化建设示范功能、南向开放门户功能，建成凉山最具活力的经济高地，打造凉山现代化建设的主引擎。①

（四）全面深化改革，推进要素保障建设

1. 构建符合三州实际的发展机制

在民族地区全区全面开深化改革，坚持政府引导的前提下，让市场在资源配置中起决定性作用。加快政府职能转变，完善制度体系为经济发展提供制度保障，营造一个能够充分发挥市场机制、促进全社会生产要素自由流动的环境。

2. 优化投资融资模式

积极发挥新型工业化、信息化、城镇化和农业现代化的后发优势，

① 央青：《凉山招商引资“强磁场” 转型发展“加速跑”》，《凉山日报》（汉文版），2022年2月15日。

拓展投资空间，优化投资结构，探索形成市场主导、政府引导的投资内生增长机制。完善政府和社会资本合作等多元投资模式，撬动更多社会资本参与投资建设。搭建银政企融资对接平台，用好开发性金融工具，打好地方政府专项债券发行等政策组合拳，健全专项债券使用“政银企”风险共担机制。谋划建设一批补短板、强基础、增功能、惠民生、利长远的重大项目，加大对公共卫生防疫、应急物资保障、地质灾害防治、生态保护治理、森林草原防灭火、现代产业园区、新型城镇化和乡村振兴等领域的投入，统筹推进长江黄河干支流防洪体系建设，保障投资稳定增长。

3. 加快创新型人才队伍的建设

全方位构建多层次、宽领域、差异化的人才支撑体系，加强实践提能和激励支持，着力打造带不走、留得住、能战斗的高素质人才队伍。阿坝州实施“阿坝英才招引工程”“硕博进阿坝行动”千人培育工程“订单式”培养等重点人才工程；建立健全人才引进培养、管理评价机制和特殊贡献奖评选及奖励机制；建立健全人才发展专项资金使用机制；建立健全突出人才选拔管理机制、柔性引进高端人才机制。在甘孜州，以“康巴英才雄鹰计划”为统领，实施储鹰、育鹰、炼鹰、励鹰“四大工程”，加大人才引进培养力度，着力打造带不走留得住能战斗的高素质人才队伍；用好“三州”地区人才特殊支持政策，畅通党政人才、专业技术人才、企业经营管理人才流通通道。凉山州创新分配激励机制，赋予科研人员职务科技成果所有权或长期使用权，鼓励高校、院所科研人员创办领办科技型企业；加大人才发展资金投入，统筹安排产业、科技等项目与人才开发培养经费，加强部门间财政人才资金统筹使用，将人才安居工程、人才服务中心纳入重大建设项目规划；全面落实“天府英才卡”制度，不断升级“凉山英才卡”服务功能，为符合条件的人才精准提供子女就学、医疗保健、金融信贷等服务。[1]

4. 提升科技创新水平

围绕特色产业发展、生态保护和民生改善等领域，组织实施一批关键和共性技术，开展技术攻关。对接国家、省科技重点专项，加大科技创新攻关力度。加强互联网与产业发展跨界融合，多领域开展“空天地一体化”科技应用。实施工业企业技改项目，提升产业技术创新水平。

5. 加快信息化建设步伐

把握数字化发展趋势，加强信息基础设施建设，构建融入双循环新发展格局的高速信息网络，以信息化支撑现代化，建成涉藏地区信息化强州。大力实施民族地区教育信息化发展工程，以信息化引领教育现代化。推进教育信息化2.0行动计划，建设智慧教育云平台，搭建教育资源管理服务平台及安全管理应用平台。完善教育城域网，引进优质网络教育教学资源，推动优质数字教育资源普及共享。强化信息技术在教学、科研、管理、校园安全等领域的广泛应用。

（五）完善基础设施支持体系

实施基础设施补短板行动，统筹新基建和传统基建建设，推进陆路、电力、信息“三条高速通道”建设，构建“3+N”基础设施新体系，畅通融入新发展格局的战略通道，强化四川北向开放门户功能。

阿坝州主要通过建设川甘青结合部综合交通枢纽、加强对外综合交通建设、完善州内通道网络以及提高交通运输效率四个方面构建现代综合交通运输体系。其中，交通基础设施重点工程包括铁路、高速公路、

① 《中共凉山州委关于深入推进创新驱动引领高质量发展的实施意见》，《凉山日报》（汉文版），2021年9月19日。

普通国道、普通省道以及农村公路、航空和站点。

四川甘孜州为了落实《交通强国建设纲要》，围绕川藏铁路加快构建新型交通体系，优化交通运输结构，把交通纳入全域旅游统筹规划，推动交通转型发展，加快构建现代立体综合交通运输体系。通过围绕融入成渝地区双城经济圈，畅通川甘青和川滇藏两个结合部，强化东向融入、南向拓展、西向辐射、北向延伸，以川藏铁路、骨干公路为重点，同步提升国省干线、农村公路，串联铁路、公路、机场，畅通连接对外大通道、连接乡村两个“最后一公里”。提升康定交通主枢纽功能，加快建设理塘、稻城、甘孜次级交通枢纽，全面提高道路等级，强化与周边地区互联互通，完善川甘青、川滇藏交界地区骨干网络，建成川滇藏青结合部重要的综合交通枢纽。同时，全力推进川藏铁路甘孜段建设，推动与干线公路有机融合、互联互通。在公路交通建设方面，围绕川藏铁路配套建设提升公路交通，推动公路交通与全域旅游融合发展。航空运输对甘孜州的发展至关重要，因此甘孜州不断完善甘孜格萨尔机场配套设施，推动第四机场建设，加密现有机场航班航线，推动康定机场、稻城亚丁机场、甘孜格萨尔机场串飞，推进与周边旅游机场互航互通；加快发展通用航空，建设8个通用机场。最后，在交通运输效率方面，甘孜州围绕川藏铁路、川藏南线高速延伸，推动铁路、公路、航空等多种运输方式相互衔接，建设“航空+自驾”“铁路+自驾”服务体系，建设康定多式联运枢纽中心。

凉山州在深入实施交通战略方面，着力打通对外多向大通道，畅通内循环。立足扩大向北、突出向南、强化向东、开辟向西，加快建设南向开放重要通道；积极融入成渝地区双城经济圈、西部陆海新通道建设，连接宜宾、泸州和云南、贵州、北部湾、粤港澳大湾区，直达长江经济带和长三角城市群，畅通对接孟中印缅、中国—中南半岛经济走廊陆海通道；推进州域内部互联互通，加快构建铁路、公路、航空、水运集成的现代立体交通体系。在铁路方面，打造区域性铁路枢纽，加大铁路路网覆盖密度。加快成昆铁路（峨眉至米易段）扩能改造，2021年开通冕宁至米易段，2023年全线开通运行。在公路交通建设方面，围绕争取实现“县县通高速”的目标，加快推进宜攀、乐西、西昭、德会、峨汉等高速公路建设，新开工西香、西宁、禄会、金口河至西昌、昭觉经布拖至普格高速公路，开展会东至会泽、甘孜九龙经木里至盐源、石棉至甘洛等高速公路前期工作，力争到“十四五”末，全州在建及运营中高速公路总里程突破1500千米，17县（市）均有建成或在建高速公路，全面迈入高速公路时代。在航空方面，大力发展航空水运，推进西昌青山机场改造升级，新增开辟直飞或经停成都的国内航线网络，形成省内1小时、国内4小时航空圈；推动西昌青山机场航空运输从客运为主向客货并举转变，新开货运航班，并争取升级为口岸机场。[①]与此同时，加快西昌主枢纽和昭觉、盐源、会理、越西等副枢纽建设，构建以西昌为中心、四向畅通且服务能力充分的综合运输大通道。

（六）纵深推进重点领域改革

四川民族地区实施改革创新战略，强化改革引领、创新驱动、人才支撑，全力破除发展制约、提升发展活力、凝聚发展后劲，培育和增强高质量发展新动能。

深化旅游业改革，在资源、环境安全和社会稳定承载力许可的情况下，全面放开境内外旅游人口数量限制，实现三区内旅游行业合理化、合法化、规范化、规模化经营。

推进户籍制度改革，全面实施居住证制度。对于人口偏少的地市，鼓励发展当地人口和进行人口移民；对于人口比较多的地区，鼓励人口向区内其他区域迁移。

持续推动深化国有企业改革。不断完善现代企业制度，健全现代产

---

① 王旭阳：《凉山奏响高质量发展“交响曲”》，《凉山日报》（汉文版），2021年11月18日。.

权制度，健全企业法人治理结构，规范国有资本运作，探索国有资本授权经营。建立并完善国有资产的监管体系，完善国有资本保值增效的战略布局。

深化农牧区土地制度改革，深化承包地“三权分置”改革，落实第二轮土地承包到期后再延长三十年政策，健全土地经营权流转服务体系。深化农村集体产权制度改革，积极探索实施农村集体经营性建设用地入市制度，发展壮大新型农村集体经济。完善盘活农村存量建设用地政策，实行负面清单管理，优先保障乡村产业发展、乡村建设用地。探索宅基地所有权、资格权、使用权分置有效实现形式。规范开展房地一体宅基地日常登记颁证工作。完善城乡建设用地增减挂钩管理制度，有序推进全域土地综合整治。健全城乡融合发展体制机制，完善城乡要素平等交换、双向流动政策体系。保障进城落户农民土地承包权、宅基地使用权、集体收益分配权，研究制订依法自愿有偿转让的具体办法。

‖ 第三章 ‖

文化旅游

民族地区一般位于偏远地区，拥有独特的文化旅游资源。因此，发展文化旅游产业已成为四川民族地区社会经济发展的重要举措。如果四川民族地区能够跳出传统思维，立足民族文化旅游资源，大胆利用区内外人才和技术优势，必将在文化旅游产业上取得巨大成就。

一、历史与现状

（一）历史

1. 中华人民共和国成立前

四川民族地区文化旅游的发展可以追溯到5000年前。在古代，有部落联盟酋长的巡游，秦汉时期帝王开始巡幸四方，魏晋南北朝时期文人士大夫钟情于山水之旅，唐宋时文官宦游，而到明代时，随着社会经济的发展，普通百姓也开始旅游。[①]总体而言，四川省少数民族地区的文化旅游产品绚丽多彩，旅游活动历史悠久，是中国最早开展旅游活动的地区之一。

对于阿坝州来说，千百年来，中国古代的氐、羌族部落、鲜卑、吐蕃、汉族、回族等民族相互融合、共同进步，形成了藏、羌、回、汉等主要民族，这里被著名民族学家、社会学家费孝通称为“民族走廊”。中华人民共和国成立前，阿坝州浓郁的藏羌民族风情和丰富多彩的民俗风情形成了美丽的人文景观：松州古城、桃坪羌寨、萝卜寨、卓克基官寨、色尔古藏寨、甘堡藏寨等。藏传佛教文化和羌族石壁文化赋予了阿坝州更多的神秘感。九寨沟舞蹈、南坪小调、茂县羌笛表演制作技艺、羌族瓦尔俄足节、黑水卡斯达温舞等国家级非物质文化遗产构成了多种文化瑰宝。[②]

对于甘孜州来说，在漫长的传统社会中，在中华人民共和国成立之前，经过几千年的发展，甘孜州旅游资源已经越来越成熟和丰富，神奇、瑰丽、多姿多彩的自然景观与蕴藏丰富、特色浓郁的康巴文化融于一体，品位高、组合好、综合性强、独具特色，具有唯一性和不可替代性。这里有世界上罕见的低海拔现代冰川奇观以及神秘的大冰瀑布，高耸的雪峰和壮观的金山美景，完整的原始森林、美丽的草原，清澈的湖泊和众多被称为“温泉之乡”的温泉景点。丰富多彩的藏族风俗和灿烂的民族文化，孕育了极其丰富的人文景观。这里是旅游休闲、温泉疗养、文艺创作、科研考察、登山漂流、狩猎探险的理想场所。

对于凉山州而言，中华人民共和国成立前，在历史上，这里是通往西南边陲的重要通道，是“古南方丝绸之路”必经之地，民族风情浓郁，有被誉为“东方情人节”的彝族火把节、神秘奇特的彝族毕摩文化、泸沽湖摩梭走婚风情、木里县藏传佛教、德昌县傈僳族风情、宁南

① 资料来源于2019年度的《四川文化和旅游年鉴》。

② 资料来源于2019年度的《四川文化和旅游年鉴》。

县布依风情等。[1]此外，近代以来，凉山州的人文景观仍有很大的发展，比如这里有着厚重的红色文化，举世闻名的红军二万五千里长征经过凉山，永垂青史的会理会议在这里召开，彝海结盟在这里举行，形成红色之旅、团结之旅旅游经济带。

2. 中华人民共和国成立后至改革开放

中华人民共和国成立后，随着国民经济的恢复和发展，四川民族地区文化旅游的影响力也日益增强。省内外越来越多的人都想看到数量众多的非物质文化遗产的面貌。此外，也有一小部分外国人士希望参观这些地区。开启旅游业务，已逐渐逐渐被提上了议事日程，而这些议事日程主要体现在旅游发展的基本制度保障和旅游基础设施建设上。

从中华人民共和国成立到改革开放，四川民族地区在文化旅游发展中起步较早的是川西民族地区，不仅原来形成的部分古代城镇被设置为现代区域行政中心型建制镇，如马尔康县的马尔康镇、德格县的更庆镇、泸定县的泸桥镇、甘孜县的甘孜镇，为适应新的政治建制，川西民族地区还新设了许多综合性建制镇，作为县域或州级政治、经济、文化综合管理中心——这一系列政权建设极大地促进了该地区文化旅游的发展。此外，随着这些现代城镇交通和商业的快速发展，一些地区由于处于交通运输和商贸集散地或中转节点而逐渐发展为城镇，进一步促进了文化旅游的发展。[2]

然而，在20世纪60年代中期，“文化大革命”开始，给整个社会带来了极大的破坏，刚刚起步的旅游行业也未能幸免，受到了严重的干扰和破坏。由于社会和政治局面的动荡，四川民族地区的旅游业一度陷入全面停滞的局面。这一时期几乎没有颁布与旅游业发展相关的法律法规，景区的开发建设几乎处于停滞状态，一些景区和度假村被责令关

① 资料来源于2019年度的《四川文化和旅游年鉴》。

② 杨建翠：《川西民族地区旅游业推进城镇化研究》，成都：西南民族大学，2012年。

闭，许多地方的旅游组织被取消或合并，旅游业多年来建立的管理体系被摧毁，游客数量急剧下降，旅游业的发展停止。直到1970年，中国政府发布《关于旅游工作体制改革的意见》，再次明确了国家旅游局在旅游事务中的作用和职能，四川省少数民族地区的旅游业才重新开始受到重视并继续发展。

3. 改革开放至“十二五”

“拨乱反正”之后，在改革开放之初，旅游业开始崭露头角，随着不断的发展，被国家确定为支柱产业。为适应旅游业的快速发展，国家不断调整管理体制，扩大对外开放，扩大旅游的空间和地域。随着改革开放的进行，居民收入增加，旅游出行人数和旅游消费大幅度增长，旅游在国民经济和人民生活中的影响越来越大。与此同时，四川民族地区州委、州政府及有关县也相继制定并实施了一系列保护措施，为民族地区非物质文化遗产旅游资源合理开发起到了积极的作用。

根据2016年《四川文化和旅游年鉴》的数据资料显示，截至“十二五”规划末的2015年，阿坝州接待海内外游客3230.57万人次，实现旅游总收入285.09亿元，截至2015年底，全州共有3个5A级景区、11个4A级景区，黄龙景区获得了“全国百家文明旅游先进单位”称号。与此同时甘孜州在同年实现旅游总收入107.5亿元，接待游客1068.67万人次，有世界自然遗产和世界非物质文化遗产3处、联合国教科文组织“人与生物圈”保护网络成员单位1处、国家级重点风景名胜区10个、国家级自然保护区4个、国家森林公园5个、全国重点文物保护单位6个、国家4A级旅游景区3个、国家级非物质文化遗产21个、藏传佛教寺庙500余座。凉山州在同年全年旅游总收入达到251.66亿元，同比增长33.16%，接待国内游客3729.55万人次，同比增长17.82%。其中，春节、火把节、国庆节、彝历年4个长假共接待游客969.12万人次，同比增长1.38%，占全州接待游客总数的30.61%；实现旅游收入30.2亿元，同比增长19.86%，占全年旅游总收入的13.33%。[1]

（二）现状

1.“十三五”发展概况

第一，文化旅游产业对经济发展的贡献。四川民族地区旅游业发展不断加快，对经济发展的贡献也越来越大。自“十三五”规划实施以来，特别是2018年以来，民族地区旅游收入不断创新高。到2019年底，全年旅游收入达到11190亿元（见图3-1）。其次，与GDP增长相比较，四川民族地区旅游收入增长更为显著。这不仅表明旅游业对四川民族地区发展的重要性日益凸显，同时也显示出四川民族地区旅游业发展的强大实力和广阔前景。

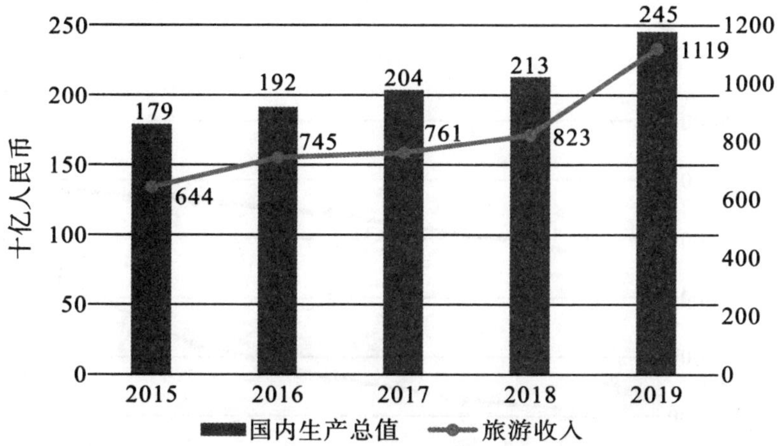

图3-1　2015—2019年间四川民族地区旅游业的发展和经济增长情况[2]

导致这种现状的成因，一方面是由于四川民族地区自然生态旅游资

① 资料来源于2016年度的《四川文化和旅游年鉴》。

② 资料来源于阿坝藏族羌族自治州统计局、甘孜藏族自治州统计局、凉山彝族自治州统计局。

源数量多、类型全，特色鲜明，组合较好，许多资源在中国乃至全世界都是独有或罕见的，资源优势突出，同时，这些地区通常有着悠久的历史，有彝、藏、羌等14个世居少数民族，形成了各具特色的风俗习惯和丰富的文化传统，成为四川文化旅游发展的资源基础。另一方面，正是因为民族地区抓住农业供给侧结构性改革的机遇，找准制约乡村旅游发展的因素，以特色旅游资源为支撑，以促进农民增收为目标，解决了理论与实践的脱节问题，在补短板上下了很大功夫。

第二，旅游人数稳步提升。从游客数量的变化来看，除了阿坝州，“三地三县”民族地区旅游人数在整体上有稳步增长的趋势。近年来，甘孜州、凉山州旅游人数不断增加，特别是“十三五”期间，甘孜州旅游影响力显著提升，游客数量也从2015年的近1000万人增加到2019年的3000万人（图3–2）。通过对阿坝州、甘孜州和凉山州游客数量的比较，可以看出，自2015年以来，阿坝州的游客数量几乎没有变化。其中，旅游人数呈现先升后降的趋势。2018年，游客数量达到最低点，不到2500万人。

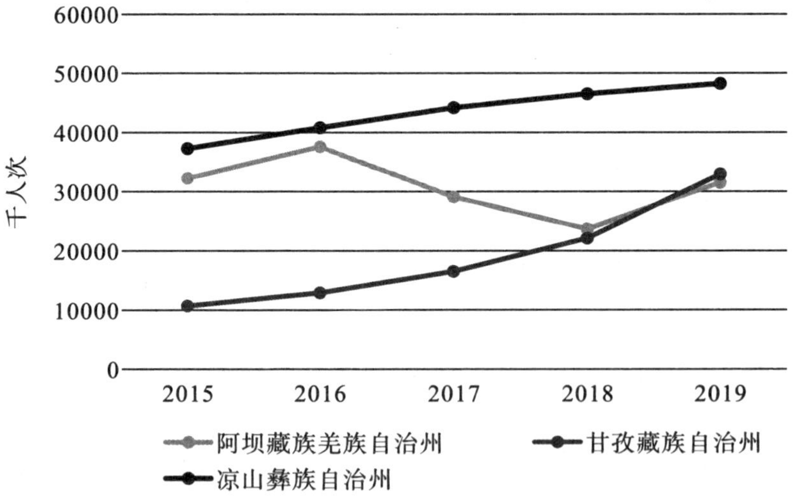

图3–2　2015—2019年间四川民族地区旅游人数的发展状况

可以说，游客数量的这种变化不仅与经济因素密切相关，也与地理因素密切相关。2017年8月8日九寨沟景区发生7.0级地震（8·8九寨沟地震），九寨沟景区遭到严重破坏，部分景点和通往景区的道路受损，火花海和诺日朗瀑布被严重破坏，对九寨沟旅游发展造成极大影响。“8·8”九寨沟地震之后，阿坝州各县客源地受影响较大，各县旅游需求的损失量和损失率均较大。但在阿坝州旅游发展委员会与多方力量的配合下，后续重建工作积极快速地开展，旅游市场开始逐步恢复。

第三，旅游收入平稳增长。从旅游收入的变化来看，类似于图3-2所展示的规律，近年来，甘孜州、凉山州年均旅游收入快速增长，特别是“十三五”的后半阶段，这两个州的旅游收入都有大幅增加，且增长幅度都较大（图3-3）。以凉山州为例，2015年，全州旅游收入只有250亿元左右，到2019年底，全州旅游收入突破500亿元，翻了一番以上。同时，通过比较阿坝州、甘孜州和凉山州的旅游收入，我们仍然可以发现，自2015年以来，阿坝州旅游收入增长缓慢，甚至呈现不升反降的趋势。2015年，阿坝州旅游收入位居三州之首，近300亿元。到2019年，阿坝州旅游收入排名最后，降至200亿元左右。

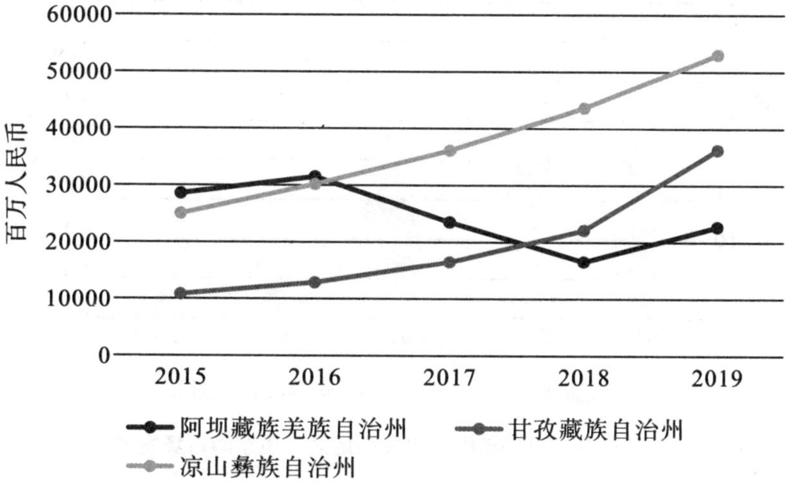

图3-3　2015—2019年间四川民族地区旅游收入的变化情况

旅游收入的波动，与旅游人数的变化密切相关。尽管阿坝州政府和旅游发展委员会在灾后重建方面做出了巨大的努力，如各类基础设施的建设、许多景区设施的安全评估和改造等，然而，自然灾害后游客数量的恢复过程通常比较缓慢，这不仅与游客们的心理因素密切相关，也直接与各个景区的宣传相关，上述因素的综合作用导致阿坝州旅游收入发展停滞。从应对措施来看，阿坝州正采取多种措施，例如开展各类营销活动，抓住主题宣传的重要时间节点、提高优惠幅度等，吸引更多游客观光。

第四，入境旅游市场增长缓慢。整体而言，“十三五”期间，四川民族地区外汇旅游收入呈下降趋势，入境旅游市场增长缓慢。2015年，民族地区外汇旅游收入突破4000万美元，而到了2019年，民族地区外汇旅游收入已连续第四年下降，降至500万美元以下（图3–4）。主要原因是入境游客数量锐减，特别是2017年8月8日九寨沟地震后。2015年，四川民族地区入境游客约9.5万人次，在2016年小幅上涨之后，到2019年降至不足1万人次，为数十年来的最低点。

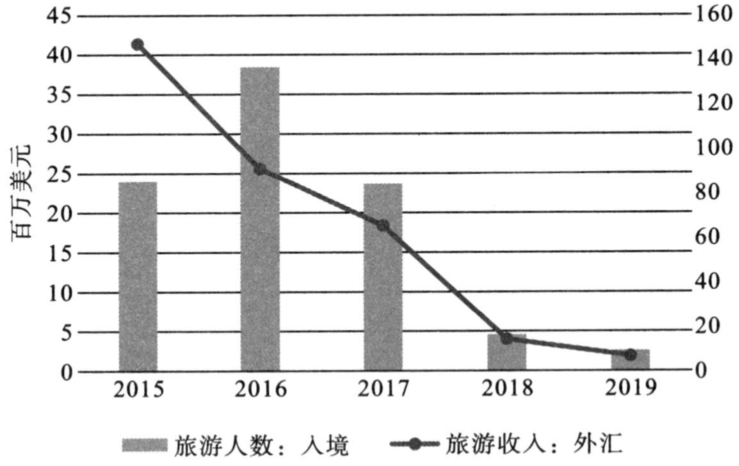

图3–4　2015—2019年间四川民族地区入境旅游市场发展情况

除了“8·8”九寨沟地震外，造成2015年以来四川民族地区入境旅游规模增长缓慢的原因有很多。首先，中国针对外国居民的签证政策有待创新和拓展，出入境便利度有待提高；其次，四川民族地区的旅游环境还有待优化，要为外国游客提供优质的公共服务；最后，四川民族地区旅游资源的开发和宣传还有待加强和提高，以此吸引更大的流动人口，多方位激发市场活力。

第五，地区间发展不平衡。2015年，在阿坝州、甘孜州、凉山州旅游收入占比中，阿坝州旅游收入排名第一，约占四川民族地区旅游收入的44%（图3–5）；其次是凉山州，旅游收入占民族地区总收入的39%左右，位居第二位；最后，甘孜州旅游收入占整个民族地区旅游收入的比重最低，约为17%。因此，2015年，与阿坝州和凉山州相比，甘孜州的旅游收入相对较低。据统计，甘孜州总面积15.3万平方千米，约为阿坝州（约8.42平方千米）和凉山州（约6.04万平方千米）的总和。由此可见，四川民族地区的文化旅游存在着区域间发展不平衡的现象。

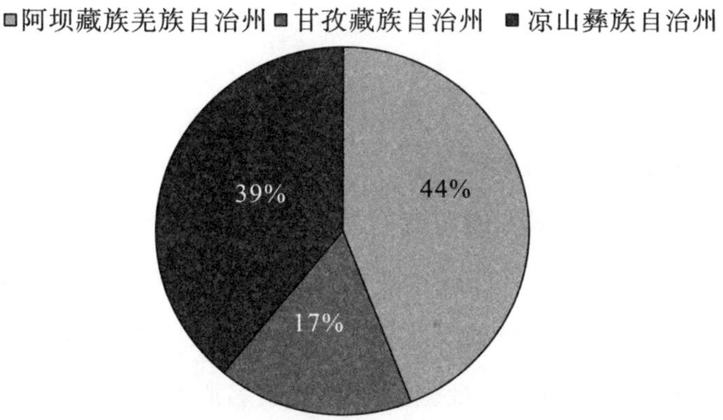

图3–5　2015年三州旅游业收入的占比情况

而截至2019年，四川省文化旅游发展仍存在严重不平衡，唯一有所不同的是，这种不平衡出现了另一种分布模式。具体来说，凉山州2019年旅游收入排名上升至第一，约占四川民族地区旅游收入的48%（图3–6）；其次是甘孜州，2019年旅游收入占民族地区总收入的32%左右，上升到第二位；而阿坝州2019年旅游收入占整个民族地区旅游收入的比重最低，约为20%。与甘孜州和凉山州相比，以往旅游收入占比最高的阿坝州，受自然地质灾害影响，旅游收入锐减，短时间内难以恢复。由此可见，“区域间发展不平衡”似乎是四川民族地区长期面临的一个重大经济挑战，且这种不平衡是动态变化的。

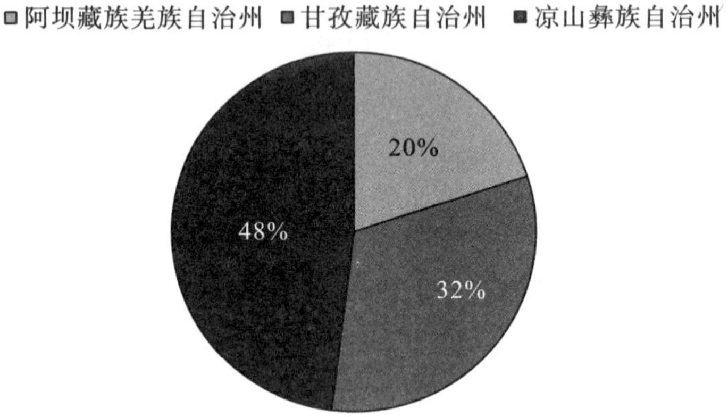

图3-6　2019年三州旅游业收入的占比情况

2. 旅游景区（点）概况

（1）5A级景区的发展状况。

四川民族地区占据了四川省众多的5A级景区，截至2020年底，比例约为40%。具体来看，首先，阿坝州旅游资源丰富，拥有3家5A级景区，占四川民族地区5A级景区总数的50%，且景区的知名度均较高（表3-1）。尤其是九寨沟是首批国家重点风景名胜区，先后被列入“世界自然遗产名录”和“世界人与生物圈保护区”。其次，截至2020年，甘孜州有两个5A级景区，占四川民族地区5A级景区总数的33%。其中稻城亚丁拥有中国最完整、最原始的高山自然生态系统和康巴人文资源，是中国大香格里拉生态旅游区的核心，拥有一大批世界级文旅资源，享有“香格里拉之魂”“蓝色星球上的最后一片净土”等美誉。再次，“三县”地区有一个5A级景区，即北川羌城旅游区，占四川民族地区5A级景区总数的17%。最后，凉山州与其他州县相比，还没有5A级景区，市场开拓力不够导致旅游产品吸引力不强，所以在旅游业发展过程中缺少有力的引领地、增长极和扩散点。

表3-1 2020年四川民族地区5A级景区统计表[①]

阿坝藏族羌族自治州	甘孜藏族自治州	凉山彝族自治州	北川羌族自治县、峨边彝族自治县、马边彝族自治县
九寨沟风景区、黄龙国家级风景区、汶川特别旅游区	泸定海螺沟冰川森林公园、甘孜州稻城亚丁景区	无	北川羌城旅游区

高级别景区（如5A级景区）具有良好的品牌效应和完善的基础设施，同时也具有提升区域旅游吸引力、增加旅游经济效益的作用。现阶段，A级景区代表的旅游资源仍然是居民进行出游规划和网络检索时的首要考虑要素，因此，从表1所呈现的结果来看，与四川省内其他地区相比，四川民族地区具有更大的比较优势与竞争优势，5A级景区对当地旅游业的发展具有重要的引领和带动作用。

（2）4A级景区的发展状况。

从数量上看，四川民族地区在四川省仍有不少4A级景区，截至2020年底，比例约为21%。具体来看，首先，阿坝州是民族地区中4A级景区数量最多的地区，总共24个。其中，四姑娘山风景区、毕棚沟旅游区、黄河九曲第一湾等在全国享有很高的声誉。特别是四姑娘山风景区，不仅是世界自然遗产、国家级风景名胜区、国家地质公园和国家级自然保护区，也是四川大熊猫栖息地世界遗产和中国十大登山名山之一。其次，截至2020年，甘孜州有20个4A级旅游景区，在民族地区数量上居第二位。其中，以康定情歌（木格错）风景区为例，是川西北最大的高山湖泊之一，是一处观赏雪山、草原、原始森林、杜鹃花和藏族牧民风情的风景民俗游览观光区。再次，凉山州只有14个4A级景区，数量相对较少，排名第三。其中，2015年10月，会理古城景区创建为国家4A级景

① 资料来源于四川省文化和旅游厅，http://wlt.sc.gov.cn/scwlt/c100297/introduce.shtml。

区，成为凉山州唯一一个人文古城类景区。2018年12月，会理会议纪念地创建为国家4A级景区，也是全州第一个红色旅游4A级景区。此外，“三县”地区还有5个4A级景区，大部分位于北川羌族自治县。

表3–2　2020年四川民族地区4A级景区统计表[①]

阿坝藏族羌族自治州	甘孜藏族自治州	凉山彝族自治州	北川羌族自治县、峨边彝族自治县、马边彝族自治县
四姑娘山风景区、达古冰川风景区、汶川大禹文化旅游区、金川观音桥旅游区、甘堡藏寨—桃坪羌寨旅游区、毕棚沟旅游区、叠溪—松坪沟景区、卓克基土司官寨文化旅游区、黄河九曲第一湾、松潘县川主寺旅游区、红原县花海景区、茂县中国古羌城景区……（共24个）	康定情歌（木格措）风景区、丹巴县甲居藏寨旅游区、泸定桥旅游区、道孚县八美墨石公园景区、木雅圣地景区、石渠县邓玛湿地公园景区、石渠县真达神鹿谷旅游区、理塘县勒通古镇—千户藏寨景区、石渠县色须部落文化园、道孚木雅噶达旅游区……（共20个）	西昌市邛海泸山风景区、冕宁县灵山旅游区、普格县螺髻山旅游区、泸沽湖旅游区、会理古城旅游区、西昌安哈彝寨仙人洞、越西县文昌故里旅游区……（共14个）	九皇山、北川药王谷旅游景区、北川维斯特农业休闲旅游区、寻龙山景区、黑竹沟风景区

虽然4A景区的功能不如5A景区完善，但相较于3A级及以下的景区，4A级及以上景区的曝光度更高，政府对其关注度也更高，在4A级景区评审时还会重视景区在发展过程中对当地旅游扶贫的带动效用。此外，相关研究表明，4A级及以上旅游景区数量对旅游经济发展具有显著影响，并且呈正相关的关系。[②]因此，未来在4A级及以上景区数量比较少的地区，如凉山州、峨边县、马边县等地，政府可以加快景区评选步伐，带动区域旅游经济发展。而现在4A级及以上景区比较多的地方，如阿坝州、甘孜州、北川县等，要注意不同景区的差异性，并且培育更多高级别的景区，从而充分发挥景区级别评选对区域旅游经济的带动作用。

① 资料来源于四川省文化和旅游厅，http://wlt.sc.gov.cn/scwlt/c100297/introduce.shtml。

② 王荣琳：《A级景区评定制度对区域旅游经济发展的影响——以四川4A级及以上旅游景区的评选为例》，《西部旅游》，2020年第8期。

（3）3A级景区的发展状况。

3A级是仅次于5A级和4A级的旅游景区质量等级。根据国家规定，3A级景区要具有很高的历史、文化和科学价值。此外，部分3A景区未来甚至将转型为4A级景区。从图3-7所示的数据可以看出，在我省民族地区，截至2020年底，有101个3A级景区，景区数量与4A级景区数量相差不大，但从分布上看，与4A级景区明显不同。具体来说，首先，甘孜州3A景区数量最多，共有58个，超过了其余地区3A级景区的总数；其次，凉山州拥有3A级景区22个，数量居第二位；再次，阿坝州拥有3A级景区20个，位居第三；最后，北川县、峨边县、马边县只有一个3A景区。

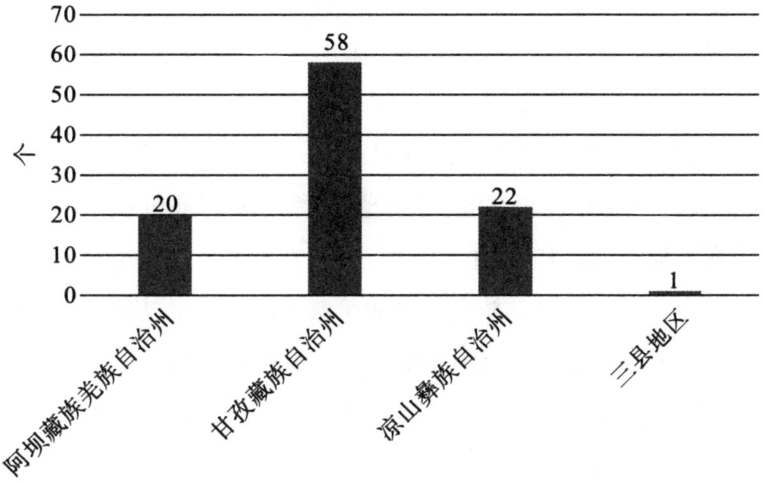

图3-7　2020年四川民族地区3A级景区个数[①]

总体来看，3A级景区的地位虽然不及5A级景区和4A级景区，但在乡村旅游和全域旅游发展中发挥着重要作用。今后，如何建设和发展3A级景区，促进四川民族地区旅游业的发展，也应成为相关政府部门关注的焦点之一。

① 资料来源于四川省文化和旅游厅，http://wlt.sc.gov.cn/scwlt/c100297/introduce.shtml。

3. 基础设施和旅游配套设施现状

（1）交通基础设施建设概况。

随着改革开放恢复发展至今，四川民族地区已经有了完备的各类交通基础设施，对于出行距离较短的国内度假者以及空间距离相对较远、停留时间较长的国外度假者而言，他们都可以选择最有利于自己出行的交通方式，而且交通费用也都比较低。2019年，阿坝州州府马尔康市距成都市357千米，境内有国道213线和317线，有省道7条，九寨黄龙机场、红原机场为国内支线旅游机场。甘孜州有国道317线、318线贯穿全境，形成了以国道交通为主骨架的公路网络。凉山州有成昆铁路和川云国道纵横全境，为“南方丝绸之路”上的重要通道，形成了以西昌市为中心，以公路为骨干，铁路、航空为主的交通运输格局。北川羌族自治县境内交通便捷，省道成青公路纵贯南北、城阿公路横穿东西，基本形成了县、乡公路与省道相互连接的公路网络。距南郊机场39千米、成都市125千米、都江堰市150千米、九寨沟县178千米，重庆市至北川县全程自驾仅需4个小时。峨边彝族自治县成（都）昆（明）铁路横贯县境，省道306线穿过县城，距乐山大佛108千米，距峨眉山71千米，是通往大凉山的门户。马边彝族自治县距成都市354千米、乐山市169千米，境内公路通车里程达到1668千米，省道103线贯穿全境。

图3-8显示了2015年至2019年间四川民族地区公路交通基础设施的发展情况。从图中可以清晰看出，“十三五”期间，四川省三州地区公路里程数仅出现了小幅度增长。事实上，2015年，除阿坝州外，四川省三州地区就已建成较为完整、系统的公路交通基础设施，特别是甘孜藏族自治州公路里程2015年突破3万千米，2019年接近3.5万千米。其原因可能在于最近十几年来政府在基础设施建设方面投资力度很大，尤其是在经济落后地区，近两年我国越来越强调聚焦基础设施补短板，加大对农村基础设施的投资力度，让农村的经济得以快速地发展。

可以说，交通基础设施的快速发展，为四川民族地区旅游业创造了前所未有的发展机遇。

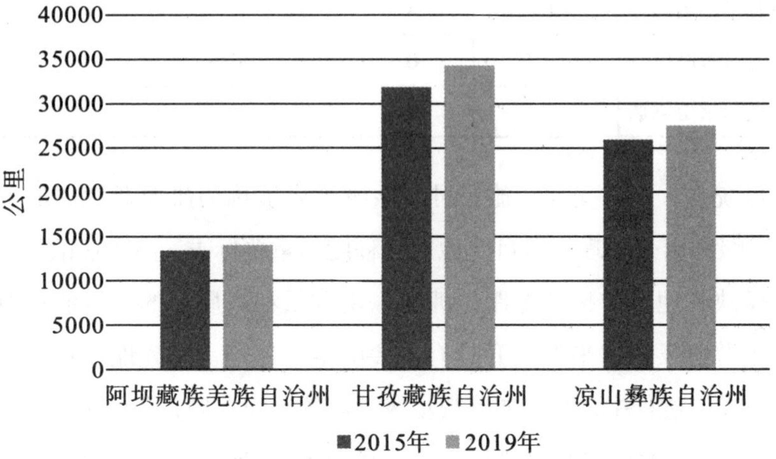

图3-8　2015—2019年间四川民族地区公路交通基础设施的发展情况①

（2）酒店的现状。

表3-8显示了2020年四川省少数民族地区的酒店数量结构情况。总体来看，民族地区旅游星级酒店数量相对充足，而绿色旅游酒店和文化主题旅游酒店数量相对较少。这也从侧面反映出来，近年来，政府一直倡导发展文化旅游、乡村旅游和生态旅游，并强调其重要性，但现阶段在全省民族地区，旅游的主导形式仍然是商业大众旅游。同时，从表中我们可以进一步发现，四川民族地区旅游星级酒店分布和结构存在着不平衡的发展现象。具体来说，凉山州拥有星级酒店最多，共有24家，排名第一；阿坝州有星级饭店18家，排名第二；甘孜州星级酒店最少，全州只有4家，不到其他两个州的1/4。此外，省内三县地区只有1家星级酒店，数量相对较少。虽然这是市场机制选择的，但这种差异将从直接或间接层面导致民族地区文化旅游发展差距进一步拉大。

① 阿坝藏族羌族自治州统计局、甘孜藏族自治州统计局、凉山彝族自治州统计局。

表3–8　2020年四川民族地区酒店个数（家）[①]

酒店	阿坝藏族羌族自治州	甘孜藏族自治州	凉山彝族自治州	北川羌族自治县、峨边彝族自治县、马边彝族自治县
旅游星级酒店	18	4	24	1
绿色旅游酒店	1	0	0	0
文化主题旅游酒店	0	1	0	0

传统上，旅游交通、旅行社、旅游酒店被称为旅游业发展的三大支柱。星级酒店是体现旅游目的地发展程度的重要标志，酒店业的空间布局可以反映各地旅游接待差距，拥有一定数量和高质量的星级酒店对于目的地旅游业发展水平的提升具有重要的推动作用。民族地区在下一步文化旅游发展过程中，要更加重视星级酒店的空间布局，在优化空间布局的基础上，进一步提高星级酒店的质量和经济效益，在此基础之上，逐步发展绿色旅游酒店和文化主题旅游酒店，促进生态旅游和文化旅游发展。

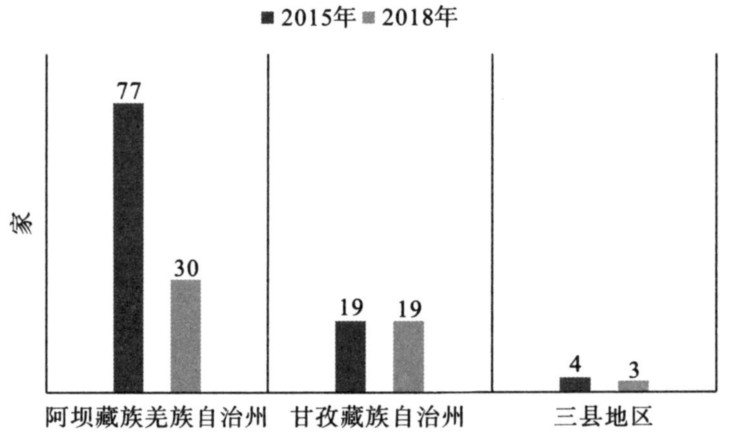

图3–9　2015—2018年间四川民族地区旅行社个数变化情况（仅包含部分民族地区数据）[②]

① 资料来源于四川省文化和旅游厅，http://wlt.sc.gov.cn/scwlt/c100297/introduce.shtml。

② 资料来源于四川省文化和旅游厅，http://wlt.sc.gov.cn/scwlt/c100297/introduce.shtml。

（3）旅行社的现状。

图3-9显示了2015年至2018年四川民族地区旅行社数量的变化。从图中可以看出，除阿坝州外，其他地区旅行社数量变化不明显。具体来看，2015年，阿坝州共有旅行社77家，远远超过少数民族地区的其他州、县（见图3-9）；到2019年，这种情况发生了很大变化，受自然灾害影响，阿坝州旅行社数量锐减，几乎是原来的1/3，缩小了与其他州、县的领先差距。这段时间，对于其他地区来说，旅行社的数量变化不大。

需要指出的是，四川省部分民族地区地处生态脆弱、灾害频发地区。为了保证这些地区文化旅游产业的健康发展，仅靠市场机制的作用来推动这一重要产业是不够的，政府部门应该充分发挥宏观调控的手段，扶持受灾的旅行社企业。同时，也要进行合理的战略规划和布局，应该尽量避免少数民族地区文化旅游产业“一州独大”或“一县独大”的局面，避免虹吸效应。

4. 其他接待服务设施的现状

其他各类接待服务设施的建设，既有利于区域文化的宣传和建设，又能弥补景区建设的不足。根据实际数据，到2020年，四川民族地区共有文化馆21个，其中阿坝州15个，甘孜州2个，凉山州1个（见表3-4）。此外，三县地区的文化馆总数为3个。在图书馆建设方面，民族地区共有图书馆8个，其中阿坝州2个，甘孜州2个，凉山州1个，三县地区3个。在博物馆建设方面，民族地区共有博物馆26家，其中阿坝州11家，甘孜州6家，凉山州7家，三县地区2家。

表3-4　2020年四川民族地区各类场馆个数[①]

场馆类别	阿坝藏族羌族自治州	甘孜藏族自治州	凉山彝族自治州	北川羌族自治县、峨边彝族自治县、马边彝族自治县
文化馆	15	2	1	3

① 资料来源于四川省文化和旅游厅，http://wlt.sc.gov.cn/scwlt/c100297/introduce.shtml。

场馆类别	阿坝藏族羌族自治州	甘孜藏族自治州	凉山彝族自治州	北川羌族自治县、峨边彝族自治县、马边彝族自治县
图书馆	2	2	1	3
博物馆	11	6	7	2

从上表可以看出，四川民族地区各类场馆数量分布仍不均衡，具体来说，阿坝州有数量较多的文化馆和博物馆，场馆数量接近其他地区场馆总数，且这种不平衡在文化馆的数量上表现得尤为明显。

二、近期与远景目标

（一）2025年近期目标

1. 逐步建设民族文化体验基地

从一定的意义上说，旅游开发的过程就是一个民族文化经过加工或包装转化为一种具有商品性质的旅游产品的商品化过程，也就是把民族文化作为商品推销的过程。在这种情况下，民族文化的人为传播和获取经济收益结合在一起，已不再是民族文化的原生形态，而成为具有有偿、有价的精神商品性质的再生形态。[①]当前各类民族旅游项目、民族文化村都属于这种再生形态的民族文化。

近年来，国家和地方政府高度重视文化发展繁荣，先后出台与实施了公共文化服务、文化管理、文化产业及文化保护等一系列政策文件，

① 余青、吴必虎：《生态博物馆：一种民族文化持续旅游发展模式》，《人文地理》，2001年第6期。

已经形成了文化生态博物馆、文化生态村、文化生态保护区等组成的文化生态建设体系；在全国兴建了一大批文化中心、文化创新基地和文化创新实验区，成效十分显著。我国文化体制机制改革不断深化，已经涌现出一大批公共文化服务示范区（示范工程）、文化走出去的示范企业和文化品牌。

结合我国实际情况，我们探索性提出了建设"民族文化体验基地"的战略设想。对于国内外游客的民族文化展示，既要通过全域旅游、乡村旅游等来实现，还要由文化体验活动来承担。而民族文化体验基地正好为国内外游客进行民族文化体验与感受提供了稳定的、长期的重要活动场所。因此，开发和建设国内外游客民族文化体验基地，是增加国内外游客民族文化知识，促进民族文化的传播与传承，实现文化旅游的可持续发展的重要途径。四川民族地区民族文化体验基地是专门为旅行者进行文化实践体验和实现零距离接触民族地区的民族文化而提供的交流平台和活动空间。四川民族地区民族文化体验基地的建设和发展是文化旅游发展到新的历史阶段的必然需要。

2. 基本实现全域旅游

全域旅游是指在一定区域内，以旅游业为优势产业，通过对区域内经济社会资源尤其是旅游资源、相关产业、生态环境、公共服务、体制机制、政策法规、文明素质等进行全方位、系统化的优化提升，实现区域资源有机整合、产业融合发展、社会共建共享。以旅游业带动和促进经济社会协调发展的一种新的区域协调发展理念和模式。①

"十四五"期间，旅游业完全可以成为引领我国全面深化改革的破冰产业。第一，与改革开放初期相比，旅游业的轻、小、灵活等基本特征没有改变，旅游业产业结构产业布局"船小好调头"的特点没变。第二，经过四十多年的改革开放，旅游业已成为国民经济的战略性支柱

① 李金早：《全域旅游的价值和途径》，《人民日报》，2016年3月4日。

产业，旅游业在缓解经济下行压力、扩大内需、弥合收入两极分化、调整产业布局和产业结构、解决环境压力、实现中国梦等方面发挥着更加突出的作用。第三，旅游业的相关性和驱动力越来越强，旅游业以“一业兴、百业兴”的特点越来越突出，是关系全局的重要行业。第四，旅游业作为中国改革开放后市场化程度最高的行业之一，内部约束相对较少，在引领改革过程中不会受到太多的内部约束。然而，任何行业都打上了时代的烙印。在进一步深化改革的大潮前，旅游业同样面临着深化发展中严重的掣肘问题，这些问题大都是关系改革全局的深层次问题在旅游业中的反映，而非旅游业自身固有问题。①

改革开放之初，为打破管理体制的铁板，只要在某产业的某一点突破即可实现破冰的目的，那时选择了旅游业中的酒店业作为突破口。此次深化改革，最为关键的是要让市场在资源配置中发挥决定性作用，而市场是一个整体，选择旅游业作为促进深化改革的突破口，也必须要把旅游业作为一个不可切分的整体，而且是与社会经济各方面有着密切联系的整体。因此，如何从社会经济子系统的角度推动旅游业深度改革，如何把旅游业作为一个整体，推进旅游业全方位的改革，是实现旅游业带动社会经济全面深化改革的关键。

3. 推进文旅融合发展

2018年3月文化和旅游部组建以来，文旅融合发展问题成为热门话题。随着各级政府文化旅游扶持政策的陆续出台，我国文旅融合步伐不断加快，融合领域不断拓展。“文化是旅游的灵魂，旅游是文化的重要载体。”② 在稳增长、调结构、促改革、惠民生的新时代背景下，文化和旅游业肩负高质量发展的历史使命。

---

① 毛建军：《全域旅游：实现旅游引领全面深化改革的重要手段》，《对接京津——生态优先 绿色发展论坛论文集》，2018年。

② 该文本来源于《文化部、国家旅游局关于促进文化与旅游结合发展的指导意见》，http://www.gov.cn/zwgk/2009-09/15/content_1418269.htm。

文化和旅游融合有利于推动优秀传统文化资源的活化利用和传承创新。旅游是文化资源重要的传播载体，是文化场景化、活态化、生动化的传承途径。依托优秀文化资源发展文化和旅游业，不仅能增强在各文化旅游的特色性和吸引力，提升产业竞争力，还能保护和传承优秀文化旅游资源，达到“以文化城”“以文化人”的效果。当然，在文旅融合发展的过程中，要系统梳理优秀文化旅游资源，注重对文化旅游资源的原真性、完整性、活态性的保护。以保护为前提，以市场为导向，以融合为路径，以科技为手段，推动文化和旅游可持续、高质量发展。

以文化传承为目的，推动文旅融合，有利于满足人们对美好生活的需求。文化变迁理论认为，文化在社会变迁中将发生功能上的改变，从满足人们在制度、物质上的生产、生活需要，转为对人们审美、心理上的满足。正是这种文化功能的变化推动了第三产业的发展，促生了文旅产业，反过来又从经济的角度推动文化传承和复兴。

随着人们收入水平不断提高、国内消费结构不断升级与城镇化建设的持续加快，外出旅游已经不单单是观光游览，有品质的文化旅游才能带来更多的体验感、满足感和幸福感，“好不好”已经成为满足人民日益增长的对美好生活的需要的重要评价标准。为适应这种变化，文化旅游产业的发展要以满足人民群众对美好生活的需要为出发点，依托优秀传统文化资源，优化资源配置，不断推出文化旅游精品，使群众能够享文化、乐旅途。

（二）2035年远景目标

1. 建设川西北文旅经济带

中共四川省委、四川省人民政府日前印发《关于大力发展文旅经济加快建设文化强省旅游强省的意见》指出，民族地区需要建设高原生态文化、藏羌民族文化、长征文化等融合发展的川西北文旅经济带。①

首先，高原生态文化是指由于青藏高原生态环境较为脆弱，牧民形成了珍爱自然资源、谨慎利用内部资源、主张整体和谐的文化特征，尊重和保护自然。西方工业文化一开始发展便以扩张征服获取资源，而高原生态文化应谨慎地利用高原内部资源来求生存发展，封闭性、内向性和节俭性是其基本倾向。研究和挖掘藏族生态文化，是保护青藏高原生态环境，实施可持续发展的需要。

其次，阿坝州藏羌文化是高原上绚丽的艺术奇葩，也是中华民族文化宝库中的一大瑰宝。从阿坝州藏羌文化史中所包含的各个领域，如器物文化、制度文化、宗教文化、口碑文化、节庆文化、居室文化、饮食文化、服饰文化、交通文化之中，人们可以看到一幅活生生的立体文化基因画卷。正是由于阿坝州民族文化环境及其民族文化的多元性，因而被学术界称为“一部活态的社会发展史”，一个海内外绝无仅有的藏羌文化多样性的“立体文化基因图谱”天然博物馆。

再次，四川民族地区是红军长征的重要地点。长征文化表现在文学和艺术上，产生了一大批反映长征历程、充满激情、极具战斗性的文学艺术精品。其中，毛泽东长征诗词属中国文学史上的经典。此外，还产生了数量巨大的大众文学和艺术作品，包括歌咏、曲艺、戏剧、音乐、舞蹈、美术等。长征文化还有民间记忆的表现形态。红军的事迹通过指战员们曾经驻留和战斗过的场所、使用过的物品、唱过的歌曲以及民谣、传说、日常用语而广为流传，②如各地的红军坟、红军草、红军洞、红军灯等，甚至红军路过时当地人生的孩子也被称为红军儿、红军女。

综上所述，发展川西北文旅经济带，具体来说就是要把生态功能和文化保护放在首位，实施坚持以文旅发展为主导的发展战略；深入挖掘藏羌民族优秀传统文化，弘扬长征精神，打造高原特色文化品牌；加

① 来源于四川省人民政府网站：http://www.sc.gov.cn/10462/10464/10797/2019/4/30/cb0ea36cea04475ab7ebc3953ebba351.shtml。

② 朱之江：《论长征文化的传承》，《南京政治学院学报》，2006年第5期。

强川滇藏大香格里拉区域合作，大力发展冰雪温泉、自助旅游、红色旅游、山地探险、科考研学等业态，打造具有国际知名度和影响力的国际生态文化旅游目的地。

2. 建设攀西文旅经济带

中共四川省委、四川省人民政府日前印发《关于大力发展文旅经济加快建设文化强省旅游强省的意见》指出，民族地区需要建设彝文化、“三线”文化、康养文化等联动发展的攀西文旅经济带。[①]

首先，直至20世纪50年代以前，凉山彝族地区一直处于奴隶制社会形态，再加上地缘位置封闭，与外界交流甚少，彝族古朴的文化传统得以较为完整地传承和保留。时至今日，凉山大部分彝区的民俗风情依然与史书文献记载无甚差别，尤其是居住在高山上的彝族人所沿袭下来的文化习俗依然“千年如一日”，因此凉山族文化极具旅游竞争力。在人们追求社会文化生活体验的后工业化时代，凉山成为人们最向往的旅游目的地之一。

其次，三线建设是我国从备战出发，以国防工业建设为中心的大后方建设，是毛泽东、周恩来、彭德怀、邓小平等老一辈政治家、军事家透彻洞见国际形势，深刻总结中华民族斗争历史经验，充分发挥西部少数民族山区的优势，凝聚了无数优秀中国人民的智慧和心血，其累积的物质财富和精神财富，正在成为宝贵的“三线文化”。

再次，“康养”与“养老”和“健康”的一般概念相比，其涵盖的内容和范围更广，它包含了对参与康养的生命个体的寿命长度、精神层面的满足度、生命的高质量度的一种老年人生活的阐释。[②]随着我国老龄化的到来，国家对养老和健康服务也在不断地重视，2020年在“十四五”规划中，康养产业被多地列入规划之中并编制了详细的发展

① 来源于四川省人民政府网站：http://www.sc.gov.cn/10462/10464/10797/2019/4/30/cb0ea36cea04475ab7ebc3953ebba351.shtml。

② 彭正良：《打造攀枝花特色康养文化品牌研究》，《大众标准化》，2020年第22期。

战略和指导性政策意见。

综上所述，发展攀西文旅经济带，具体来说就要以摩梭文化、茶马古道文化为重点，建设彝族文化体验区，依托“三线”建设、航天科技、水电工业等资源打造“三线”文化观光走廊，推进安宁河流域和金沙江沿岸农业文旅融合发展，围绕阳光康养发展生态农业、体育运动、文化创意、红色教育等业态，建设国际阳光康养旅游目的地。

3. 文旅深度融合发展

正如前文提到的，文化和旅游作为渗透性、交叉性、融合性较强的产业，势必会在发展过程中融合，同时与其他各个行业相互作用，催生新业态，成为经济发展的新动力。因此，遵循文化和旅游产业的发展规律，推动文化与旅游在更广范围、更深层次、更高水平上实现融合发展，有利于最大限度地发挥产业优势，释放产业效能。

当前，我国各地文化和旅游融合发展的积极性很高，但存在“炒概念”“赶时髦”等盲目发展的情况，缺少正确的发展理念以及相对清晰的发展思路和策略。[①]究其原因，要么是对文化与旅游自身发展规律缺乏准确把握，要么是不愿融合，要么是草率决定盲目融合。我们既要看到文旅融合的天然耦合性，又要尊重文化产业和旅游产业各自的发展规律，坚持做到“有所融，有所不融”。

根据世界旅游组织颁布的《2020年旅游业远景：全球预测与市场解剖》，2020年，3%的国际旅游市场将由乡村旅游驱动。乡村旅游作为文化旅游的重要形式之一，显示出强大的生命力和发展潜力，受到越来越多国家的关注。在中国，通过文旅融合，大力发展乡村文化旅游可以促进乡村振兴、精准扶贫、美丽乡村建设，唤醒乡村发展活力，促进城市文化与乡村文化协调发展。文化是国家形象传播的纽带，旅游是国家

① 陈建：《契合中的差距：乡村振兴中的文旅融合政策论析》，《长白学刊》，2021年第3期。

形象展示的重要窗口。文旅融合发展对推动产业逆势增长和经济转型升级，扩大国家间交流合作和人文交流，传播国家文化内涵和文明成果，提升国家形象和民族认同具有十分重要的作用。

在新的历史时期，文化旅游融合发展承载着不同的历史使命。随着“一带一路”倡议的不断推进，文化旅游一体化发展迎来了新的机遇，成为展示国家形象、讲述中国故事的重要载体。我们一方面要树立文化自信，深入梳理挖掘优秀文化资源，调整结构，促进转型，丰富入境游客的文化旅游方式，提高海外游客的满意度和体验，在无声中传递中华民族的文化魅力；另一方面也要倡导文明出境游，每位游客的境外活动都是国家形象和文化的象征，要继承和发扬中华民族文明古国和礼仪之邦的优良传统，提升国民素质，规范出境行为，为中国气质、中国精神的对外传播搭建桥梁。

三、路径与保障

（一）健全民族文化和旅游工作领导机制

文化与旅游的融合是贯彻十九大精神、全面深化改革、推动国家治理体系和治理能力现代化的重要体现，致力于解决多年来文化主管部门和旅游主管部门在行政管理体制上多头管理、职责分散交叉等问题，解决诸如旅游文化资源在保护和利用方面难以统筹把握、协调管理等问题。文化与旅游的融合只是职能融合的开始，应在理顺管理机构体制机制的基础上，充分整合和发挥资源融合、人才融合、资本融合的优势，推动文化和旅游的可持续发展。

一方面，促进职能整合，确保职责到位。各国政府越来越重视旅游与文化的密切关系，并通过政府管理机构的调整，促进这两个产业的共同发展和融合，如韩国的文化体育观光部，日本国土交通和旅游部，澳大利亚贸易、旅游和投资部，俄罗斯体育旅游和青年事务部，英国的文化传媒及体育部，等等。但是，行政管理机构的调整并不意味着机制整合工作的结束，重头戏还是职责到位，要根据产业发展的需要，打破文化和旅游行业边界，设计好内设部门职能和跨部级旅游政策协调机构，确保职责到位。[①]

另一方面，理顺区域政府间的协作机制。鉴于我国行政区划和文化区划在空间分布的不一致性，文旅融合发展要着力推进区域间的统一协调和广泛合作。具体而言，就是建立区域文化旅游合作机制和综合协调机制，明确责任分工，通过整合文化旅游资源，差异化发展，避免同质化恶性竞争，推动区域文化旅游一体化建设。[②]随着《国家级文化生态保护区管理办法》《大运河文化保护传承利用规划纲要》的颁布，文化旅游跨区域协同发展成为热点。对此，要建立目标明确的文化旅游区域协同发展模式和路径，加强文化协同、组织协同和战略协同，保护文化空间和文化资源的整体性、延续性和特色性，形成协同互助、特色鲜明的发展态势。

（二）“以文促旅，以旅彰文”促进文旅深度融合

民族地区乡村实现文旅融合的关键点在于在始终坚持民族特色文化的保护、传承及可持续利用的前提下，实现民族特色文化的内涵，并实现特色文化产业与乡村旅游产业的深度融合与创新，从而促进乡村旅游产业的快速发展。[③]

---

① 崔凤军、徐鹏、陈旭峰：《文旅融合高质量发展研究——基于机构改革视角的分析》，《治理研究》，2020年第6期。

② 范周：《文旅融合的理论与实践》，《人民论坛·学术前沿》，2019年第11期。

③ 孔凯、杨桂华：《民族地区乡村文旅融合路径研究》，《社会科学家》，2020年第9期。

首先，坚持民族地区乡村文旅融合的前提，加强对民族特色文化的保护、传承及可持续利用。对民族特色文化的保护、传承以及可持续利用是民族地区乡村开展文旅融合的基础，需要注意以下几个方面：要坚持对民族地区乡村的特色文化的保护，但是保护不是绝对地封闭，保护的目的是要将其转化成持续性的经济效益。[①]因此，在保护具有民族乡村特色的文化时，我们应该持开放的态度，在创新开发利用过程中考虑长期利益与短期利益的平衡，考虑构建民族特色文化保护性发展促进经济发展、经济发展反哺特色文化保护的良性循环，为民族地区农村文化与旅游融合奠定坚实基础。

其次，挖掘民族乡村特色文化，打造文旅融合内涵。[②]在许多民族地区的村落中，仍然保留着传统的民族建筑、真实的民族风俗和信仰，它们作为旅游资源是不可替代的，也是民族地区乡村文化的灵魂。要实现文化与旅游的融合，民族地区村寨应以旅游市场需求为导向，设计相应的旅游产品或旅游项目，并将民族文化作为旅游产品提升内涵，进行创新整合。此外，要加强民族地区乡村特色文化品牌建设。有了品牌文化就有了市场意识，有了市场意识就有了市场竞争力。因此，要在发展文化产业的基础上，运用现代营销策略和宣传手段，打造民族村寨特色文化品牌，打造具有民族特色的特色文化品牌，真正实现民族地区文化与旅游的融合与强劲发展。

再次，构建文旅融合的基础，创新文旅产业。文旅融合的基础是文化产业与旅游产业的融合创新。以民族地区乡村特色文化为内涵，以乡村旅游产业为载体，在乡村旅游中的突出民族文化，创新旅游产品和服务，为乡村旅游产业结构优化升级注入新鲜血液。在文旅融合过程中，融合是一个过程，创新是核心，以具有民族特色的文化为内涵，通过横向拓展旅游产品类型，纵向深入挖掘旅游产业内涵水平，可以创新旅游

① 孔凯、杨桂华：《民族地区乡村文旅融合路径研究》，《社会科学家》，2020年第9期。
② 韦东增、烟雨彤：《新时代乡村文化振兴的价值、困境与实践进路》，《经济研究导刊》，2022年第24期。

产品，提高乡村旅游的核心竞争力；同时，在乡村旅游的支持下，将为民族文化产业发展和品牌文化建设搭建完美载体，为民族地区特色文化产业发展奠定基础。

（三）建立将文化和旅游发展纳入各地绩效目标考核的激励机制

民族地区乡村文旅融合是推动乡村旅游产业结构优化调整升级的主要举措之一，也为民族特色文化产业发展提供了稳定的载体和宣传渠道。近年来，中国乡村旅游业发展迅速，然而，由于发展模式粗放，乡村旅游产业结构相对简单，旅游产品的横向或纵向层次相对简单，这使得乡村旅游产业发展停滞在经济新常态阶段，遭遇没有创新等问题。为了能够促进四川民族地区乡村的文旅融合，政府部门应建立将文化和旅游发展纳入各地绩效目标考核的激励机制。

民族地区乡村的文旅融合，整个过程会涉及人与人关系的处理和利益的划分、企业或个人对追求利益和文化保护权衡的选择等诸多问题，人的主观性往往会左右事态发展的方向而导致民族地区乡村文旅融合过程中出现很多与最初期望发生偏差的行为。为了能够更好地监督文旅融合过程中对于坚持原则和标准的有效性，应引入第三方的机构或个人来对民族地区乡村文旅融合建立有效的监督和激励机制，促进文旅产业有序发展。[①]第三方的监督和激励机制主要由当地村民、外来游客、公众和其他个人以及媒体、文旅融合产业委员会和其他NGO组织组成，责任是对民族地区乡村文旅融合过程中政府责任、企业和村民实施行为的适当监督和激励，可以利用网络媒体来检查是否存在滥用权力的行为，特色文化是否被过度开发和利用，民族文化是否被曲解，文旅融合产业市场是否公平竞争，游客行为是否文明等公共表现。

---

① 杨桂华、孔凯：《脱嵌与嵌入：乡村旅游助推乡村振兴机制分析——以四川省XJ村为例》，《广西社会科学》，2020年第6期。

（四）引导各类资金参与投资文旅领域

文化和旅游融合发展，固然需要理论探讨和顶层设计，但更需要来自市场主体和基层的创业创新。[①]总体而言，旅游企业的市场化程度要高于文化企业，而文化企业在平台、资源和要素方面则有独特优势。不同类型的企业要相互沟通和了解，发挥各自的优势，聚焦于满足人民的美好生活这一根本目标，从商业的视角探索市场化融合方式。

第一，为推动文化和旅游融合发展，行政主管部门要多去企业调研，公开为企业家造势、站台、发声，积极释放鼓励投资创业的积极信号。调研、培训和改革思路不能只在系统内打转转，得走出去，引进更多的民营、社会和外资等外部力量，以激活巨大的文化资源存量。旅游企业要主动对接文化领域的企事业单位，引入文化IP，切实发挥知识产权的社会效益和经济效益。政府主管部门可以有领域意识，但是不能有领地观念，不能想着什么都靠财政投入，更不能想着什么事都要组建自己的机构去做。[②]只要有利于文化事业、文化产业和旅游业的创新发展，就是文化和旅游的商业共同体，要进一步扩大文化和旅游市场开放，营造有利于市场主体创业创新的政策环境，吸引更多文化和旅游领域中有实力的跨国公司进入文化和旅游领域。无论是文化、旅游还是其他产业的发展，民营经济都是重要的不可忽视的力量。

第二，进一步推动对现有的文化机构市场化改革和旅游企业的专业化发展。中央文化企业要做文化和旅游融合发展的领头雁和示范者。演艺、传媒、动漫、游戏领域的文化企业决不能只做平台，只做政府生意，赚财政补贴的钱，而是要坚持以人民为中心的政治理念，坚持服务

① 戴斌：《文旅融合时代：大数据、商业化与美好生活》，《人民论坛·学术前沿》，2019年第11期。

② 李军、杨瑞、戴博文：《新时代背景下文化旅游创新发展路径探析——以台儿庄古城为例》，《旅游与摄影》，2022年第10期。

人民美好生活的市场观点，敢于面向终端文化和旅游消费者，做基于市场的真正生意，通过产品和服务挣消费者和商家的钱。[①]继续做好文化、旅游、科技融合示范，鼓励小微企业发展壮大，形成充满活力的产业体系。将旅游发展中的增量资源与文化领域的存量资源有效整合在一起，产生新的创意，甚至形成以文化为核心，居民和游客消费为双重支撑的现象级休闲旅游产品。目前，懂文化、懂旅游、懂休闲、能与资本市场对接的创业者最为稀缺。需要强调的是，有了企业家，这些存量资源就会被看不见的手聚集起来，产生新的价值。如果没有企业的介入，我们仍然会在传统的道路上徘徊。

（五）以旅游促进各民族文化交融创新

越来越多的游客被生动的文化展示吸引来之后，与之配套的服务需求催生了相关产业供应链。从产业融合的视角看来，文化和旅游产业的融合形成了新的文化旅游产业，使得原来的商业模式发生了根本变化。因此，相应的价值主张、业务系统以及盈利模式都必须进行相应的创新，以适应产业发展态势。文化和旅游融合要求从过去各自提供文化艺术产品、观光游览产品到将文化内核以体验的形式展示给旅游者，更大程度地实现顾客价值，进行价值主张创新；同时，需要重新识别自身的资源和能力，以及确定不同利益相关者之间的关系，进行业务系统的创新；另外，传统旅游产品主要依赖门票或演出销售获取收入，盈利渠道单一，需要凸显文化价值，拓展多元化的价值增长点。经过多年的实践，目前形成以下几种文化旅游产业模式：

第一，以传统文化空间为依托，发展综合文化体验空间。如成都安仁博物馆小镇以博物馆业为主导，文化产业综合发展，是集博物展览、休闲度假、购物观光、培训教育、主题居住功能为一体的综合性文化旅

① 戴斌：《论文化和旅游融合发展的企业主体性》，《发展研究》，2021年第12期。

游小镇，形成“文化+旅游+商业地产”的新型博物馆产业。[①]

第二，以文艺演出和旅游资源为依托，发展文化旅游演艺产业。如《印象·刘三姐》《宋城千古情》等经典演艺产品形成品牌后，在全国重要旅游地进行扩张，形成以文化演艺为主体的新型文化旅游业。

第三，以旅游纪念品为依托，发展文化创意产业。在旅游纪念品开发过程中融入当地文化的创意设计，或采取当地手工艺技艺，融入当地人民的生活智慧，形成具有地方特色的文化载体。如斐济从2011年开始举办生产销售民族品牌产品的“制作—购买斐济运动”（Made-Buy Fiji Campaign），寻找斐济艺术家和手工艺品制作者为游客设计和制作“真实的”手工艺品，既对文化真实性进行保护，又使传统文化产业获得价值增长点，旅游产业的产业和服务得到创新升级。

第四，以主题文化展示为依托，发展主题文化娱乐产业。如华强方特以经典动画为基础，将传统故事、动画故事以技术手段在主题公园再现，并向全国扩张，形成集文化内容生产与技术展示于一体的主题文化娱乐产业。

① 张朝枝、朱敏敏：《文化和旅游融合：多层次关系内涵、挑战与践行路径》，《旅游学刊》，2020年第3期。

‖第四章‖

民生福祉

习近平总书记在二十大报告中提出："江山就是人民，人民就是江山。中国共产党领导人民打江山、守江山，守的是人民的心。治国有常，利民为本。为民造福是立党为公、执政为民的本质要求。必须坚持在发展中保障和改善民生，鼓励共同奋斗创造美好生活，不断实现人民对美好生活的向往。"这一重要论断深刻体现了以人民为中心的发展思想，对维护民族地区群众合法权益，改善民族地区居民生活状况，具有重要的指导意义。

在四川省乃至全国范围内，没有民族地区的现代化，就没有更大地域范畴的现代化。中华民族是一个大家庭，一家人都要过上好日子，因此，要关心、关注民族地区群众的生活疾苦，在发展中不断增进民生福祉，提高人民生活品质，并以共同富裕为手段，使民族地区群众共享经济发展成果，增强他们的获得感、幸福感、安全感，形塑其对伟大祖国、中华民族、中华文化、中国共产党、中国特色社会主义的认同。

习近平总书记在中央民族工作会议上强调，"要推动各民族共同走向社会主义现代化"。当前，我们正迈向全新的中国式现代化道路，在建成富强、民主、文明、和谐、美丽的社会主义现代化强国征程上，民族地区需要同全国一道在中国共产党的领导下，心往一处想、劲往一处使，凝心聚力，全面建设社会主义现代化国家。共同富裕是中国式现代化的重要特征，而增进民生福祉是实现共同富裕的重要目标。在通往社会主义现代化的道路上，共同富裕扮演着极其重要的角色，是新时代民族工作的着眼点和着力点。

四川民族地区推动共同富裕、增进民生福祉，必须坚决走中国式现代化道路。中国式现代化是人口规模巨大的现代化，是全体人民共同富裕的现代化，是物质文明和精神文明相协调的现代化，是人与自然和谐共生的现代化，是走和平发展道路的现代化。中国式现代化的本质要求是：坚持中国共产党领导，坚持中国特色社会主义，实现高质量发展，发展全过程人民民主，丰富人民精神世界，实现全体人民共同富裕，促进人与自然和谐共生，推动构建人类命运共同体，创造人类文明新形态。由此可见，道路选择对目标实现具有重要影响。民族地区共同富裕是全体人民共同富裕的组成部分，因此民族地区必须走中国式现代化道路，唯有如此才能实现民族地区群众对经济发展成果的共享，实现共同富裕，增进民生福祉。

一、历史与现状

（一）历史

1. 中华人民共和国成立后至改革开放

中华人民共和国的成立，确定了社会主义制度，为四川省民生发展奠定了坚实的制度基础，有利于集中区域资源进行民生建设，并且确保了民生建设成果不再是由原来的统治阶层少数人所独享，而是全省各族人民，尤其是与少数民族同胞共享，各族人民在民族平等和民族区域自治政策的保障下成为社会的主人。[①]1956年7月14日召开的中国共产党四川省委第一次代表大会，将经济建设作为中心，大会报告超过一半的篇幅用于布置民生建设的任务。社会主义制度的确立、经济建设的宏伟蓝图、民生建设的各项举措，极大鼓舞了四川省全体人民。这是中华人民共和国成立后四川民生建设的黄金时期。例如，四川交通困难自古有之，邓小平和刘伯承率领第二野战军和西南服务团进军西南之时，就已经在规划改善四川交通状况的蓝图。成渝铁路于1952年7月1日通车，四川人民有了第一条属于自己的铁路。随后宝成铁路和川藏公路陆续开建，长江四川段得以全面整治，交通对四川民生建设和人民生活的制约被打破。

社会主义制度的建立和“一五”计划的完成，使四川民生建设有了一定的物质基础和制度保证，但接下来的“文化大革命”偏离了经济建设中心，削弱了民生建设的物质基础。“文化大革命”开始后，阶级斗争统领一切社会活动，生产领域受到严重冲击，除三线建设取得一定成就外，全省生产停顿面持续扩大，人民生活水平明显降低，人均国民收入大幅度落后于全国平均水平。1976年全省提供给农业人口的商品粮缩减至1957年的一半以下，人均消费值较“文化大革命”前下降10.1元，全省工人平均工资低于全国平均工资。[②]城镇居民恩格尔系数达到59.2%，超过贫困线0.2个百分点，农村恩格尔系数则高达73.6%，[③]处于极度贫困状态。物质基础的削弱导致民生建设进程受到直接的负面影响。四川高校当年即停止招收大学生，中小学生停课闹革命，知识青年上山下乡接受再教育，长达十年的不重视知识、不尊重知识分子、不支持教育的局面，造就了数量巨大的文盲和半文盲，严重制约了人口素质

① 于丽、刘全：《四川省民生建设的历史考察及经验启示》，《西华师范大学学报》（哲学社会科学版），2011年第4期。

② 杨超：《当代中国的四川（上）》，北京：中国社会科学出版社，1990年。

③ 四川省统计局、国家统计局四川调查总队：《四川统计年鉴 2010》，北京：中国统计出版社，2010年版。

提高和社会发展进步。同时，卫生和体育等社会事业也都中断发展，全省配合政治斗争的四个样板戏成了群众固定的文艺节目，此外就是“忠字舞”和革命歌曲，这使得全省文化事业无法创新发展，人民基本的文化需求无法得到满足，更遑论个人的全面发展。全省吃饭成了大问题，民生建设崩溃到人能否继续存活的边缘。

2. 改革开放后至“十二五”时期

改革开放后，四川省结合民族地区实际，先后出台了藏区发展的“1+5”文件，大小凉山彝区加快发展和综合扶贫开发的“一个意见、三个规划”，羌区灾后恢复振兴计划等一系列民生政策措施，从各方面促进民族地区繁荣发展。在多重优惠政策叠加帮扶下，四川民族地区社会事业发展从局部突破到整体推进，从不均衡向逐步均衡转变，从低水平向中高水平提升，实现了跨越发展，朝着基本公共服务均等化迈进；社会保障实现全覆盖，社会保障制度建设实现重大突破；贫困地区基础设施和生产生活条件明显改善，精准扶贫脱贫取得决定性进展；民生改善实现新变化，人民幸福感显著提升。

1991年6月，四川省政府发出《关于“八五”期间继续加强贫困地区经济开发工作的通知》，规定了“八五”期间扶贫开发的任务和目标，强调扶持贫困地区经济开发的各项优惠政策不变。要求注重连片贫困地区的开发，逐步建立起区域性支柱产业；继续搞好科技扶贫和培训工作，强化西部民族地区的扶贫工作；加强领导，动员全社会力量搞好扶贫工作。甘孜州、阿坝州、凉山州共有906个贫困村纳入国家《扶贫开发整村推进“十二五”规划》。2011至2014年共下达财政专项扶贫资金7.98亿元，每村补助100万元，实施798个贫困村整村推进项目，其中阿坝州188个、甘孜州336个、凉山州274个。通过村内基础设施建设和农户产业扶持，不断改善贫困村发展条件，促进农村贫困人口增收。

在这一时期的各项民生福祉专项工作中，四川民族地区也取得了较为突出的成绩。以凉山州住房保障为例，早在2003年，凉山州委、州政府就将“三房”改造（木板房、茅草房、石板房）作为重点扶贫工程之一进行了安排：州级财政筹措资金500万元和其他资金配套，按每户3000元的标准补助建材，改造“三房”5000户。随着“三房”改造进入我省民生工程盘子，凉山州级财政投入逐年加大，“三房”改造范围也不断扩大。2008年，省委九届六次全会决定实施彝区“三房”改造行动计划，并将“三房”改造纳入四川省民生工程。在省委、省政府的关心支持下，2011年，作为全省扶贫开发重点项目，此前试点成功的彝家新寨建设在凉山全面启动，凉山州以不宜人居、需异地搬迁和居住于危房且自愿要求改造的贫困农户为对象，用5年时间完成1190个彝家新寨建设。

（二）现状

1. 居民收入实现稳步增长

四川省2019年的城镇居民人均可支配收入和农村居民人均可支配收入分别为36154元和14670元。四川民族地区与四川省城乡居民收入平均水平的差距正在持续缩小，城乡居民增收发展态势强劲。截至2019年，四川民族地区城镇居民人均可支配收入从2013年的21803元增加到33613元，年均增速达到7.5%。其中，北川县的城镇居民人均可支配收入增速最高，达到9.0%；甘孜州、峨边县和马边县的城镇居民人均可支配收入增速均超过了8.0%，分别为8.4%、8.6%和8.9%。四川省农村居民人均可支配收入从2013年的6844元增加到13722元，年均增速达到12.3%，高于同期的地区生产总值增速。其中，峨边县和马边县的农村居民人均可支配收入增速超过了18.0%，阿坝州、甘孜州和北川县的农村居民人均可支配收入增速超过了14.0%。此外，四川民族地区城乡居民收入比也在持续下降，从2013年的3.19下降至2019年的2.45。

表4-1　四川民族地区城乡居民人均可支配收入

	合计	阿坝州	甘孜州	凉山州	北川县	峨边县	马边县
城镇居民人均可支配收入（元）							
2013	21803	23115	21418	21699	19244	20012	20203
2014	23722	25150	23303	23609	20999	21813	22062
2015	24430	25939	24978	24084	22824	23661	24268
2016	26383	28048	27101	25963	24888	25649	26331
2018	30926	32686	31972	30421	29334	30282	31060
2019	33613	35470	34831	33044	32221	32905	33780
农村居民人均可支配收入（元）							
2013	6844	6793	5435	7359	6472	4137	4567
2014	7742	7866	6307	8264	7333	4592	5069
2015	9250	9711	8408	9422	9644	8405	8595
2016	10201	10702	9367	10368	10677	9225	9433
2018	12381	12893	11555	12548	13061	11092	11379
2019	13722	14252	12808	13908	14485	12367	12671
城乡居民收入比							
2013	3.19	3.40	3.94	2.95	2.97	4.84	4.42
2014	3.06	3.20	3.69	2.86	2.86	4.75	4.35
2015	2.64	2.67	2.97	2.56	2.37	2.82	2.82
2016	2.59	2.62	2.89	2.50	2.33	2.78	2.79
2018	2.50	2.54	2.77	2.42	2.25	2.73	2.73
2019	2.45	2.49	2.72	2.38	2.22	2.66	2.67

2. 社会保障体系逐渐完善

四川民族地区社会保障体系得到科学完善，社会保障水平不断提高。其中，阿坝州始终聚焦最困难群体、最直接利益、最现实关注，大力构建立体式、多元化保障体系。建成保障性住房3.7万套；水电移民安置1620人；基本养老保险参保60.7万人，医疗保险参保85.4万人，财政补助社会保险费5.4亿元。连续16年上调企业退休职工养老金和工伤保险待遇，3次上调城乡居民养老保险待遇。社会救助事业、社区养老服务快速发展，城乡低保、残疾人“两项补贴”标准稳步提高。甘孜州全面落实社会救助、社会福利政策，全力推进社保参保扩面，深化医疗保障制度改革，把高原性心脏病、结核病、红细胞增多症列入医保特殊病种；全面构建和谐劳动关系，实现农民工工资“两清零”“三确保”；建成水电移民安置点5个；创建全国退役军人示范型服务中心（站）30个。凉山州聚力打好基本民生保卫战，城乡居民养老保险参保234.6万人，基本医疗保险参保476.5万人，纳入城乡低保64.3万人，基本实现应保尽保；救助孤儿和事实无人抚养儿童9525名；发放残疾人生活、护理补贴9675万元；救治“先心病”和白内障患者1644名；改造危旧房棚户区3279户，发放住房租赁补贴8430户。

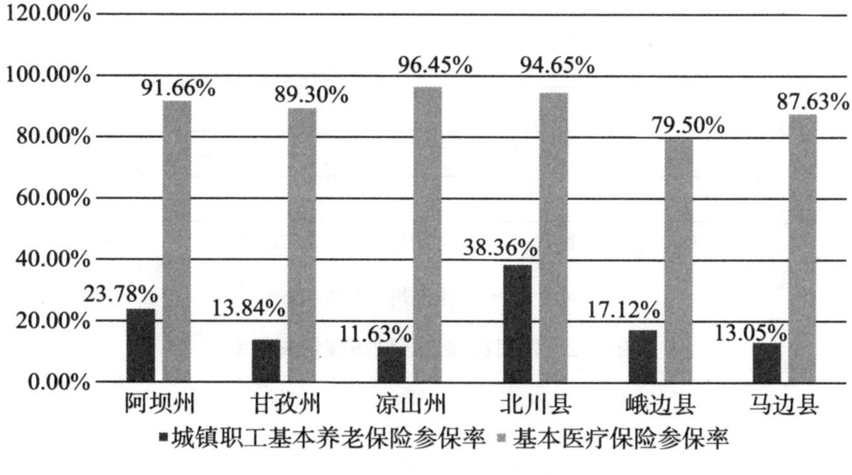

图4-1　四川民族地区基本养老保险和基本医疗保险参保率

3. 就业创业服务稳定提升

四川民族地区着眼新常态下就业创业工作的新特点，深入实施就业优先战略和新一轮就业创业政策。其中，阿坝州出台“就业促进6项举措”，发放创业担保贷款2393万元，开发疫情应急性公益岗位8449个，1.2万人就地就近稳定就业；“春风行动”深入实施，农民工服务平台逐步完善，转移劳动力15.7万人，实现劳务收入41.9亿元，做到了“一超两不低”。甘孜州全面落实稳就业政策，实施职业技能提升行动，动态开发公益岗位22000个，新增各类就业7500人，农村劳动力转移就业1.5万人次以上，动态消除“说零就业”家庭，城镇登记失业率控制在4.2%以内。凉山州优先稳就业、保民生，就业形势总体稳定。城镇新增就业1.9万人，城镇失业人员再就业4425人，城镇登记失业率3.2%；发放普惠性稳岗返还资金5143万元，惠及企业职工7.8万人；发放创业补贴426万元，支持2000人自主创业；实施农民工返岗“春风行动”，转移输出农村剩余劳动力135.9万人，实现劳务收入266.6亿元。

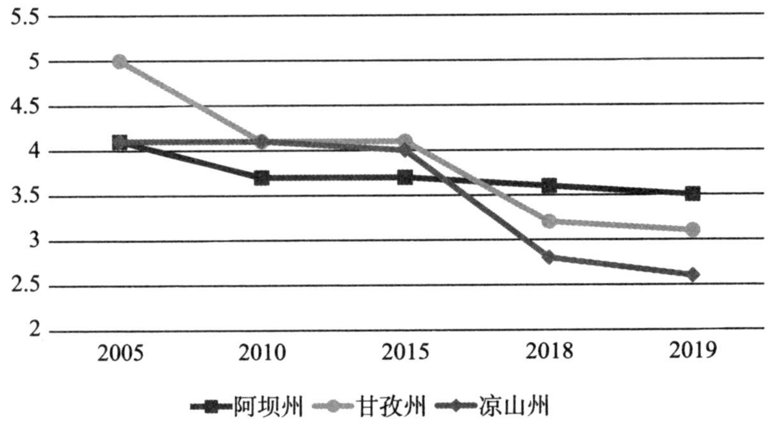

图4-2　四川民族地区城镇登记失业率

专栏1　四川民族地区部分重大民生发展项目[①]

（1）六项民生工程计划

“六项民生工程计划”是四川省委、省政府针对省内藏区出台的重大民生发展项目，突出重点地区和重点工程，包括扶贫解困行动计划、就业社保促进计划、教育发展振兴计划、医疗卫生提升计划、文化发展繁荣计划和藏区新居建设计划。以2019年为例，四川省藏区“六项民生工程计划”共计到位各级资金68亿元，为年度计划55.7亿元的122%，各项任务全面完成。社会保障水平不断提升，藏区城镇新增就业17127人，城镇失业人员再就业1654人，就业困难人员就业480人，开放公益性岗位安置11409人；为22.76万名贫困人口代缴养老保险，保障城乡低保对象30.3万人。教育脱贫深入推进，劝返及核减失辍学学生11188人，录取2019级“9+3”学生2555人，15年免费教育、建档立卡贫困家庭学生特别资助等政策深入实施。医疗服务能力持续增强，藏区居民健康档案建档率达72.9%，国家免疫规划接种率达95%，孕产妇住院分娩率达96.1%，开展包虫病防治免费筛查32.25万人，为77878名35—55岁农村妇女免费开展妇女病检查；乡镇卫生院、村卫生室标准化建设达标率分别达96.7%、99.5%。公共文化服务基础不断夯实，建成幸福美丽新村（社区）文化院坝326个、贫困村村级文化室625个、农民体育健身工程351个，32个县（市）融媒体中心全部挂牌运营，州县广播电视节目覆盖工程推进顺利；开展“送戏下乡”活动2339场，为农村公益放映电影49752场。藏区新居建设稳步推进，聚焦建卡贫困户、低保户、农村分散供养特困人员和贫困残疾人，完成9848户藏区新居建设，为当地的脱贫攻坚工作发挥了不可磨灭的作用，使得农牧民群众真正从中受益，提高了藏区群众的幸福感和获得感。

（2）十项扶贫工程

四川省委、省政府于2014年印发了《大小凉山彝区“十项扶贫工程”实施方案》，把扶贫开发作为大小凉山彝区的中心工作和突破点，从2014年到2020年，在大小凉山彝区13个县（区）强化“十项扶贫工程”，通过扶贫开发来推动彝区跨越式发展。以2018年为例，四川大小凉山彝区林业扶贫项目包括了彝家新寨、林果业建设项目，计划总投资8661.764万元，截至年底，各项扶贫建设工作有序推进，实际下达投资11123.764万元，为计划投资的125%，超出预期计划的投资促进了当地的林业发展，进一步发挥其扶贫的作用，林业重点工程不仅发挥了巨大的生态效益，也具有显著的经济与社会效益。林业重点工程实施区农牧民收入水平显著增长、社区发展水平同步提高、基础设施与公共服务供给明显改善，形成双赢乃至多赢的发展格局。一是落实了彝家新宅庭院绿化项目19016户，补助标准为每165元，省级补助313.764万元，为当地居民改善了人居环境，建设了美丽家园。二是完成大小凉山彝区林果业补助项目10810万元，包括彝区森林抚育11万亩，投资1320万元；造林补贴12.68万亩，投资2530万元；新一轮退耕还林任务17.4万亩，投资6960万元，为当地居民获得稳定的收入奠定了基础。三是启动了脱贫攻坚造林合作社建设项目，引导贫困农户通过参与生态建设助农增收。通过该工程的实施，大小凉山彝区各地不断探索旅游产业扶贫的新路径，促进当地居民增收脱贫，走上了文化旅游产业与一、二产业融合发展的道路，民族文化影响力、旅游吸引力不断提升；基本解决了农村交通出行困难的问题，为村里修建水泥路，解决饮水安全问题，完成入户用电等项目。

① 相关资料整理自中华人民共和国国家民族事务委员会、四川省人民政府、四川省民族宗教事务委员会的官方网站新闻。

（3）17条特殊政策

四川省委、省政府于2015年印发了《关于支持大小凉山彝区深入推进扶贫攻坚加快建设全面小康社会进程的意见》，从加大财政支持、基础设施建设、改善居住条件、加快教育发展、加大国土政策支持、加强禁毒防艾工作、建立对口帮扶机制等7个方面，制定17条具体支持政策措施，进一步强化大小凉山彝区的造血功能。

在财政支持方面，省财政通过对大小凉山贫困县基本支出、民生支出、公共服务支出，按政策计算标准支出缺口，单列单算，由贫困县统筹自身财力和上级补助全额保障；取消中央安排的大小凉山公益性项目州县两级配套，从2016年起每年安排3亿元，专项用于1930个贫困村，重点支持高标准农田建设，马铃薯、苦荞等基地建设及其他特色优势产业发展和贫困人口就业，为大小凉山彝区的民生建设注入了资金来源。

在重大基础设施建设方面，以交通为重点，将西昌—宜宾铁路等纳入国家中长期铁路网规划。制定了新一轮公路水路交通建设三年推进方案，2015年开工建设泸沽—黄联关扩容改造工程，2016年开工建设宜宾—攀枝花沿江高速公路、仁沐新高速公路、乐山—汉源高速公路；加快西昌—云南昭通、西昌—香格里拉、乐山—西昌等高速公路项目前期工作，近年来这些线路陆续建成并开通。另外，农村公路比照藏区标准安排补助，进一步完善了大小凉山彝区的交通网络系统，便利了与其他地区的联络。

在改善居住条件方面，四川省将大小凉山1181个贫困村彝家新寨住房建设依照省级以上补助标准，从每户2万元提高到2.5万元，村内公共服务、基础设施建设补助标准，在现有标准上每村再增加50万元，为大小凉山彝区的人民建设起美丽的彝家新寨，改善了当地人民的居住条件，提高了他们的幸福感。

在加快教育发展方面，2016年春季学期起，支持凉山州在9年义务教育基础上发展15年免费教育，逐步免除了3年幼儿教育保教费和3年普通高中学费并免费提供教科书；大小凉山2586个行政村2016年起每村选聘2名学前教育辅导员，开展学前双语教育，省财政每人每月补助2000元劳务报酬经费；五年一轮的大小凉山中小学教师专项培训计划也于2016年启动；在巩固九年义务教育的基础上，发展高中阶段的免费教育，进一步提高了大小凉山彝区人民的文化知识水平。

在加大国土政策支持方面，四川省对大小凉山彝区的扶贫开发项目、国家重点建设项目采取“边补边占”方式补充耕地；经省政府同意后，彝区13个贫困县内单独选址项目的耕地占补平衡由凉山州、乐山市自行负责；优先安排大小凉山彝区城镇建设用地增加与农村建设用地减少相挂钩项目，在经国土资源部或省政府批准的范围内并保障本县域范围内农民安置和生产发展用地的前提下，项目结余指标可在省域范围内挂钩使用；规范了大小凉山彝区发展当地特色产业的用地，为重点扶贫开发项目的落地扫清了障碍，增加了农牧民的收入，促进了民族地区的经济发展。

（4）摩梭家园建设暨摩梭文化保护工程

2012年，四川省委、省政府启动了摩梭家园建设与摩梭文化保护工程，成立了以省政府分管领导为召集人，省民宗委、省发改委、省住建厅等17个省直部门和凉山州、盐源县共同组成的“摩梭家园建设与摩梭文化保护联席会议”，编制了《摩梭家园建设暨摩梭文化保护规划大纲》等5个专项规划，树立了“世界的泸沽湖、幸福的摩梭人”的建设理念。5年来已累计投入各级财政专项资金5.5亿元，对30个自然古村落实施基础设施建设，对2183户摩梭民居进行了改造，对484户母系大家庭、200个文化传承人、200户摩梭文化家访户实行了财政专项补助政策。摩梭家园建设立足泸沽湖资源禀赋和区域人文特色，以积极发展生态旅游业和摩梭文化产业、扶持发展特色农业、配套发展其他服务业为理念，推动农旅互动、文旅相融、产业衔接，努力构建一、二、三产业持续发展、融合发展体系；三产融合发展加上政策的扶持、引导为当地群众持续增收提供了重要保障。尽可能将摩梭家园建设和摩梭文化保护的主体——摩梭人留在当地，以集体经济不断做实、壮大基础保障，使群众受益，使他们真正实现了离土不离乡、就业不进城，很大程度上缓解了当地居民的就业困境。

二、近期与远景目标

（一）2025年近期目标

2025年是我国全面建成小康社会、实现第一个百年奋斗目标之后，乘势而上开启全面建设社会主义现代化国家新征程、向第二个百年奋斗目标进军的第一个五年节点。在这个重要的时间节点上，四川民族地区将实现更加充分、更高质量的就业，居民人均可支配收入增长与地区生产总值增长基本同步，城乡收入差距持续缩小，公共服务体系更加健全，基本公共服务均等化水平稳步提高，劳有所得、住有所居、弱有所扶、老有所养等工作成效迈上新的台阶，全体人民向共同富裕的目标迈出坚实步伐。

1. 农牧民人均可支配收入增长

农牧民保持良好增长势头，收入增长和经济增长基本同步，人均可支配收入年均增长6%左右。居民就业实现更高质量、更加充分、更加稳定的目标，城镇调查失业率控制在5%左右。城乡区域发展差距、城乡居民收入和生活水平差距显著缩小，中等收入群体规模不断扩大、结构持续优化、生活品质不断提升，形成以中等收入群体为主体的橄榄型社会结构，努力成为地区、城乡和收入差距持续缩小的民族地区范例。加强财政支农水准，保证年均提升速率超过财政经常性收入上涨幅度，抵消农业投资的报酬递减效应，充分补齐农业农村发展中的资金缺口。建立健全多元化支农机制，丰富“三农”建设参与主体，并通过财政支农杠杆作用引导金融和社会资金流向基础设施建设。优化支农资金配置，重点关注农业基础设施建设和农业技术发展，完善支农支出全流程监督机制，确保支农资金专款专用。收入结构不断优化，财产性收入和转移收入占比逐步提高。

2. 基本公共服务体系建立健全

区域基本公共服务标准得到有效制定及落实，标准化手段得到普及应用，基本公共服务实现目标人群全覆盖、服务全达标、投入有保障，地区、城乡、人群间的基本公共服务供给差距明显缩小，实现均等享有、便利可及。紧扣人民群众“急难愁盼”的突出问题，坚持社会效益优先，普惠性非基本公共服务数量和质量都得到较大提升，服务内容更加丰富、获取方式更加便捷、供给主体更加多元，推动普惠性非基本公共服务付费可享有、价格可承受、质量有保障、安全有监管。适应人民群众多样化、个性化、高品质的健康、养老、托育、文化、旅游、广电、体育、家政等服务需求，生活服务标准化、品牌化建设取得重大突破，产业规模明显扩大，新业态、新模式不断涌现，在增加区域消费、扩大有效需求的同时，为今后公共服务提质升级蓄势储能，逐步形成需求牵引供给、供给创造需求的更高水平的动态平衡。

3. 新型城镇化建设进程持续加速

城镇化健康有序发展，常住人口城镇化率达到50%左右。城镇基本公共服务覆盖全部常住人口，农业转移人口市民化配套政策体系进一步健全，农业转移人口融入城市质量不断提升。和谐宜居、健康安全、富有活力、各具特色的现代化城市建设加快，城市空间结构更加优化，城镇开发边界全面划定，城市治理体系基本建立、治理能力明显提升，城市可持续发展能力明显增强。县城综合承载能力和治理能力稳步提高，县域发展基石更加稳固，特色小镇规范发展。实现更加充分、更高质量的就业目标，创业环境持续优化，教育和医疗资源布局更加均衡，公共卫生体系加快完善，多层次社会保障体系更加健全。城乡要素平等交换、自由流动加快推进，有利于城乡基本公共服务普惠共享和基础设施一体化的体制机制更加完善，城乡居民收入差距持续缩小，城乡融合发展水平进一步提升。

（二）2035年远景目标

展望2035年，四川民族地区人民群众沐浴在公共财政的阳光下，城乡居民人均可支配收入迈上新台阶，社会事业发展水平显著提升，公共服务制度体系得到完善，政府保障基本、社会多元参与、全民共建共享的公共服务供给格局有效形成，基本公共服务实现均等化，人民生活水平和质量显著提高，人的全面发展、全体人民共同富裕取得更加明显的实质性进展，人民获得感、幸福感、安全感更加充实、更有保障、更可持续。

三、路径与保障

（一）同步实现基本公共服务均等化

1. 基本公共服务均等化水平明显提高

基本公共服务制度更加完善，基本公共服务标准得到有效落实，标准化手段得到普及应用，基本公共服务实现目标人群全覆盖、服务全达标、投入有保障，地区、城乡、人群间的基本公共服务供给差距明显缩小，实现均等享有、便利可及。以促进民族地区城乡基本公共服务均等化为主线，以各领域重点任务、保障措施为依托，建立完善政府保障该地区人民群众基本生存发展需求的制度性安排。以社会保险、社会救助、社会福利为基础，以基本养老、基本医疗、最低生活保障制度为重点，以慈善事业、商业保险为补充，加快完善社会保障体系。探索建立农村养老保险制度，全面推进城镇职工基本医疗保险、城镇居民基本医疗保险和新型农村合作医疗制度建设。通过“保低、扩中、控高、打非”缩小收入差距，为基本公共服务均等化创造良好环境。实施积极就业政策，健全公共就业服务体系。健全民族地区职业教育培训制度，加强农村富余劳动力转移就业培训。建立统一规范的人力资源市场，形成城乡劳动者平等就业的制度。

2. 健全完善基本公共服务标准体系

第一，制定实施基本公共服务标准。依据国家基本公共服务标准，制定覆盖全省民族地区的基本公共服务实施标准，明确基本公共服务项目的服务对象、服务内容、服务标准、支出责任和牵头负责单位，作为各级政府提供基本公共服务的基准和人民群众享有相应权利的重要依据。各州要对照省基本公共服务实施标准，在不缩小范围、不降低标准的前提下，制定实施本地标准，确保内容无缺项、人群全覆盖、标准不攀高、财力有保障、服务可持续。加强基本公共服务标准实施应用的综合协调，研究解决跨部门、跨行业、跨区域的重大问题，加强监测评价，并统筹考虑经济社会发展水平和财政保障能力等因素，对基本公共服务标准进行动态调整。

第二，健全行业领域公共服务标准。完善各重点领域建设类、管理类、服务类标准，做好标准间统筹衔接，推进标准化管理，建立包含不同标准层次、兼顾长远发展需求的行业领域标准体系，加强标准普及应用。探索开展区域协作联动，加强相关标准规范对接，促进区域内设施设置、人员配备以及服务质量水平有效衔接。深化基本公共服务标准化试点，推动试点地区在优化资源配置、规范服务流程、创新服务方式等方面先行先试。

3. 推进城乡公共服务资源均衡配置

第一，提升农村公共服务水平。严格落实乡镇综合服务设施建筑面积不低于1000平方米的标准，全面推进乡镇政府购买公共服务指导性目录制度，强化综合服务能力建设，把乡镇建成服务农民的区域中心。对被撤并乡镇、人口减载区域及偏远地区，以实有人口规模为基础，合理保留和科学完善基本公共服务设施，确保就近便捷获得基本公共服务。将应对突发公共事件的基础设施及避难场所建设纳入农村公共服务设施建设规划。

第二，优化基层社区服务功能。将城乡社区综合服务设施纳入经济社会发展规划、国土空间规划，以新建、改造、购买、项目配套和整合共享等形式，完善城乡社区综合服务设施，重点加强经济薄弱村、老城区社区设施建设。鼓励居民群众民主参与公共空间管理。实施“服务到家”计划，打造社区和农村便民服务示范点。优化社区基本服务功能，推广基层全科社工模式，完善激励支持政策，加快形成“一门受理、一站式服务、全科社工”的社区服务模式，健全村级公共服务事项帮办代办机制，让老百姓少跑腿、办成事。

4. 提升区域公共服务协调发展水平

第一，进一步缩小区域公共服务差距。加大省级统筹力度，通过完善事权划分、规范转移支付、设立统筹基金等方式，完善对经济相对薄弱地区基本公共服务财政投入机制，形成省域内待遇趋同的调节机制。打破地域限制，探索以协议合作、连锁经营、开办分支机构、管理输出等方式，跨地区参与服务供给，分享先进的管理模式和高品质服务。优先支持在民族地区规划设置高等职业院校，推动省内外高水平医疗机构、养老机构在民族地区设立分院或院区，发挥优质资源的辐射带动作用。

第二，优化区域公共服务资源配置。探索建立州府圈公共服务一体化推进机制，强化内部政策协同和资源共享，推进基本公共服务制度对接，逐步缩小基本公共服务差距，共同打造“幸福州府圈”。推动公共服务资源一卡通，扩大公共服务辐射半径，加快推进民族地区州府圈优质公共服务一体化、连锁化供给，加强医疗卫生、社会保障、职业教育等领域改革创新，推动跨省域、跨城市公共服务制度的对接和资源共享。

第三，推动实现区域基本公共服务均等化。推进州域内、县域间民生政策保障标准统一，对补助到个人、涉及“老小孤残”等困难群体的兜底保障政策，以及按“人头”算账、群众必需的教育、医疗、就业、保障性住房等基本公共服务项目，逐步推行城乡统一、区域均衡的保障标准。对群众需求迫切的教育、医疗、养老等公共服务设施，以及新型农村社区综合服务设施，逐步推行统一的建设标准，以设施标准化带动服务水平均等化。

（二）加快夯实劳有所得坚强保障

1. 继续坚持就业优先战略

第一，拓宽城乡居民就业渠道。坚持经济发展带动就业，鼓励工矿等劳动密集型企业优先吸纳本地劳动力就业，提高特色农产品加工业、服务业、建筑业等吸纳就业能力，拓宽城乡居民就业空间。建立地方政府投资和重点项目带动就业联动机制，积极开发公益性岗位，促进就地就近就业。进一步挖掘国有企业招聘潜力，发挥中小企业吸纳作用，大力支持企业稳定和扩大就业岗位。鼓励农村劳动力外出务工就业，大力发展劳务产业，搭建平台，增强与东部地区的劳务协作。实施高校毕业生就业创业促进计划和基层成长计划，鼓励支持高校毕业生到基层就业。加大就业创业扶持力度，多渠道支持灵活就业、新就业形态，稳定和扩大就业规模。鼓励创业带动就业，加大财税扶持力度，拓宽创业投融资渠道，为有创业意愿的退役军人、返乡农民工等重点群体提供全方位政策制度支撑。

第二，完善就业服务体系。建设县级人力资源市场，规范发展人力资源服务机构，提高人力资源服务水平。完善城乡统筹的公共就业服务制度，加强基层就业创业服务平台和服务机构建设，加快建设“互联网+就业”智慧平台，建成辐射全域、贯穿全程、覆盖全民、便捷高效的公共就业服务体系，实现主动、精准、智慧和周到服务，加强对重点群体的就业创业服务。组织开展系列招聘活动，实施再就业援助行动，统筹促进退役军人、残疾人、就业困难人员等群体就业，动态消除零就业家庭。

第三，提高城乡居民收入水平。坚持按劳分配为主体、多种分配方式并存，提高劳动报酬在初次分配中的比重，完善工资制度，健全最低工资标准调整、工资集体协商和企业薪酬调查制度，健全农民工工资支付机制。健全工资合理增长机制，着力提高低收入群体收入，扩大中等收入群体。落实各类生产要素由市场决定报酬机制，探索通过土地、资本等要素使用权、收益权增加中低收入群体要素收入。多渠道增加城乡居民财产性收入。落实再分配机制，加大社保、转移支付等调节力度和精准性，合理调节过高收入，取缔非法收入。发挥第三次分配作用，发展慈善事业，改善收入和财富分配格局。

第四，加强劳动者权益维护保障。健全劳动关系协调机制，构建和谐劳动关系。建立健全劳动关系协商协调机制，持续推进构建和谐劳动关系，企业劳动合同签订率保持在94%以上，建立健全与劳动力市场基本适应、与企业经济效益和劳动生产率挂钩的工资决定和正常增长机制。健全劳动人事争议调解仲裁机制，推行“互联网+仲裁”工作模式，推广运用仲裁办案系统，完善劳动关系领域内“三方”联动调处机制。

加强劳动保障监察执法。完善政策支持和公共服务，保障农民工、灵活就业和新型就业群体权益，确保农民工工资足额按时发放。

第五，健全失业和工伤保险制度。建立更加积极稳健的失业保险制度，扩大失业保险保障范围，完善失业保险支持企业稳岗、参保职工提升技能政策体系。完善失业保险调剂金制度，推进失业保险基金省级统筹，推进平台灵活就业人员职业伤害保障工作。完善失业保险金与物价上涨挂钩联动机制，更好地保障失业人员的基本生活。巩固提升工伤保险省级统筹水平，探索建立多层次工伤保险制度体系，完善“预防、康复、补偿”三位一体工伤保险制度体系。

2. 大规模开展职业技能培训

第一，加强劳动力职业技能培训。加强职业培训基础能力建设，推进州县技能实训基地、就业技能培训中心、技工学校建设。完善终身职业培训体系，实施农民工、农牧民、青年劳动者等重点群体专项培训计划，扩大技能人才培养培训规模。探索“订单+定岗+定向”等多种培训新模式，确保职业技能培训专业化、市场化、标准化，提升职业技能培训服务质量。

第二，提高职业技能培训效能。深入实施职业技能提升行动和重点群体、重点行业领域专项培训计划，广泛开展新业态、新模式从业人员技能培训，支持开展订单、定岗、定向培训，全面推行企业新型学徒制，推行终身职业技能培训制度。深化职业技能培训市场化改革，制定政府补贴培训目录、培训机构目录、鉴定评价机构目录。加强培训合格率、就业成功率和参训人员满意度评价，提升培训层次和质量。畅通培训补贴直达企业和培训者渠道，落实培训经费税前扣除政策。推广“互联网+职业培训”模式，建设职业技能培训公共服务平台。

第三，强化易地扶贫搬迁后续扶持。加强搬迁群众职业技能培训，拓展搬迁群众外出务工就业渠道，支持搬迁群众从事商贸、餐饮、家政以及民族手工业，增强自我发展能力，帮助搬迁群众增收致富。提升安置区管理服务水平，全面加强易地扶贫搬迁安置社区治理体系和治理能力建设，建立健全安置社区组织体系，加强安置社区服务体系建设，加快促进搬迁群众融入社区，不断增强搬迁群众获得感、幸福感和安全感。聚焦大型、特大型安置区，从就业需要、产业发展和后续配套设施建设、治理效能和服务质量提升等方面加大扶持力度，完善后续扶持政策体系，持续巩固易地搬迁脱贫成果，确保搬迁群众稳得住、有就业，逐步致富。

3. 继续坚持创业带动就业

加强就业政策与财税、产业、社会保障等政策相互衔接，统筹城乡就业政策体系，营造公平就业制度环境。加强重点企业跟踪服务和登记失业人员分级分类服务，提供用工指导、政策咨询、劳动关系协调等服务指导。推进就业服务实名制，构建精准识别、精细分类、专业指导的公共就业服务模式。完善支持灵活就业的政策服务，鼓励个人经营，增加非全日制就业机会。统筹做好高校毕业生、农民工、退役军人、残疾人等重点群体就业服务。畅通失业人员求助渠道，促进失业人员尽快实现就业。健全困难人员就业援助制度，发挥公益性岗位托底安置作用，确保城镇零就业家庭和农村零转移家庭动态为零。健全创业带动就业扶持长效机制，完善落实富民创业担保贷款贴息、税收优惠、创业补贴政策，加大初创实体支持力度，降低创业门槛和成本。开展创业推进和指导活动，推动创业向大众化、发展型、全领域转变。

（三）促进实现全体人民住有所居

1. 提高住房保障供给能力

第一，建立健全住房保障体系。坚持房子是用来住的，不是用来炒的定位，处理好基本保障和非基本保障的关系，以政府为主提供基本保障，加快建立以公租房、保障性租赁住房和共有产权住房为主体的住房保障体系，有效增加保障性住房供给。科学设置、稳步降低保障准入标准，加大对新就业人员和外来务工人员的保障力度，促进住房保障对象从以户籍家庭为主逐步转向覆盖城镇常住人口，确保城镇中等偏下收入住房困难家庭实现应保尽保。继续执行和完善保障性安居工程现有土地、财政、信贷、税费减免等支持政策。

第二，规范发展公租房。通过集中建设、配建、收购、租赁等方式多渠道筹集公租房房源，加大公租房供给。坚持实物保障与租赁补贴并举，深化政策性租赁住房、共有产权住房试点，加大新建商品住房项目配建租赁住房力度。对低保、低收入住房困难家庭和分散供养特困人员采取实物配租为主、租赁补贴为辅方式供给，对中等偏下收入住房困难家庭采取租赁补贴为主、实物配租为辅方式供给。完善部门联动审核机制和保障对象失信惩戒制度，严格准入退出，提升公租房运营管理专业化、规范化水平。

第三，扩大保障性租赁住房供给。以人口净流入多、房价高的大城市为重点，以小户型为主、租金低于同地段同品质市场租赁住房租金为特征，加大保障性租赁住房供给力度。坚持“谁投资、谁所有”的原则，建立政府给予政策支持、多元主体参与、多渠道供给的保障性租赁住房投资建设机制，切实增加保障性租赁住房供给。完善土地出让收入分配机制，探索支持利用集体建设用地、企事业单位自有闲置土地、产业园区配套建设用地等按照规划建设保障性租赁住房。

第四，因地制宜发展共有产权住房。坚持政府主导、市场运作、产权清晰、收益共享、风险共担、进退有序的原则，鼓励社会力量参与共有产权住房建设和管理，多元化、多渠道扩大房源筹集渠道。鼓励各地根据经济社会发展水平和住房困难群体住房消费能力，统筹研究确定共有产权住房的实施计划、范围和供应规模。

2. 加强推进住房改善建设

第一，持续推进棚户区改造。严格把握棚户区改造范围和标准，科学安排棚改任务，完善货币化安置政策，优先安排城市危旧房，重点改造老城区“脏乱差”棚户区。加强棚改项目质量安全管理，完善基础设施建设，提升社区便利度，让群众住得放心、舒心、暖心。加大对棚户区改造资金投入，积极争取中央补助资金，充分发挥省级保障性住房专项引导资金的作用。支持各地在省下达的新增专项债券额度内，将符合条件的棚户区改造项目纳入专项债券支持范围，依法合规拓展融资渠道和方式。

第二，加快提升农村地区居住品质。持续加大政策支持，大力推动民族地区有改善意愿的老旧房屋和“空心村”改造，到2025年民族地区农民群众住房条件明显改善。支持民族地区结合实际，积极改善农民群众住房条件。鼓励各地按照特色田园乡村建设标准，重点依托规划发展村庄，改造和新建一批新型农村社区，增强公共服务和社区管理功能。对农村原有居住点及集镇，重点补齐基本公共服务设施配套及路灯照明、断头路等短板，改善农民居住环境和出行条件。

第三，推进城镇老旧小区改造。以城镇老旧小区为重点，围绕适老化、出新、停车、安全等相关功能要求，合理确定改造内容，补齐老旧小区公共基础设施和功能配套短板。结合城市更新和存量住房改造提升，合理拓展改造实施单元，推进相邻小区及周边地区联动改造，有序开展绿色社区创建和完整居住社区建设。加大政府资金支持，将城镇老旧小区改造纳入保障性安居工程。合理发挥金融机构作用，推动社会力量参与，积极鼓励居民出资。

（四）让弱有所扶的承诺落到实处

1. 继续完善社会保险制度

全力推动社保改革，完善城镇职工基本养老保险制度和城乡居民基本养老保险制度，机关事业单位养老保险制度、覆盖全体参保人员的基本养老保险待遇正常调整机制，推进社保转移接续。深入实施全民参保计划，持续促进引导各类单位和符合条件人员长期持续参保，实现基本养老保险全覆盖。完善居民、个体从业人员、被征地农民和农民工等群体参保政策，大幅提高参加社会保险比例。持续完善工伤保险制度，健全预防、补偿、康复“三位一体”工伤保险制度体系，加快推进工伤保险医疗待遇联网结算工作，完善工伤保险定期待遇正常调整机制。严格实施社保基金预算管理，确保社会保险待遇按时足额支付和基金平稳运行。

2. 多举措完善社会救助体系

第一，继续完善社会救助体系。完善城乡特困供养制度，将特困救助供养未成年人年龄延长至18周岁，对生活不能自理的城乡特困供养人员提供照料、疾病治疗和办理丧葬服务。完善急难救助制度，有效解决城乡困难群众突发性、临时性生活困难，对因重特大疾病或其他重大突发事件造成巨额支出，严重影响困难家庭生产生活的，采取“一事一议”形式，适当提高临时救助标准，统筹重大疫情等突发公共事件状态下的困难群众基本生活救助。完善流浪乞讨人员源头治理和回归稳固机制，做好长期滞留人员落户安置工作，设立便民服务站，为遇困群众提供及时救助。加强殡葬基础设施建设，完善惠民殡葬制度。

第二，探索构建分层分类的社会救助体系。完善最低生活保障制度，全面落实社会救助和保障标准与物价上涨挂钩联动机制，推进低收入家庭中重病、重残等无劳动力人员以“人”单独入保，采取分类救助方式提高低保对象中无劳动力人员保障水平。对低保、特困人员、低保边缘家庭和支出型困难家庭等低收入人口，实施不同层次保障措施，建立常态化的救助帮扶机制。完善按户保与按人保相结合的最低生活保障制度，实施城乡一体的重残重病“单人保”政策。加强分散供养特困人员照料服务，推进生活不能自理特困人员集中供养。开展低保边缘家庭和支出型困难家庭认定和动态监测工作。发展慈善救助，引导慈善力量、社会工作专业力量、志愿服务力量参与社会救助，实现救助主体多元化、救助方式多样化。

3. 加强残疾人群体服务保障

强化政府保基本兜底线职能，完善以寄宿制托养服务为依托、乡镇（街道）服务机构日间照料为主体、居家托养服务为基础的托养服务体系，提升以社区为基础、康复及辅具服务机构为骨干、家庭为依托的残疾人康复服务能力，推进“残疾人之家”由乡镇（街道）全覆盖向有需求的村（社区）延伸，开展常态化服务。落实残疾人“两项补贴”标准动态调整机制。探索困难重度残疾人社会化照护服务。完善困难残疾人家庭定期巡访探视制度。健全残疾人辅助器具适配补贴制度、低收入精神残疾人基本精神类药物费用豁免制度和低收入残疾人家庭无障碍改造补贴制度。推动落实按比例安排残疾人就业和集中就业，多渠道扶持残疾人自主创业和灵活就业。实施县域残疾人服务能力提升行动，建设县、乡、村三级联动互补的基层残疾人服务网络。

4. 提升困难群体法律援助水平

加强法律援助机构规范化建设，合理配置法律援助资源，充分发挥法律援助在公共法律服务中的兜底保障作用，保障困难群体合法权益。进一步降低法律援助申请门槛，对城乡最低保障对象、享受“两项补贴”的残疾人、特困职工等特定群体，免予经济状况审查，拓展法律援助服务领域和覆盖范围，有效满足民生领域法律援助需求。深化“法律惠民生”品牌建设，提升法律援助服务品质和群众满意度。

（五）多措并举确保实现老有所养

1. 完善基本养老服务体系

加快建立涵盖全体老年人，包含设施建设、服务内容、需求评估、人才培养、资金保障、行业监管、标准体系在内的基本养老服务体系。综合考虑老年人经济状况、生理心理、家庭照顾能力等因素，根据经济发展水平和财政承受能力，优先保障经济困难的高龄、空巢独居、失能（失智）、计划生育特殊家庭等重点老年人群，并逐步扩展至全体老年人。聚焦老年人生存安全、生活需要、照护需求、社会参与等内容，建立基本养老服务指导性目录，实现动态发布管理，逐步丰富发展基本养老服务项目。将失能（失智）老年人家庭成员照护培训纳入基本养老服务指导性目录，探索设立独生子女护理假。通过政府购买服务等方式，开展老年人能力与需求综合评估，评估结果实现全省共享和动态更新，并作为老年人享受福利待遇的重要依据。

2. 完善老有所养制度保障

第一，强化养老服务兜底保障。健全城乡特困老人供养服务制度，对符合特困供养条件的老年人实现“应保尽保、应养尽养”。开展特困老年人集中供养需求摸底排查，指导各地合理制订特困老年人集中供养服务计划，确保有意愿入住机构的特困老年人全部实现集中供养。充分发挥临时救助制度效能，解决困难老年人遭遇的突发性、紧迫性、临时性基本生活困难。加强对经济困难老年群体的养老服务政策支持，通过直接供养、政府购买服务、老年人福利补贴等方式予以支持。探索建立低收入家庭特殊人员入住养老机构补贴制度。

第二，健全基本养老保险制度。落实职工基本养老金合理调整机制。健全城乡居民基本养老保险待遇确定和基础养老金正常调整机制。实施城乡居民养老保险缴费困难群体帮扶政策。推动各地合理确定缴费档次和政府补贴标准，探索建立与个人缴费水平相关联的待遇调整机制。促进有意愿、有缴费能力的灵活就业人员、新就业形态从业人员参加企业职工养老保险。推进被征地农民应保尽保。稳步推进基本养老保险基金投资运营，加强对基本养老保险、企业年金、职业年金等基金投资运营监管，健全基本养老保险筹资机制，全面推开划转部分国有资本充实社保基金。

第三，构建多层次养老保障体系。构建基本养老保险、补充养老保险、商业养老保险等多层次保险体系，提高企业年金覆盖率，完善职业年金制度。规范发展第三支柱养老保险，推动个人养老金发展。大力发展养老储蓄存款、养老理财和基金、专属养老保险、商业养老金等养老金融产品，加强与养老服务功能紧密衔接。开展老年人金融消费教育，确保养老金安全。稳妥推进长期护理保险试点，完善保费筹集、评价评估、支付标准、监督管理等政策制度，建立互助共济、责任共担、动态调整的多渠道筹资机制，合理确定保障范围和待遇标准。鼓励商业保险机构研发和提供长期照护商业保险产品，提供个性化长期照护服务。

3. 拓展养老服务供给渠道

第一，扩大普惠养老服务供给。综合运用规划、土地、住房、财政、投资、融资、人才等政策，支持社会力量建设普惠养老服务设施，为中低收入家庭提供价格适中、方便可及、质量可靠的普惠性服务。探索普惠养老服务的建设标准、服务标准和价格标准，形成市场原则下的普惠价格形成机制，提高服务质量，提升可持续发展能力。使用财政性资金建设、公建民营或公助民营以及非营利性的养老服务机构，要以提供普惠服务为主。党政机关、国有企事业单位和社区的闲置用房要优先用于发展普惠养老服务，并通过公共资源交易平台等途径及时发布。支持各级党政机关和国有企事业单位所属培训疗养机构转型发展养老服务。

第二，强化家庭养老服务支持。积极发挥家庭养老服务的支撑作用，推动各地普遍建立家庭养老服务支持政策。鼓励专业化养老服务机构为长期失能老年人提供短期照护服务，减轻家庭照护压力。完善以社区为平台、社会组织为载体、社会工作者为支撑的居家社区养老服务“三社联动”机制，拓展居家上门服务覆盖面，为有需求的居家老年人提供日常探访、生活照料、助餐助洁、紧急救援等服务。引导各地根据实际需求，建设家庭照护床位，健全家庭照护床位建设运营政策。

第三，完善社区养老服务网络。发展“机构+社区+居家”模式，支持专业养老机构进社区、进家庭，提升社区养老服务品质。大力推进城镇综合性养老服务中心建设，提升社区嵌入式护理型机构和日间照料机构覆盖面。加强社区医养结合，支持社区养老服务设施通过设置护理站、医务室或与周边医疗卫生机构签订合作协议等方式提供医养结合服务，支持社区卫生服务中心和乡镇卫生院建设康复、护理、安宁疗护床位和精神关爱服务点。推进老年友好型社区建设，支持老旧小区增设电梯、扶手、坡道等适老化公共设施。推广康复辅具进社区服务试点，支持社区养老设施配备康复辅助器具并为老年人提供专业指导。

‖第五章‖

生态文明

生态环境是人类生存与发展的根基，是关系中华民族永续发展的千年大计。党的十八大以来，习近平总书记站在坚持和发展中国特色社会主义、实现中华民族伟大复兴中国梦的战略高度，亲自谋划部署、亲自指导推动生态文明建设和生态环境保护，发表一系列重要讲话，做出一系列重要指示，形成习近平生态文明思想，指导我国生态文明建设和生态环境保护取得历史性成就、发生历史性变革，开辟了生态文明建设理论和实践的新境界。

习近平总书记明确指出："我们既要绿水青山，也要金山银山。宁要绿水青山，不要金山银山，而且绿水青山就是金山银山。"这一重要论述深刻揭示了人与自然、社会与自然的辩证关系，为新时代生态文明建设确立起新的理论和实践范式。"既要绿水青山，也要金山银山"，重心在发展，当代中国经济社会发展举世瞩目的成就昭示，不仅发展是党执政兴国的第一要务，而且，我们解决生态环境资源问题历史旧账，仍然要通过发展来解决、消化和吸收历史存量。也正是通过发展，新时代生态文明建设进入了提供更多优质生态产品以满足人民日益增长的优美生态环境需要的攻坚期，到了有条件有能力解决生态环境突出问题的窗口期；"宁要绿水青山，不要金山银山"，重心在保护，坚决不走"先污染后治理""边污染边治理""只污染不治理"的老路，再也不能以牺牲环境为代价换取一时经济增长。

2014年，习近平在中央民族工作会议上强调："民族地区集资源富集区、水系源头区、生态屏障区、文化特色区以及边疆地区、贫困地区于一身，这是民族工作的‘家底’。”[①]四川民族地区是我国生态屏障、生态涵养地的重要地区，如甘孜、阿坝、凉山三州处于长江上游生态环境安全的主控区，拥有川滇森林及生物多样性生态功能区、大小凉山水土保持和生物多样性生态功能区、若尔盖草原湿地生态功能区等多个国家级重点生态功能区，生态屏障建设在全国的战略地位十分突出。坚持“一盘棋”思想，筑牢四川地区中华民族共同体意识；守护好“家底”，保护和发展好该区域的生态环境、生态效益，对四川乃至整个长江流域都有着举足轻重的作用。进入生态文明建设新时代，以习近平生态文明思想为统领，加快四川民族地区生态文明建设、探究生态文明高质量发展最优路径，加强对长江上游生态屏障的有效保护，实现四川民族地区生态文明与经济、社会、政治、文化等的深度融入协同、全方位可持续发展，无疑具有重要的理论价值与现实意义。

一、生态文明建设发展历程

（一）生态文明建设的历史：20世纪及以前

1. 中华人民共和国成立前——朴素生态观引领下人与自然低水平平衡

羌族、彝族、藏族等四川民族地区各民族具有鲜明特色的宗教信仰

① 求是评论员：《坚定不移走中国特色解决民族问题的正确道路》，《求是》，2014年第20期。

和生产生活方式蕴含了朴素的生态观，其千百年来指引人们与自然环境友好相处。

首先，四川民族地区的宗教信仰和禁忌蕴含了敬畏自然、尊重自然的生态观。虽然四川民族地区的信仰不一，但是同处高原的地理区位使各民族都形成了以山川湖水崇拜为典型特征的自然崇拜。羌族崇拜山川、神树，还认为万物有灵，并将自我的感情投射于动物和植物乃至万物，认为万物都有与自己相似的感情与人格。羌族还有许多宗教禁忌，如“一忌去神林割草，二忌去神林拾柴火……十忌去神林窥视”“惊蛰之日禁上山，这天正值鸟交配。春分之日禁下地，这天正值虫交配”“蚂蚁有子被打死，男人有罪罪如此……怀孕青蛙被压死，压死青蛙男有罪……杀身害命是死罪……”等。彝族认为天地日月山川雷电皆有神主宰，“万物有灵”——一切自然物种不但有生命还有灵魂，“大自然的奉献使人类得以生存繁衍。所以人们不能贪得无厌，过量索取资源，不能无故损害自然神灵，否则神会降灾”等。彝族大量的宗教禁忌也与生态环境息息相关，其认为“折毁松柏枝叶，捣毁雁鹅的窝巢”“砍光屋后成片树林”等行径是魔鬼行为；“天上有雁不叼鸡，地上有鲁（蜥蜴）不咬人”，因而“打雁苍天怒”，杀雁需要“赔还打雁”。川西藏族也有神山、圣湖、圣土等自然崇拜，且圣地禁止进行开荒、放牧或砍伐等直接利用自然和改造自然的行为。四川民族地区的宗教信仰与宗教禁忌导致其在围猎动物、砍伐植物过程中存在思想压力，有助于避免对动植物资源的过度利用，在一定程度上保护了自然。

其次，四川民族地区的传统习俗蕴含了保护自然的生态观。各民族都有许多约定俗成的习俗和明文规定保护自然。羌族地区盛行名为“译话坪”的户主议事制度，通过内部协商与盟誓等方式约定禁猎、禁樵等行为；在许多羌族村寨都树立碑刻明确保护林业资源。如立于清光绪十六年（1890）的茂县棉簇村的《棉簇寨民公议护林、用水、护秋民约碑文》明确规定：“禁惜家林，只准捞叶积肥，不准妄伐林株。”彝族有许多村规民约，如，其在狩猎时会避开产仔动物、最大的鱼虾；许多村寨还将公约刻在石碑上。川西藏族深受佛教“众生平等”“不杀生”的影响，善待自然界的动物，不扰乱野生动物的正常生活，对于迷路，受伤、挨饿的野生动物，也会尽力帮助，甚至会将年老丧失劳动功能的牛马等家畜放生。四川民族地区各个民族在传统习俗中都会通过口头或文字约定明确对自然资源的利用行为，有力地促进了对当地自然资源的保护。

最后，四川民族地区的生产生活方式蕴含了合理利用自然的生态观。各个民族生产方式各不相同，但是在种植、放牧、狩猎的过程中，注重种类的多样化，避免对单一物种过渡攫取而导致动植物资源的灭绝。此外，各个民族的生活方式也与自然环境相适应。羌族的村寨与建筑因地制宜，根据资源将村落安置在沿河谷的半高山，房屋建筑以有利于保暖的碉楼、碉堡为主，既能节约材料，又可减少资源消耗。彝族建房选址要求依山傍水，门户朝向要茂密森林、忌讳秃山。藏族为适应高原气候寒冷、物资匮乏的生存环境，确保草地和水源的可持续利用，以游牧和半游牧为主。半游牧居民会于冬天定点住在在简易宅院里，宅院各民族一般选在向阳、背风且靠近水源的平缓坡地或台地上建设。自然资源造就了四川民族地区各民族的生产生活方式，各民族的生产生活方式也体现了对土地、水等自然资源的平衡利用。

值得注意的是，虽然四川民族地区朴素的生态价值观一定程度上避免了自然生态环境的恶化，但是，整个区域的自然环境并未因人类的活动而有显著改善，区域的生态系统较为脆弱。倘若出现人口剧增等因素，整个区域的生态环境就会急速恶化。因此，中华人民共和国成立前，四川民族地区人与自然处于低水平平衡状态。

2. 中华人民共和国成立后至改革开放——战天斗地过程中生态逐渐失衡

这一时期，四川民族地区生态遭受了严重破坏。该地区历史上森林资源丰富，在中华人民共和国成立后至改革开放前这20年间，在“以粮为纲，全面发展”“以钢为纲，全面跃进”的思路下，森林遭大量砍伐，岷江上游森林覆盖率由20世纪50年代初的32%下降至70年代的18.8%，区域生态逐渐失衡。与此同时，四川民族地区的环境污染问题逐渐严重。相关资料显示，1979年攀枝花市废气排放量达1亿m^3/天，降尘量57吨/公里²·每月，最高达1405吨/公里²·每月，超标5—140多倍；废水排放量达2.15亿吨/年，每年400万吨来自洗煤、选矿的灰渣、废水、悬浮物直排入金沙江，废渣排放量达440万吨/年。

一方面，由于生产发展需要大量自然资源，森林资源作为最容易获得的自然资源，自然成为首先被利用的对象。另一方面，由于人口增长，农业生产力水平低下，只能通过毁林开荒增加农业产业面积以满足人口不断增长带来的的粮食需求。在这种情况下，四川民族地区丰富的森林资源被过渡攫取，整个区域生态环境逐渐恶化。

3. 改革开放后20世纪末——工业文明极限下生态恶化严重

四川民族地区面积辽阔，自然资源丰富，其生态环境既是长江的生态屏障，也是黄河上游重要的水源涵养区。这种位于我国大江大河上游的特殊地理位置决定了它的生态环境保护不仅关系到民族地区的切身利益，更涉及西部大开发战略实施的成效。然而，该区域资源的相对丰富性与生态环境的极度脆弱性却构成了一对尖锐的矛盾。从生态环境来看，由于四川民族地区地理地形复杂，气候条件恶劣，暴风雪、洪涝、干旱、泥石流、地震、山体滑坡等自然灾害频繁，生态系统的自我恢复能力差，生态保护难度大，生态产业发展困难。

改革开放初期至20世纪末，为了追求经济效益，四川民族地区森林持续被砍伐，多树林区“重采轻育”“集中过伐”，森林资源剧减。资料显示，20世纪80年代岷江上游森岭覆盖率一度下降到14.4%，雅砻江、大渡河和岷江等主要林区建国40来年的木材采伐量达1.2亿平方米，是同期森林增长量的4倍；森林资源以每年高于生长量1.7倍的速度递减，50多个县的森林覆盖率不到5%。长期以来，在以资源开发为主的传统经济发展思路下所形成的掠夺型粗放经营模式，导致该区域资源枯竭、植被锐减、水土流失、农田荒芜、草原退化，加剧了生态环境的破坏。面对着经济发展与资源环境的矛盾冲突，四川民族地区经济发展模式落后，生态环境恢复基本的生态功能速度慢，经济结构调整和低碳经济发展动力弱，只有形成低能耗、高效率和低碳排放的社会经济生产与消费体系，才能有效缓解经济发展与生态保护之间的矛盾。

这一时期的生态恶化是工业文明对自然资源的掠夺性攫取到极致的结果。为了追求经济增长的目标，以森林和矿藏资源为代表的大量自然资源被粗放利用，经济的高速增长以自然生态环境的破坏为代价，整个四川民族地区的生态环境持续恶化，生态灾害的影响甚至扩大至全国。牢筑四川民族地区生态安全屏障，保护全国生态安全，已成为关系中华民族永续生存的大事。

（二）生态文明建设的现状：21世纪以来

长期以来，四川民族地区为了进一步缩小与其他区域的发展差距，在“经济增长主导型”发展战略的指引下，立足于民族地区丰富的自然资源，定位于能源资源的供应地，从而走上了一条“资源开发导向型”的传统工业化老路。但由于受到经济粗放型增长，资源、能源瓶颈制约以及生态环境破坏加剧等方面的影响，最终导致该地区产业结构不合理、产业层次低、生产方式落后、能源消耗高、资源浪费严重，并且缺乏特色支柱产业，无论是经济发展水平还是生态文明建设积极性，都落后于全省的平均水平。“我国‘十一五’规划关于国家主体功能区中提出的‘限制开发和禁止开发’的22个区域中，西部就占17个，其中四川民族地区至少有5个”，四川民族地区生态文明建设的重要性与紧迫性亟须当地提高认识、加强作为。

正是基于以往低效、重经济发展而轻环境建设的发展方式造成四川民族地区生态环境恶化较为严重，迫使四川民族地区于2000年以后才正式开启了生态文明建设的道路，着重通过以下五大措施加强生态文明高质量建设。一是实施重点污染源综合整治，推进清洁生产。甘孜州7家限期治理企业全面达标，州挂牌督查的15家企业稳定达标，40家污染企业完成治理任务。阿坝州24家企业筹措资金5500万元专款用于安装治污设备，并对其中18家企业安装了“全球眼”电子监控仪器进行24小时动态监管；提前3个月完成四川省下达的水污染治理目标任务，岷江阿坝州出境口水质提前一年达到Ⅱ类标准；取缔焦窑25处，关闭石灰窑6家、小煤矿11户；开展创建环保模范县、创建环境优美城镇活动。二是加强对重点旅游城镇和景区的环境整治工作。进一步推进重点旅游城镇及景区的宾馆和饭店的油烟、噪声、生活垃圾、生活污水、扬尘综合治理，加强对集中式饮用水源地保护区、放射性和电磁辐射环境、医疗系统等涉源单位放射源的监管、规范。三是加强小流域环境综合治理。结合农田水利基本建设，控制、减轻小流域污染。利用新闻媒体、纪念日、专栏、橱窗等进行宣传教育，在学校开展“环保小卫士”“环保在我心中”“和谐志愿者”等各种活动。四是加强基础设施建设和能源开发等领域的环境执法检查工作。对公路、水电、水利、旅游、矿山开发等建设项目开展“三同时”执法检查；严格审查自然保护区、风景名胜区、地质公园、森林公园等敏感区项目的环评工作。五是积极建立生态功能保护区。在具备涵养水源、保持水土、防风固沙、调蓄洪水、维持生物多样性等重要生态功能的区域建立生态功能保护区。甘孜州年内创建“绿色社区示范点”1个、州级“环境教育基地”1个、州级“绿色学校”3个。阿坝州鼓励、吸引外资企业参与生态保护工程建设，全州累计退耕还林64万亩，配套荒山造林30.5万亩；湿地国家级自然保护区一期工程建设保护湿地1万公顷，全州林草覆盖率已高达78%以上。

1. 生态文明建设取得了显著成果

第一，天保工程的实施显著提升了地区森林覆盖率。四川民族地区是四川天保工程的重要区域，以甘孜州为例，1998—2008年天保工程实施十周年以来，全州累计完成公益林建设1037万亩，其中人造林222.2万亩，年均造林量是天保工程实施前的3.7倍；森林蓄积从3.41亿立方米增加到4.79亿立方米，增长40.5%，森林覆盖率上升到29.4%；自然保护区增加到40个，成为全省保护区数量最多、面积最大、资源最丰富的生物多样性宝库。截至2020年天保工程（二期）实施十周年，阿坝有效管护森林面积达5580万亩，完成天保人工造林2.9万亩、封山育林67.1万亩、森林抚育212.1万亩。森林覆盖率从2011年的24.2%提高到2020年的26.58%，提高2.38个百分点。兑现集体公益林生态效益补偿14.69亿元、天然商品林停伐管护补助0.69亿元，全州每年有16万户集体林权所有者从中获益。实施天保工程以来，甘孜州森林面积、蓄积、覆盖率显著增长，山地自然灾害明显减少，水土流失明显减缓，水源涵养能力明显增强，生态、社会效益凸显。

第二，生态文明示范建设和“绿水青山就是金山银山”实践取得重大进步。截至2021年底，四川省已建成22个国家生态文明建设示范县和6个“绿水青山就是金山银山”实践创新基地，命名数量和创建成效位居全国前列，在西部地区领先。2019年末全省自然保护区166个，自然保护区占全省土地面积的17.1%；全省共建成国家生态文明建设示范县9个，国家“绿水青山就是金山银山”实践创新基地3个，其中四川民族地区的九寨沟县和稻城县分属全国首批和第三批“绿水青山就是金山银山”实践创新基地，北川县荣登第三批国家生态文明建设示范市县名单。全省环境空气质量较好的前10个县基本在四川民族地区。

第三，生态恶化遏制成效显著。四川民族地区强力推进草原生态文明建设，通过禁牧休牧、退牧还草、鼠虫害防治、人工种草等综合措施，促使草原生态环境恶化势头得到了有效遏制。以阿坝州为例，阿坝州是全国五大牧区之一，是川西北牧区的重要组成部分，是我省重要的畜牧业生产基地。全州拥有天然草原6782.85万亩，约占全省天然草原面积的1/3，其中可利用草原5784.42万亩，但长期以来，受过度放牧等人为和自然因素影响，草原生态恶化严重。近几年，阿坝州全面推行“禁牧、休牧、轮牧”技术，全州2000万亩草原实施了禁牧，3765万亩草原被列入草畜平衡管护区，科学核定天然草原载畜量，对超载放牧区域和牧户实行超载减畜，2009年，红原县在哈拉玛村启动实施“草畜平衡”试点工作，每人限养18头牦牛，“一夜间”减畜一大半；深入实施退牧还草、鼠虫害防治、人工种草等草原生态保护重点建设工程，积极落实草原生态保护补助奖励政策，仅2012年就围栏封育草原235.6万亩，补播退化草原43.2万亩，建设人工饲草地9000亩，人工种植优质牧草11.4万亩，草原鼠虫害防治378万亩；大力发展现代家庭牧场和畜牧专合组织，积极推广“夏秋放养、冬春饲养”养殖模式，实施舍饲、半舍饲养殖，切实转变草原畜牧业生产方式，实现草原增绿、牧业增效、牧民增收；充实州、县草原监理执法人员，设立乡镇专职及兼职草原监理人员，聘用1417名村级草原管护员，建立州、县、乡、村四级草原管护联动网络，不断加强草原监督管理。

第四，高效建设环境保护重点区域和重点生态功能区。四川民族地区因其重要的生态功能，是我国生态文明建设的重点区域，该区域的生态建设也取得了可喜的成就。例如，北川羌族自治县、九寨沟县、松潘县分别获得第三批、第四批、第五批国家生态文明建设示范市县（第五批改名为国家生态文明建设示范区）荣誉称号；九寨沟县、稻城县、泸定县分别荣获了第一批、第三批、第五批“绿水青山就是金山银山”实践创新基地名单。2017年，全国共818个国家重点生态功能区县，其中四川有56个国家重点生态功能区县，四川民族地区则有46个国家重点生态功能区县，占全省的82.1%，分属3个国家重点生态功能区，即川滇森林及生物多样性生态功能区的31个县、大小凉山水土保持和生物多样性生态功能区的12个县和若尔盖草原湿地生态功能区的3个县，详见表5-1。

表5-1　四川民族地区国家重点生态功能分布表[①]

地区	数量（个）	县（市）	国家重点生态功能区名称和类型
甘孜州	18	康定市、泸定县、丹巴县、九龙县、雅江县、道孚县、炉霍县、甘孜县、新龙县、德格县、白玉县、石渠县、色达县、理塘县、巴塘县、乡城县、稻城县、得荣县	川滇森林及生物多样性生态功能区
阿坝州	10	马尔康市、汶川县、理县、茂县、松潘县、九寨沟县、金川县、小金县、黑水县、壤塘县	川滇森林及生物多样性生态功能区
	3	阿坝县、若尔盖县、红原县	若尔盖草原湿地生态功能区
凉山州	10	宁南县、普格县、布拖县、金阳县、昭觉县、喜德县、越西县、甘洛县、美姑县、雷波县	大小凉山水土保持和生物多样性生态功能区
	2	木里藏族自治县、盐源县	川滇森林及生物多样性生态功能区
乐山市	2	峨边彝族自治县、马边彝族自治县	大小凉山水土保持和生物多样性生态功能区
绵阳市	1	北川羌族自治县	川滇森林及生物多样性生态功能区

第五，绿色安全农牧业产品种类和影响力大幅提升。随着生态文明建设和绿色发展理念的推进，四川及其民族地区积极发展绿色安全的特色农牧业产品，全省“三品一标”取得显著成绩。“三品一标”，即无公害农产品、绿色食品、有机农产品和农产品地理标志，是目前我国政府主导的安全优质农产品公共品牌，是符合该区域生态功能定位的绿色产业。根据农业农村部官网消息，到2018年底，全省认证“三品一标”农产品达5357个，其中无公害农产品3684个、地理标志农产品166个、绿

① 资料来源于四川环境保护厅《四川省国家重点生态功能区名录》，http://www.schj.gov.cn/hjgl/zrstbh/flfgbz/sc/201611/t20161107_208570.html；《国务院关于同意新增部分县（市、区、旗）纳入国家重点生态功能区的批复》，http://www.cpad.gov.cn/art/2016/9/28/art_1461_54091.Html。

色食品1385个、有机农产品122个。四川民族地区积极创建农产品“三品一标”品牌，已形成著名的“大凉山”“圣洁甘孜”“净土阿坝”等品牌，涉及阿坝州的牦牛和藏绵羊、凉山州的烟叶和苦荞以及甘孜州的青稞和蔬菜等重要特色农牧产品。

截至2018年底，甘孜州累计获得“三品一标”农产品认证185个。其中，扶持贫困县发展“三品一标”共64个、无公害农畜产品126个、绿色食品8个、有机农产品40个、地理标志产品11个。同期，阿坝州获得国家认证“三品一标”农产品114个，其中，绿色食品51个、无公害农产品53个、农产品地理标志登记8个、中绿华夏有机农产品2个。之后，甘孜州根据本地资源优势和生产实际，引导企业实行标准化生产，有序推进“三品一标”农产品的申报、认证、监管工作，连续数年取得可喜成绩。2020年，甘孜州新增绿色食品企业8个、产品34个，企业和产品数量在2019年5个企业、9个产品的基础上实现翻番。2021年，甘孜州有效期内的“三品一标”农产品共有125个，其中无公害农产品64个、绿色食品49个、地理标志农产品10个。

从农产品地理标志获证产品看，截至2019年6月24日，在全国2638个农产品地理标志认证产品中，四川累计有172个，四川民族地区有54个认证产品，占全省总数的31.4%。从分布上看，凉山州最多，有29个，甘孜州有14个，阿坝州有8个，另外峨边县有2个，马边县有1个。从种类上看，肉类产品19个、果品11个、粮食8个、蔬菜7个、蜂类产品3个、香料2个以及茶叶、烟草、棉麻蚕桑、食用菌各1个。

第六，水电等可再生能源利用效率大幅提升。四川的水能资源丰富，是国家规划建设的优质清洁能源基地、“西电东送”基地。境内河流众多，径流丰沛，落差巨大，水力资源极为丰富。在我国水电开发地多选择在河流的上游段，四川民族地区位于青藏高原与四川盆地交接地带，故四川水电建设地点主要集中流经三州地区的金沙江、雅砻江、大渡河这三江干流。可以说，四川水电在三州。《四川省水力资源复查成果（2015年本）》最新统计数据表明，全省水力资源理论蕴藏量年电量

12879亿千瓦时，相应平均功率1.47亿千瓦；技术可开发量1.48亿千瓦，年发电量6764亿千瓦时；经济可开发量1.45亿千瓦，年发电量6594亿千瓦时。2014年12月8日，四川省人民政府办公厅印发《关于推动我省水电科学开发的指导意见》（川办发〔2014〕99号），明确了四川省水电开发的总体要求。按照“坚持水电为主”的能源开发方针和把四川建设成为国家重要的优质清洁能源基地的目标要求，牢固树立科学开发理念，坚持规划引导、统筹协调、投资多元、有序开发；坚持水电开发与环境保护协调发展；坚持电源与电网协调发展；坚持水电开发与促进当地经济社会发展、提高人民群众生活水平相结合，实现“开发一方资源，带活一方经济，富裕一方百姓”。到2015年底，全省水电装机容量达到6700万至7000万千瓦，2020年达到9000万至9500万千瓦，形成“三江七片两线”的水电基地基本格局。

其中，位于凉山州的大型水电站包括瀑布沟电站（装机330万千瓦）、溪洛渡电站（装机1260万千瓦）、锦屏I级电站（装机360万千瓦）、锦屏Ⅱ级电站（装机480万千瓦）、官地电站（装机220万千瓦），位于甘孜州的有长河坝电站（装机220万千瓦），位于阿坝州的有双江口水电站（装机200万千瓦）等。此外，以雅砻江水电开发为例，雅砻江在我国十三大水电基地中装机规模排名第三。据雅砻江水电开发有限公司董事长陈云华介绍，雅砻江流域电站联合运行可使中下游梯级电站达到多年调节特性，可使雅砻江干流水电站群平枯期电量大于丰水期电量。雅砻江流域水电开发取得的成绩令人瞩目。陈云华向调研组介绍，截至2016年底，雅砻江流域已累计发电4280亿千瓦时，节约标煤1.41亿吨，减少排放二氧化硫272万吨和二氧化碳3.54亿吨。若雅砻江流域全部开发完成，装机规模达到约3000万千瓦，年发电量可达1500亿千瓦时，每年可节约原煤6800余万吨，每年减少温室气体排放1.2亿吨。除了这些大型水电设施之外，小型水电站也不断建设，水电站等基础设施的大力建设，大大提高了四川民族地区可再生能源的高效利用率，对非可再生能源在人民生产生活中的挤出效应大大增强，为四川民族地区生态文明建设的高质量发展提供了强劲动力。

2. 生态文明建设存在现实困境

第一，四川民族地区生态文明建设整体水平较低。根据我国目前的《生态文明建设目标评价考核办法》《绿色发展指标体系》《生态文明建设考核目标体系》等，2016年，四川民族地区的生态文明建设水平在全省21个市州中排名比较落后，凉山州、阿坝州和甘孜州的绿色发展指数分别列四川的第13、第14和第18位，其资源利用指数、增长质量指数、环境治理指数和绿色生活指数等水平均处于四川最低水平之列，详见表5-2。

表5-2 2016年四川及其民族地区生态文明建设水平排名概况[①]

地区	绿色发展指数排名							公众满意度排名
	总排名	资源利用指数	环境治理指数	环境质量指数	生态保护指数	增长质量指数	绿色生活指数	
甘孜州	18	19	21	1	11	20	21	2
阿坝州	14	20	20	2	2	19	20	1
凉山州	13	21	17	3	5	21	19	9
四川省	14	12	22	16	3	14	27	8

第二，四川民族地区重点生态功能区生态环境依然脆弱。四川民族地区整体生态屏障功能仍然较脆弱，生态空间被挤占，尤其是重点生态功能区建设和保护面临不少困难。全省森林覆盖率到2019年已提高到39.6%，但森林生态功能低效化问题较突出。全省水土流失面积12.1万平方千米，占全省面积的24.9%。四川民族地区生态问题尤其严重，草原

① 四川省的排名是其在全国的排名，四川民族地区的排名是在四川省21个市州内的排名。资料来源于中国政府网《2016年生态文明建设年度评价结果公报》，http://www.gov.cn/xinwen/2017—12/26/content_5250387.html；《2016年四川省生态文明建设年度评价结果公报》，http://www.sc.stats.gov.cn/tjxx/zxfb/201805/t20180508_258531.html。

退化、土地沙化主要集中在川西高原的甘孜州、阿坝州和凉山州的部分草原；石漠化土地主要分布在四川盆地南缘和川东平行岭谷的喀斯特山区；水土流失主要发生在凉山州南部等。从2012年起，我国生态环境部负责对国家重点生态功能区县域生态环境质量进行监测与考评，并将考核结果作为中央财政对重点生态功能区转移支付资金奖惩的主要依据。2015年到2018年四川省国家重点生态功能区考核结果显示，全省生态环境质量整体趋于好转，但民族地区生态环境依然脆弱。2018年，四川共有53个县纳入监测范围，考核结果“轻微变差”的县有2个：甘孜县和喜德县，占比3.8%，其余51个县为“基本稳定”，占比96.2%。从2015年到2018年，全省生态环境质量变差的县均属四川民族地区，详见表5–3。

表5–3　2015—2018年四川及民族地区重点生态功能区考核结果①

年度	考核县数量	考核结果			
		变好		基本稳定	变差
		一般变好	轻微变好		
2018	53	无	无	51	轻微变差：甘孜县、喜德县
2017	42	道孚县	天全县、宝兴县	33	轻微变差：茂县、九寨沟县、九龙县、德格县、石渠县、盐源县
2016	42	无	平武县、旺苍县、青川县、九龙县	36	轻微变差：九寨沟县、石渠县
2015	42	康定县	北川县、旺苍县、九龙县	36	轻微变差：黑水县、石渠县

第三，四川民族地区还面临自然灾害频发、生态环境破坏较高等风险。2008年以来，四川民族地区中的汶川、九寨沟等多地数次发生地震，并伴随滑坡、泥石流等次生地质灾害，生态环境遭到灾难性破坏；

① 王永莉：《生态文明理念下四川民族地区重点生态功能区建设研究》，《民族学刊》，2020年第3期。

川西山地海拔多在3000米以上，沟壑纵横，气候寒冷，暴雨洪涝年年发生，是生态环境极为脆弱地区。在城镇化和工业化快速推进中，各类基础设施建设、水电和矿产资源开发强度增加，挤占了生态空间，带来的植被破坏、环境污染等压力不断增大，尤其川西高原区和川西南山地区，出现重要生态系统功能低效化、珍稀濒危野生动植物栖息地破碎化等问题。

第四，四川民族地区产业绿色转型速度缓慢。“农商文旅体”融合发展水平较低，采矿业的产业链较短，清洁能源消纳能力有待提升。产业结构与自然资源尤其是清洁能源的禀赋不匹配，产业结构优势未能充分转化和利用。三个产业中，第一产业比例过大，过分依赖于自然资源中的种植业、牧业和林业，这种过分的依赖必然导致产业结构的滞后。同时，第一产业中的一些产业优势未能充分利用，致使第一产业向第二产业的转化不够。第二产业比例小，与自然资源的禀赋匹配差距相对较大。自然资源的禀赋是工业化进程的外界自然条件，也是工业化进程的先决条件。在四川民族地区，作为工业化进程中所需的自然资源十分充足，但其利用程度却远远不够，尤其是采掘工业、天然能源工业、初加工业、轻工业等对其自然资源的合理利用很不够（比如，就矿产业而言，反映自然资源丰富的44项指标中，民族地区就占了17项，而实际的利用率却相对较低）。如果不充分利用这一优势，那么自然资源尤其是清洁能源优势就不能转变为产业优势和经济优势，低端经济增长必然导致自然资源的进一步破坏，清洁能源无法得到有效利用和转化，生态文明建设就无从谈起。

第五，生态价值转化路径较为单一。目前，转移支付是四川民族地区生态价值转化的主要途径。自2008年中央财政设立重点生态功能区转移支付制度起，共执行5132亿元用于中央财政转移资金的支付。2019年，全国重点生态功能区转移支付总额达811.0亿元，四川为44.76亿元，占比5.5%，补助总额排全国第六位（甘肃以64.62亿位居第一）。其中，甘孜州108620万元，阿坝州91977万元，凉山州106446万元，分别占全省同类生态补助的24.3%、20.5%和23.8%，三个民族自治州占共307043万元，占全省同期补助总额的68.6%，详见表5-4。

表5-4　2017—2019年四川民族地区重点生态功能区转移支付[①]

年份	区域	支付补助总额（亿元）	四川民族地区支付补助（亿元）
2017年	四川	29.16	18.67
	全国	627	
2018年	四川	42.73	30.44
	全国	721	
2019年	四川	44.76	30.7
	全国	811	

第六，经济发展水平较为滞后。十八大以来，尽管四川民族地区经济社会发展等取得了重大成绩，但其经济社会发展和科技发展水平依然较低，整体与全省和全国发展差距还较大，直接制约了其重点生态功能区建设和生态环境保护的能力。根据全国和各地2019年国民经济和社会发展统计公报数据，从产业构成看，2019年四川民族地区GDP总量只占全省的5.6%，其第一产业比重分别比四川和全国第一产业比重高出9.9个百分点和13.1个百分点，第三产业比重分别比四川和全国第三产业比重低3.4个百分点和4.9个百分点，产业结构需进一步优化；其城镇化水平也明显低于四川和全国。同期，四川民族地区城镇和农村居民人均可支配收入已达33613元和13722元，分别只占全国同期水平的79.4%和85.7%，其农村居民人均可支配收入只占城镇居民人均可支配收入的40.8%，城乡发展差距较大。其中，到2019年底，甘孜州人均GDP为32440元，只占同期四川和全国平均水平的58.2%和45.8%；其第一产业比重分别比四川和全国第一产业比重高出6.8个百分点和10个百分点，其城镇化率分别比四

① 王永莉：《生态文明理念下四川民族地区重点生态功能区建设研究》，《民族学刊》，2020年第3期。

川和全国低20.9个百分点和27.7个百分点；阿坝和甘孜州自然保护区面积占比均高达25%以上，提供生态产品的任务十分艰巨。

第七，科技发展水平相对较低。根据国家统计局和四川统计局相关年份科技经费投入统计公报以及《国家统计年鉴》《四川统计年鉴》等相关资料数据，研究与试验发展（R&D）经费投入常作为衡量地区科技发展水平的重要指标。2018全国全年R&D经费支出19657亿元，经费投入强度（R&D经费与地区生产总值之比）为2.18%。同期，四川全省R&D经费投入总量737.1亿元，投入强度为1.81%。四川民族地区R&D经费投入总量和强度尽管不断提高，但整体科技发展水平依然较低。2018年，凉山州、阿坝州和甘孜州的R&D经费投入分别为4.3亿元、1.0亿元和0.4亿元，经费投入强度依次为0.28%、0.32%和0.13%，远低于四川平均投入强度1.81%和全国平均水平2.19%；民族地区科技投入总量为5.7亿元，只占同期全省科技经费总量的0.77%；阿坝州和甘孜州的经费投入位列全省最末2位，甘孜州的投入强度位于四川省倒数第二。

二、近期与远景目标

（一）2025年近期目标

1. 人居环境显著优化

城镇生活污水集中处理、城乡生活垃圾无害化处理全覆盖，主要污染物排放总量持续减少。一是加快补齐能力短板，包括健全污水收集处理及资源化利用设施等任务。二是着力构建一体化城镇环境基础设施，包括推动环境基础设施体系统筹规划等任务。三是推动智能绿色升级，包括推进数字化融合等任务。四是提升建设运营市场化水平，包括积极营造规范开放市场环境等任务。五是健全保障体系，包括加强科技支撑、健全价格收费制度等任务。

2. 生态安全屏障进一步筑牢

长江黄河上游生态安全屏障更加牢固，国家和省重点保护物种及四川特有物种得到有效保护，山水林田湖草一体的生态系统实现良性循环，生态系统质量和稳定性不断增强。山水林田湖草沙系统保护力度进一步加强，长江黄河上游重大生态修复工程扎实推进，生态系统性、平衡性、和谐性得到有效保持。国家湿地公园建设力度进一步强化，有效管护湿地面积进一步扩大，湿地水源涵养功能有效提升。草原森林休养生息制度逐步推行，森林草原保护力度不断加强，禁牧休牧、划区轮牧制度得以严格落实。

3. 绿色低碳发展体系基本形成

国土空间开发保护格局不断优化，产业结构更加优化，能源资源配置更加合理、利用效率大幅提升，绿色交通格局进一步优化，绿色生产生活方式普遍推行，碳排放强度持续降低。具体而言，一是从四川民族地区实时情境出发，积极推动《可再生能源法》《节约能源法》等法律法规体系不断健全，形成全面覆盖、彼此配合衔接、系统完整的法律体系，发挥法律法规在低碳发展中的引领、规范和保障作用。二是激励低碳产业和清洁能源发展的低碳科技创新体系逐步完善、多元化投融资渠道多方位开辟、财税政策不断优化。在低碳科技创新体系建设方面，以企业为主体、市场为导向、政产学研用相结合的技术创新体系、绿色低碳产业技术创新战略联盟、协同创新基地试点等不断建立健全，低碳技术研发力度不断加强。在财税政策方面，低碳能源财税激励政策之间的关联性、互补性和系统性不断加强，系统的、完整的低碳清洁能源财税支持体系逐步建立健全。在低碳金融政策方面，更多风险资本进入低碳清洁能源产业、清洁能源基金投资低碳清洁能源行业、成立清洁能源信用担保金融机构和担保公司等措施不断落实，政府监督力度不断加强，融资市场有效得以规范。

（二）2035年远景目标

1. 基本实现生态环境治理现代化

生态环境治理体系与治理能力现代化基本实现，长江黄河上游生态安全屏障更加牢固，环境质量根本好转，基本实现二氧化碳“零排放”，绿色生产生活方式广泛形成，“美丽川西高原”基本建成。具体而言，就是要做到建设美丽中国的目标和人与自然和谐的价值取向深入民心，坚持尊重自然、顺应自然、保护自然，在人与自然的良性互动中实现人类社会与自然的和谐，实现中华民族永续发展的信念牢固树立；坚持生态公正，从人民群众根本和长远的福祉出发，把良好生态环境作为最公平的公共产品和最普惠的民生福祉有效落实；把生命共同体的概念扩大到包括人类在内的整个自然界，按照生态系统的整体性、系统性及其内在规律，进行整体保护、系统修复、综合治理，增强生态系统的循环能力，维护生态平衡。

2. 重要河流治理成效大幅改观

长江黄河上游干支流流域治理成效大幅增强，河（湖）长制和“一河（湖）一策”等生态环保政策得到全面落实，上下游、左右岸系统治理力度明显加强，河流生态系统的健康得以有效维护。中小河流域综合治理深入推进，治理河流、山洪沟面积大幅拓宽，山洪地质灾害监测预警预报系统有效健全，山洪、泥石流防治能力得以全面提升。坡面工程防护体系和沟道防控体系不断建立健全，坡地造林和坡地土壤保护措施全面加强，水土流失有效减少。

3. 高原生态工程建设全面推进

川西高原生态保护与建设等生态建设工程全面深入推进，草原“两化三害”治理力度大幅加强，退化草原修复和治理深入开展，围栏建设、退化草原改良、人工种草、黑土滩和毒害草治理、乡土草种基地建设、草原监测站（点）基本建成。将防沙治沙先进经验和技术向全民推广宣传，封禁保护有效加强，防沙治沙成果得以有效巩固，探索并全面铺开光伏治沙模式，草原沙化退化得到有效遏制。

4. 自然资源保护力度全面强化

森林资源保护制度得以全面落实，监察整治力度大幅加强，全面推广以新型环保建材替代木材建房。森林质量精准提升工程大幅推进，退化林修复和低效林改造力度有力强化。林木良种选育推广力度大幅加强，生态建设和特色产业发展高效统筹，林、果、药、苗木等特色林业迅速发展。森林防灭火体系逐步健全，森林病虫害防治力度大幅强化，有效确保森林资源安全。水资源节约与保护水平大幅提升，水资源管理制度严格落实，用水总量、用水效率和水功能区限制纳污红线落实力度大幅提高。耕地资源保护力度不断加大，轮作休耕试点面积不断扩大，农业用地优先保护制度有效健全，建设用地用途管控和矿产资源保护力度大幅强化。自然资源资产产权制度不断建立健全。

三、路径与保障

（一）坚持和完善生态文明制度体系

1. 进一步完善生态文明顶层设计

创新生态文明体制机制是“十四五”时期乃至2035年生态文明建设迈向新台阶的基本条件。进一步创新生态文明体制改革目标，以《生态文明体制改革总体方案》提出的由自然资源资产产权制度等八项制度构成的生态文明制度体系为导向，重点围绕环境污染治理、资源综合利用、生态保护修复、目标责任制度，建设适用于四川民族地区的生态文明制度体系，推进生态文明领域治理体系和治理能力现代化。

首先，在指导思想方面，要以马克思主义生态观，特别是习近平生态文明建设思想为指导。习近平生态文明建设思想“体现了深厚的中华传统智慧的滋养、马克思主义生态观的新发展和世界生态哲学的中国化，是中国生态现代化建设的指导思想”。其次，在价值取向方面，要以人民对美好生活的向往为根本出发点，以“生态惠民、生态利民、生态为民”为基本落脚点，突出社会主义核心价值观在生态环境治理方面的引领功能，彰显生态安全、生态民主、生态公正的价值意蕴。再次，在治理思维方面，制度思维“为推进我国生态文明建设、提高国家生态治理能力提供了强大思想引领”，要将制度思维和制度意识贯穿于生态环境治理过程中。最后，在视野境界方面，要树立生态环境治理的全球观，筑牢人与自然和谐的人类命运共同体意识，为全国乃至全球生态环境治理提供四川民族地区样板。

2. 完善生态价值转化制度

无论是以水环境质量为中心的跨流域生态补偿，还是草原、森林等生态补偿，目前生态价值转化主要采取自上而下的生态补偿方式，生态保护补偿标准体系是根据各领域、不同类型地区特点，以生态产品产出能力为基础，完善测算方法，分别制定补偿标准的。四川民族地区的生态产品价值转化机制有待深入探索。随着生态补偿机制的深入推进，生态补偿受益区域的生态容量会逐渐增加，应通过建立生态保险制度，以环境质量作为考核核心指标，持续探索完善以“飞地经济”为代表的异地开发补偿机制，促进区域相对均衡发展，提升生态文明建设的质量和水平。

建立面向生态消费市场的生态资源价值评估体系、生态产品产业体系和生态文化繁荣体系。生态红利释放的前提在于精准分析和判断生态消费市场的需求，包括生态产品、生态旅游休闲、生态康养度假、生态文化体验、生态教育服务等市场的需求规模和需求特征。在此基础上，重新审视和评估生态资源的核心价值，通过建立科学而客观的生态资源价值评价体系，识别出生态资源的价值独特点和市场卖点，从而避免盲目开发、过度开发和低水平开发所造成的生态资源浪费现象。立足生态资源的特色优势，培育生态产品和产业体系，力争形成特色生态产品、生态产业链、高效生态产业体系的发展格局。进一步赋予生态产品和产业的文化内涵，实现生态文化繁荣体系和生态产业体系的耦合叠加，释放出生态红利的巨大效应。

3. 创新生态文明建设体制机制模式

深化生态文明建设体制改革，探索建立水资源、土地资源、森林资源等资产负债核算方法和账户，研究编制区域自然资源资产负债表。加大生态文明建设投入，整合现有支持生态建设的各类资金，建立政府逐年递增投入机制，设立生态文明建设专项资金，用于引导激励绿色低碳产业发展、重点领域节能减排、重大生态修复工程建设、重大环境污染治理等。完善促进资源综合利用、低碳循环经济、生态康养旅游的产业、投资、税收、价格、财政等政策措施，形成促进绿色发展的利益导向机制。

以“重点任务项目化，节能减排数据化，试点示范标准化，工作推进机制化”为工作思路，不断强化生态农业园区、循环工业园区、生态旅游园区和城乡生态文明社区建设。探索制定绿色工业园区标准、低碳旅游示范村建设规范等一系列具有地方特色和科学依据的生态产业、产品标准，为生态文明建设提供可参考的指标体系和政策依据。

（二）构建生态安全体系

1. 生态系统良性循环体系建设

在习近平生态文明思想指引下，积极探索统筹山水林田湖草一体化保护和修复，不断加大生态系统建设推进美丽川西高原建设，推进森林、草原、荒漠、河流、湖泊、湿地、海洋等自然生态系统保护和修复，持续推进国土空间优化、生态红线保护、生态安全屏障建设，以及湿地与河湖保护修复、水土保持、生物多样性保护等生态建设工程，促进自然生态系统稳定向好发展，保障国家生态安全。

2. 生态环境风险有效防控体系建设

生态环境风险有效防控体系由风险监测预警体系、风险评估体系、风险调节体系、风险立法体系、风险防范制度体系等五大体系构成。生态环境风险类型分为环境污染风险、资源供给短缺风险、自然灾害风险。对生态环境风险类型进行常态化监测，判断政府管理部门、社会生产企业、社会组织团体、公民个人的不同风险利益，建立多层级的环境风险防范体系。依据“压力—状态—响应”（Pressure-State-Response）模型评估生态环境风险强度等级，制定不同等级风险的预案措施。最后，确定风险管理主体，对于预风险危害有正向效果的行为继续推进，对加重风险危害的负向行为给予纠正和阻止。通过正向、负向的双向调节对风险进行调节，实施环境风险前端控制、过程调节、尾端总结的全过程风险管理。

（三）构建生态经济体系

1. 推动农商文旅体融合发展

（1）完善要素市场化配置机制，夯实农村产业现代化基础

瞄准短板弱项，破除关键阻碍，加快完善劳动力和人才、土地、资本和技术等要素市场化配置机制，加强要素市场化配置基础设施和政策体系建设，增强农业产业要素有序流动的活力。

一是全面开展农村土地等资源要素摸排梳理。借鉴福建南平林权改革经验，对市域范围内的农村土地、森林、山岭、草原、荒地、滩涂、江、河、湖等资源性资产和流动资产、长期资产、固定资产、无形资产和其他资产等非资源性资产进行全方位摸排梳理，按照生态产品价值转化可能性和转化程度进行分类和设计包装，进而制定相应的设计规划和产业项目资源数据库，并分批向社会公布。

二是系统推进农村土地制度改革，激活农村土地要素。积极探索落实宅基地集体所有权、保障宅基地农户资格权和农民房屋财产权、适度放活宅基地和农民房屋使用权的具体路径和办法。借鉴丽水“河权到户”“林权改革”改革经验，鼓励村集体和农户通过自主经营、合作经营等方式盘活利用闲置宅基地和住宅，促进资源变资产、资金变股金、农民变股东。深化农村金融服务改革，完善农村产权抵押担保权能，探索“两权”抵押、土地收益保证贷款等方式，引导社会资本投入乡村振

兴。积极探索集体建设用地分割确权政策，为农村深入改革和生态产品价值实现提供可靠保障。

三是优化人力和技术等要素资源配置。依据生态产品价值实现的流程需要科学规划乡村劳动力配置，加大技术型人才引进政策力度，为传统农业产业转型升级提供必要的人才、技术支撑，加快形成农村劳动力和人才顺畅流动机制，激活农业产业劳动力和人才市场，促进要素有序流动。

（2）完善乡村集体经济经营机制，推动农业产业组织创新

按照“政府主导、市场主体、商业化逻辑”理念，推动农业产业组织创新。

一是大力培育发展市场主体。以都市现代农业产业功能区为载体，围绕优势产业和特色产业，引进培育龙头企业及相关企业，通过“一行一策”“一企一策”等服务支持企业发展。以“一个精品林盘催生一个规上服务企业”为目标，综合策划规划空间系统，大力引进“农业+”特色企业。大力发展农民合作社和家庭农场，持续完善“一对一”服务制度，争取培育更多国家级示范项目（点）。

二是推动国有资本与市场主体深度融合。充分发挥国有资本的杠杆效应，创新财政资金使用方式，支持财政资金以作价入股方式与社会资本组建经营企业。将作价入股的财政资金定向投入基础设施建设与生态环境改善，社会资本用于日常运营，企业采用市场化运作模式，国有资本和社会资本共担风险、共享收益。充分利用“三权分置”改革政策红利，鼓励集体经济组织和农民利用集体土地使用权、经营权、传统手艺和筹资等方式作价入股，激发集体经济组织和农民的积极性。

三是建立农产品行业协会自组织体系。借鉴日本农协和台湾地区农会经验，成立覆盖全市的各级农产品行业协会，根据各区县农业产能资源对我市农业项目和农产品生产体系进行科学规划布局，避免无序同质化竞争；同时要建立完善农产品品质评价体系，构建严格的农产品等级序列，持续对市域内生产的农产品进行动态评估。

（3）完善融合发展机制，深化“农业+”现代产业体系建设

重点在于加快推动传统农业产业链延展、与现代产业互动、与现代技术和产业布局空间融合，实现“农商文旅体”协同发展。探索“农业+”发展模式，全方位深度挖掘农业在饮食供给、文化塑造、旅游产品开发、景观欣赏等旅游活动中的价值，使农业为“吃、住、行、游、购、娱”等全链条旅游要素提供有力支撑，促进生态价值通过农产品、服务产品以及土地资源等多种载体实现最大化外溢增值。

一是积极推动农业产业链条延伸。加快推动我市农产品加工业转型升级，支持农产品加工设备改造提升，建设农产品加工技术集成基地；加强规划和政策引导，支持粮食主产区发展粮食深加工；积极完善市场流通体系，加快培育各类农产品批发和零售市场，加强农产品电子商务平台建设，提高流通效率，促进产销衔接。

二是不断优化农业产业结构，注重传统农业与现代产业的深度融合。借鉴丽水市发挥生态系统的产品供给、调节服务和文化服务功能，发展生态农业、健康医药、旅游等生态型产业，促进生态产业化和产业生态化。发挥政府引导作用，按照“不策划不规划、不规划不设计、不设计不建设”原则和“景观化、景区化、可进入、可参与”思路，以产业功能区、特色镇、川西林盘和绿道蓝网等为载体，聚焦市民对户外消费健康生活的新需求，统筹推进多元场景营造、特色项目植入、融合模式创新，促进文化创意、生态旅游、运动休闲、民宿康养等新产业和新业态深度融合、交互式发展。

三是加快农业与现代技术的有效融合，重塑生态产品价值链，优化农业产业结构和空间布局。大力促进信息产业与农业融合发展，推进移动互联网、大数据、物联网等现代信息技术与农业深度融合，积极发展基于信息化和互联网的现代新产业、新业态、新模式，实现农业现代化与信息化的同步发展。强化利益衔接机制，通过发展订单农业、股份合作、利润返还等有效的利益联结机制，使生产者、加工者、销售者和服务者之间有机联结在一起，重塑价值链，让农民共享产业融合发展的增

值收益。促进区域结构调整和空间合理布局，发挥区域比较优势，提升主产区产能，因地制宜调减非优势区，逐步形成与资源禀赋相匹配的现代农业区域安排和空间布局。

（4）完善公共服务供给机制，强化有利于生态产品价值实现的基础保障

构建农村现代公共服务体系，是激活要素市场活力，促进生态产品价值转化和农业转型升级的重要基础。

一是着力提升农村基础设施体系。借鉴上海崇明“生态+”发展模式，加大对农村的基础设施建设投入和生态化改造，按照农业产业转型升级要求和“农商文旅体”融合发展标准规划建设农村基础设施。加强农田水利等基础设施建设，巩固农业基础地位，用好农业补贴、价格保护、金融支持等措施扶持农业经营主体，深入实施“米袋子”“菜篮子”“果盘子”强基工程，坚守耕地保护红线和粮食安全生产底线。

二是提高农村公共服务水平。依托天府绿道建设、川西林盘整治、生态产业项目和农村产业园区规划建设等规划建设乡村高品质公共服务圈，按照城乡均衡发展标准逐步提高乡村教育、医疗、卫生、养老等基本公共服务供给水平，为乡村聚集各类人力资源创造条件。

三是完善现代农业服务体系。推广崇州市农业综合服务体系建设经验，通过政府引导、市场参与、多元合作方式，培育发展专业化农业服务主体，构建公益性服务与经营性服务相结合、专项服务与综合服务相协调的农业综合服务体系，提升农业全产业链服务水平，满足农业产业转型升级的多层次、多元化服务需求。

四是建立生态价值核算评估机制。加大绿色发展理念宣传教育力度，克服农业产业发展中的短视行为，将绿色生态发展理念落实到规划建设的全过程和农业生产的全领域。学习借鉴丽水等地先进经验，整合专业研究机构力量，科学构建生态系统生产总值（GEP）核算体系，探索建立“GDP+GEP”绿色经济考评体系。完善生态产品价值核算标准和评估体系，试点开展生态产品核算评估，推动环境资源向资产和资本转

变。鼓励将农村自然资源资产作价入股合作社和企业，保障农民合法产权收益。

五是探索构建生态产品价值市场机制。建立生态资源指标和产权交易机制，借鉴福建南平“生态银行”经验，组建生态资源专业化运营平台，探索生态资源和产品市场化交易模式；赋予农村产权交易所碳交易功能，积极融入全国碳市场，构建“碳惠天府”碳普惠机制。借鉴丽水市农业公用品牌建设经验，打造“天府农业”生态产品公共品牌，形成市级公共品牌引领下的生态产品系列品牌。完善生态产品标准、认证和监管体系，探索绿色产品专供和专卖制度，鼓励政府采购绿色生态产品，提高生态产品社会认知度。

六是完善生态保护补偿机制。借鉴国际经验，通过政策或资金补偿、实物补偿、智力或技术补偿等多元化激励措施，完善生态保护补偿权责平衡机制。推进生态保护补偿标准体系和沟通协调平台建设，探索区县间的生态资源指标有偿交易，促进多元化、市场化生态补偿，实现可持续绿色投入。实行县（市、区）间横向补偿与市级资金奖补相结合，加大对西控区域的生态补偿力度。

2. 优化能源消费结构

（1）提升林业碳汇比重

四川民族地区应努力抓住全国和四川省重视节能减排和发展低碳经济的新机遇。坚持节能减排和低碳经济发展模式已成为中国的必然选择，主动适应低碳经济和节能减排要求，加快发展低碳经济的步伐。全国、四川在其“十二五”规划纲要都明确提出了节能减排等方面的目标，四川民族地区在节能减排和污染物减少等方面也提出至少符合四川省控制的目标，倒逼四川民族地区走低碳经济发展之路。

四川民族地区具有丰富的森林资源，林业碳汇能力强，碳储量丰富。作为最大的陆地碳库，森林生态系统在全球发展低碳经济和应对气候变化中受到各国的广泛重视。林业碳汇则通过实施造林、森林管理来吸收大气中二氧化碳并将其固定在植被和土壤中，减少大气中的二氧化碳浓度。2009年6月，中国政府明确主张应对气候变化必须把发展林业作为战略选择，国家林业局在《林业应对气候变化“十二五”行动要点》中，提出要坚持扩大森林面积、增加碳储量和增强碳汇能力。到2015年，中国的森林蓄积量要达143亿立方米以上，森林植被总碳储量达到84亿吨。2010年四川森林覆盖率已达34.82%，比全国平均水平高14.46%，其森林面积达2000平方千米，位居全国第一。而森林储存碳能力的大小，既取决于森林的绝对面积，还取决于单位面积的森林碳密度。四川森林碳储量存在明显的空间差异性，森林碳密度由东南向西北逐渐增加，即高海拔地区和陡坡地带具有较高的碳密度，川西北高山峡谷区和川西南山区的碳密度最高。四川民族地区正处于森林碳密度较高的区域，充分利用得天独厚的森林碳汇资源和碳储量，协调该区域强烈的经济发展诉求和脆弱的生态环境保护间的矛盾，是四川民族地区实现经济社会可持续发展的良好机遇。

（2）加大水电等可再生能源消费

四川民族地区本身具有资源优势，但长期以来受内外条件约束，经济增长乏力。借着水电开发带来的契机，四川省将水电开发与当地相关产业协调起来，找到并建立起自身的生态文明建设着力点和新的经济增长点，逐步缩小与其他区域间的发展差距，实现生态文明建设的快速进步和经济的可持续发展。首先，依托四川省、州各级政府部门的支持，立足于水电开发投资辐射作用，培育新的高能耗产业集群，将水电开发带来的能源优势转变为当地高能耗工业发展的资本，同时结合地区矿产资源优势，打造区域性品牌，增强当地高能耗产业集群的品牌优势和市场竞争力。其次，调整产业结构，在积极发展水电清洁能源的同时，对冶金、化工、建材等行业的现有生产能力进行调整和改造，坚持遵循“节能降耗”的理念，抓好产业结构调整升级。最后，促使各产业协调发展，不断优化和延伸产业链条，推动循环经济发展，形成“上下游一体化”的生产方式，提高产业分工协作水平，实现水、电、矿、综合开发战略，使水、电、矿等资源在企业之间、产业之间得到最充分的综合利用。

3. 绿色科技引领产业创新发展

现代社会是科学技术高度发达的社会，也是科学技术发挥越来越大作用的社会。在现代社会，先进的科技手段是实现从工业文明向生态文明转变的根本保证，科技成果的应用也将极大提高生态治理的效率和效果。比如运用互联网和信息技术等手段可以扩大治理主体参与治理的途径和方式，运用卫星技术等手段可以实现对国土资源状况的实时监测，运用现代生物技术等手段可以有效治理生态环境污染。因此，推进生态治理方式现代化，必须积极开拓互联网时代的生态治理方式，拓宽公众有效参与生态治理的渠道；加大科技投入，加强资源节约、环境友好、治污减排等技术的研发和应用，提升绿色经济、低碳经济和循环经济在国民经济中的比重。

大力发展绿色科技赋能的特色经济和特色农业，促进第一产业结构升级。发展特色牧业，以生态畜牧业为统帅，牧区为重点，草业为基础，重点发展牦牛、绵羊、山羊、生猪；林区要利用优势发展中药材、干水果、食用菌等。同时，以特色农业为基础，积极推进农业产业化经营；发展工农结合型的中间产业，作为提高农村工业化水平、实现城乡一体化产业纽带；依附于现代工业中的资源开发产业体系，发展乡镇矿业或粗加工业，以农业副产品为原料，发展消费品工业，促进农畜产品的生产加工、销售，增加农产品加工增值的商业收益，使农业结构调整向深度发展；采用积极的措施和手段，促进农业产品由粗加工向精加工转化，使第一产业的企业逐步转向第二产业的企业。

优化产业资源配置，提升企业技术创新能力。组建各类企业集团，把城乡大中小企业纳入资源链式开发和综合开发体系之中，形成能源、资源、加工相匹配的综合型产业体系，实现产前、产中、产后的合理化和专业化，以产业联动促进区域的整体优化。强化科学技术要素的投入，推动传统产业的技术更新，依靠四川省大中型骨干企业、科研院所，进行新技术、新工艺、新材料、新产品的开发，形成各类产业之间的产业关联，促进技术进步，开拓资源开发深度和广度的技术基础，推动资源优势向经济比较优势转化。把产业结构的优化建立在科技进步的基础上，在这方面已经取得初步成效的有凉山州，该州对德昌铁合金厂、广丰公司、拉拉铜矿企业的技改项目，就使有色金属新增产量2万吨，全部工业增加值增长11%左右。

加强与较发达地区经济合作，积极引进先进技术和人才。四川民族地区的资源、市场和劳动力优势是其发展的潜力所在。要将其资源优势转化为经济优势仅靠其自身的力量是远远不够的，必须借助外部力量来促进其产业结构的优化、升级。经过多年的发展，东部地区积累了先进的技术、设备和管理经验，聚集了大量的人才和资金。采取积极措施将东部地区的人才、技术、设备和资金与四川民族地区的资源优势结合起来，必能大力促进其产业结构的优化。应充分发挥我国较发达地区生态科技的技术领先优势，通过建立生态科技的风险投资基金、实行税收优惠、加大贷款等资金支持等方式，鼓励企业不断开发新能源技术，大力发展环保技术，努力开创新产业技术，加快科学技术的升级换代，促进经济结构的优化转型。加强生态科技基础研究领域重大项目的联合攻关，开展能源节约、资源循环利用、新能源开发、污染治理、生态修复等领域关键技术攻关，为企业技术创新提供基础理论和“元创新”支持。将重大生态科学技术标准上升为国家法律，从制度层面确保生态治理的科学性、先进性。

（四）构建生态生活体系

1. 将生态价值理念嵌入社会经济行为准则

四川民族地区生态文明建设过程中，要全面树立符合生态文明建设的社会价值观，把生态文明理念贯穿重点生态功能区制度建设的各方面和全过程。为此，既要通过各类传统和现代媒体，广泛宣传生态环境保护和生态文明相关知识，全面提升包括当地政府、企业和广大公众在内的环境保护意识和生态文明素养，牢固树立尊重和保护自然、人与自然共生共存的生态环境保护理念；还要依据四川民族地区经济社会发展和生态保护的现实需求，认真落实重点生态功能区建设相关制度规定，统筹谋划生产、生活以及生态发展的空间和结构比例，严格遵守生态保护红线，努力构建区域人口与资源环境协调发展的战略格局，实现生态效益和经济社会效益的多赢。

引导四川民族地区人民牢固树立绿色发展理念，坚持节约资源和保护环境的基本国策，坚持可持续发展，坚定走生产发展、生活富裕、生态良好的文明发展道路，加快建设资源节约型、环境友好型社会，形成人与自然和谐发展的现代化建设新格局，推进美丽中国建设，为全球生态安全做出新贡献。坚持绿色富国、绿色惠民，为人民提供更多优质生态产品，推动形成绿色发展方式和生活方式，协同推进人民富裕、国家富强、中国美丽。应正确处理经济发展同生态环境保护的关系，牢固树立保护生态环境就是保护生产力、改善生态环境就是发展生产力的理念，更加自觉地推动绿色发展、循环发展、低碳发展，决不以牺牲环境为代价去换取一时的经济增长。根据全面建成小康社会的要求，合理确定生态治理的各项动态目标。充分尊重生态红线以及生态功能区的科学性与规范性，实现环境保护规划与经济社会发展规划、城市总体规划、产业发展和土地利用规划的有机融合，真正使生态文明建设融入经济、政治、文化、社会建设的各方面和全过程，协同推进新型工业化、城镇化、信息化、农业现代化和绿色化。

2. 将生态文化纳入道德教育体系

广泛宣传生态文明理念。理念是行动的向导，什么样的认识和理念决定了什么样的行动和方向。借助广播、电视、报纸、互联网等媒体，构建以网络、影视、文字、动漫相结合的宣传模式，将尊重自然、顺应自然、保护自然的生态文明理念进行持久化、全方位、系列化的宣传，使生态文明理念和建设美丽四川深入人心。大力宣传普及生态文明建设的重点、难点、必要性以及重要性，宣扬生态文明建设的总体思路与框架。同时也要重视将理念转化为行动，并将生态文明建设行动分解落实到所有居民、企业和各级政府的具体实践当中，构建全民参与的社会行动体系。

推动生态文化工程建设。将生态文明与藏羌文化相融合，不断发展壮大具有地方特色的文化产业。完善文化基础设施建设，培养和引进生态文化方面的人才，打造一批具有影响力的地区生态文化工程，形成一批具有特色的生态文化品牌。同时，充分发挥四川民族地区传统生态文化和习俗礼仪中，有利于当代生态文明建设和环境保护的朴素观念和生活习俗等，发挥传统道德观念和生态文化对当代生态文明建设和环境保护的积极作用，不断提升全社会生态文明水平。

3. 倡导绿色生态的理想信念和生活方式

从以人为本的角度出发，重视每一个个体对生态文明建设的渴望，不断挖掘人民群众对生态文明建设的需求，重视对内生动力的挖掘和激发，从而实现“自下而上”推进生态文明建设的目的。当前，随着物质文化生活水平的提高，人民群众对生态产品的需求越来越迫切，生态产品的严重不足，某种程度上成为阻碍我国迈向小康社会和提高人民幸福感的制约因素，民众热切期盼的“舌尖上的安全”、新鲜的空气、清洁的水源、宜居的气候等生态产品和绿色需求还不能得到有效满足。要解决这个问题，一是要改变传统工业化理念下的生产方式和生活方式，让广大群众在学习“美丽中国梦”“美丽四川梦”中去践行“美丽人生梦”，用生态文明的原则和理念去改造自身的学习、工作、生活的方方面面，塑造四川民族地区人民的绿色人生信念。二是要激发广大群众对生态产品的需求。因此，在广大群众中仍旧有广大的生态产品需求空间，这就需要政府和企业以此为契机，大力推进生态工程，加快生态修复，提供更多的生态产品来满足群众的迫切需要。三是大力倡导适应生态文明的生活方式，提高区域绿色生活指数，包括降低生活能耗水平、倡导和提高绿色产品的生产与消费、大力发展公共交通来实现绿色出行、提高城镇绿色建筑比重和城镇绿地率、提高农牧区自来水普及率和卫生厕所普及率等。

4. 建立健全生态治理协调机制

推进生态治理机制现代化，必须构建完善的生态治理协调机制。一是通过建立信息沟通机制、环境危机事件应急机制、合作约束和监督机制等，加强地方政府间的生态治理合作，实现政府部门内部和区域之间横向、纵向的治理协调。理顺各部门生态治理职能，形成责权对等的分工协同机制，建立区域流域环保联防联控机制，并根据确保效能和提高效率的原则，将分散在各部门的生态治理职能集中起来，建立健全生态文明建设的领导机制和部门联动机制，提高政府部门在生态治理中的统筹施策能力。二是完善生态治理公众参与机制。坚持政府主导、多方参与、全民行动的原则，建立和完善环境信息公开制度，使公众具有环境知情权；完善听证会、座谈会、民意调查、环境影响评价的公众参与制度等，建立合理、高效、制度化的参与渠道。三是注重发挥新闻媒体的舆论引导和监督作用，培育节能环保志愿者组织，引导和支持公众自觉参与生态治理。

（五）建立健全政府生态文明目标责任体系

政府生态绩效问责制是行政问责制在当前生态环境治理和政府绩效评估相结合中形成的一种新型问责形式，政府生态绩效问责制的产生、发展与完善，是我国生态环境保护和可持续发展的必然要求。政府生态绩效是生态文明与政府绩效管理的有机结合，在绩效目标的制定、绩效评价指标体系设计、绩效沟通与回应，以及绩效结果运用与改进等一系列管理过程中植入生态文明的理念，以生态文明为导向促进政府绩效管理改革创新。加强对政府生态绩效问责制的研究是当前我国加强生态文明制度建设，构建责任政府和效能政府以及生态型政府建设的重要内容，具有重要的理论意义和现实价值。

1. 完善政府生态绩效问责目标责任机制

明确政府生态绩效责任目标的层次结构。政府的生态责任目标是指各级政府根据相关规章制度和职能岗位在特定的期限内应承担的具体生态职能和应完成的任务目标。政府生态责任目标的确定要遵循责权利效相统一的原则，根据总体生态环境保护和治理目标确定各级政府、相关部门及公务人员的具体目标。政府的生态责任目标分为三个层次，从高到低依次是战略性目标、策略性目标以及任务方案性目标，战略性目标是我国生态治理的总目标和大政方针政策，涉及一些关键性和原则性的重点问题，要依据中央的相关政策和文件精神来制定；策略目标是为实现组织战略目标而设定的次一级的目标，政府的生态策略目标主要包括履行生态环境保护和治理职责时使用的工具和手段等；任务方案性目标是指因岗位职责而承担的具体工作目标，是一种具体落实的工作任务。生态绩效责任目标的确立要注重政府生态责任目标的层次性，把战略目标、策略目标和具体的任务方案性目标相统一，岗责匹配，确保各项生态责任落实到人。

细化政府生态绩效责任目标的内容。根据责权利效相统一的原则，我国政府生态绩效问责的责任目标主要是根据政府职能定位以及政府工作人员的职责分工所确定的。根据《中华人民共和国环境保护法》的相关规定，四川民族地区地方政府的生态责任目标主要内容应主要从以下几个方面进行细化：一是根据我国和地方各级政府的生态环境保护任务和治理目标，采取有针对性的措施来改善生态环境质量，未达到目标标准的要制订限期达标规划，并保证按时完成；二是合理开发利用自然资源，保护生物多样性和生态安全，制定适合当地的生态环境保护和生态恢复治理的方案并予以及时有效的实施；三是加强对农业环境的保护，鼓励新技术和对环保农业产品的应用，减少农业污染和对农业生态环境的破坏；四是防治各种污染和其他公害，采取各种措施推广清洁能源的生产和使用；五是依法公开环境信息，为社会公众参与环境保护和监督提供便利条件和畅通的渠道。

2. 优化政府生态绩效问责目标奖惩机制

加强正向激励，引导可持续生态管理行为。对政府进行生态绩效奖励的条件是超额完成生态绩效目标和任务，生态环境保护和治理成效显著，社会经济发展态势符合健康绿色发展理念，生态绩效考核的等级为优良，在考核期间无重大生态环境事故发生等。对政府进行生态绩效奖励要遵循物质奖励、职级奖励和精神奖励相结合的原则。物质奖励是指通过经济上的补偿和物质的刺激对政府机关及其公务人员的生态贡献予以物质价值上的肯定，通过满足其物质上的基本要求来激发其工作的积极性和主动性。进行物质奖励的主要形式包括增加财政预算、发放奖金、增加基本工资和绩效工资等；职级奖励是指通过提升政府公务人员的职务级别和岗位级别来对其进行激励，主要形式包括升职和晋级等；精神奖励是指对政府公务人员进行记功、嘉奖、授予荣誉、公开表彰等形式的奖励，满足其更高层次上的需求，增强其责任感和工作积极性。

加强失责追惩，矫正生态管理失范行为。对政府进行生态绩效惩罚的条件包括未完成生态绩效目标和任务、在生态环境保护和治理中没有显著成效、生态环境保护和社会经济发展的矛盾日益突出，以及发生重大的生态环境问题等。对政府进行生态绩效惩罚的形式包括司法惩罚和行政惩罚，并且要坚持惩戒和教育相结合的原则。司法惩罚是指政府的公务人员在履行生态职责时触犯了相关的法律法规，由司法机关依法追究其民事责任甚至刑事责任的惩罚方式；行政惩罚是指政府在生态履职过程中存在违法和失职行为导致生态绩效低下，依据相关规定对相关责任人进行行政处分的方式。根据政府公务人员违纪行为的轻重，对其进行不同程度的精神惩罚和实质性惩罚。精神惩罚主要针对比较轻微的过失和较低的生态绩效水平，包括诫勉谈话、公开警告和记过等；实质性惩罚则是针对公务人员在生态职责的履行过程中产生的重大失误和极低的生态绩效进行的处罚，包括减薪、罚款等物质处罚和降级、撤职、辞退、开除等职务上具有复合性质的处罚。

3. 深化政府生态绩效问责目标改进机制

绩效问责制的本质在于实现绩效改进，因此，目标改进机制是政府生态绩效问责运行机制的最为核心的组成部分，是绩效问责的落脚点。生态绩效水平的不断提高和持续改进是政府生态绩效管理和绩效问责的根本目的，根据绩效结果实施的各种奖惩形式都是促进绩效改进的手段，是激励相关部门及其工作人员制定更高绩效目标的制度化工具。

根据生态绩效结果的不同类型，引入绩效改进计划。对生态绩效评价结果进行细致的分类是进行绩效目标改进的前提和依据，仔细研究政府部门及工作人员的绩效表现和绩效考核结果可以发现，不同部门和工作人员的绩效状况有着明显的差距。根据各级政府、政府部门和工作人员生态绩效目标实现的程度，可以将生态绩效结果分为四种类型，即完全实现型绩效结果是指生态绩效目标完全实现，生态环境效益得到极大提升，反之则是完全失败型绩效结果。有限实现型绩效结果是指实现了部分生态绩效目标，生态环境效益有所提升；有限失败型绩效结果则是指大多数生态绩效目标没有实现，生态环境效益有所下降。为了提高绩效改进的针对性和有效性，应该根据绩效结果的不同类型引入不同的绩效改进计划。绩效改进计划是指根据生态环境保护规划和阶段性绩效目标定位所制定的一定时期内完成的有关绩效目标和使工作能力改进与提高的系统计划。绩效改进计划是绩效评估结果最重要的用途，也是实施绩效管理成功与否至关重要的一个环节。绩效改进计划的内容应该包括两个部分，一是根据绩效评估结果，发现问题，拟定改正方案；二是针对现有的绩效水平，提出进一步提升方案。

加强对绩效改进计划的追踪落实。绩效改进计划的制定只是绩效改进机制的一方面内容，绩效改进机制能否取得实效，关键还在于绩效改进计划的落实。生态绩效改进计划的实施需要全面系统的策划和指导，对不同的绩效改进计划进行分类管理、分级提升和系统整合，从部分到整体实现组织战略目标的提升与改进。首先，建立绩效改进责任制，明确绩效改进计划落实主体的责任；其次，要根据生态建设目标和内外部资源条件的变化，适时调整绩效改进计划，使得改进方案更具可行性；最后，要加强对绩效改进计划执行情况的监督，开展执行情况绩效评估，并将绩效改进的程度作为奖惩的重要依据，确保绩效改进计划方案落到实处。

‖第六章‖

对外开放：“双循环”新发展格局重塑与强化

党的十八大以来，习近平总书记针对我国扩大对外开放发表了许多重要论述，它不仅是我国进一步扩大开放的行动指南，而且是研究阐释、贯彻落实习近平新时代中国特色社会主义思想的重大理论命题和核心要义。当前，中国已经成长为经济贸易投资大国，比历史上任何时期都更接近中华民族伟大复兴中国梦这一新的历史起点，这样的历史站位赋予了我国对外开放全新的内涵。不谋全局者不足以谋一域，不谋万世者不足以谋一时，“中国的发展离不开世界，世界的繁荣也需要中国。我们统筹国内国际两个大局，坚持对外开放的基本国策，实行积极主动的开放政策，形成全方位、多层次、宽领域的全面开放新格局，为我国创造了良好国际环境、开拓了广阔发展空间”[①]，“中国应推动形成以国内大循环为主体、国内国际双循环相互促进的新发展格局”[②]，形成了习近平新时代对外开放思想，也已成为新时代谋划中国坚持对外开放基本国策、扩大对外开放力度的重要遵循。它的历史性贡献之一便是揭示了实现中国梦的发展道路必须与中华民族命运共同体、人类命运共同体紧密相连的历史必然性。

---

① 习近平总书记在庆祝改革开放40周年大会上的讲话，2018年12月18日。

② 习近平总书记在经济社会领域专家座谈会上作出的指示，2020年8月24日。

四川民族地区位于中国西南地区，地处长江、黄河以及各大支流上游地带，与国内西藏、云南、青海和甘肃等接壤，地理位置偏僻、地形地势复杂、经济基础差、交通不便、信息闭塞、人口基数小、社会资本进入匮乏等区域性特征明显。积极提高对外开放的力度和水平是推动经济高质量发展、稳步推进现代化建设不可或缺的重要环节。四川民族地区实现铸牢中华民族共同体意识、同步现代化目标的重要前提也必然是坚持并扩大对外开放，为开放型民族、开放型中国与开放型世界经济、社会、思想、文化的内外联动、深入交流与共同发展夯实基础。中华人民共和国成立尤其是改革开放以来，对外开放为四川民族地区的经济社会发展做出重要贡献，面临新的发展阶段，四向拓展发展空间，全域扩大对外开放，推动民族地区与其他地区更广范围、更深层次、更大力度地交往、交流、交融，同时立足四川民族地区资源禀赋、发展条件、比较优势等实际，强化对中华民族共同体的认同、构筑中华民族共有精神家园、筑牢中华民族共同体意识，已成为四川民族地区迈进现代化的必由路径。

一、历史与现状

（一）历史：对外开放重镇地位由强转衰，改革开放后再强化

从古至今，中华民族经历了一个从“自在”到“自为”的演变过程，实际上“中华民族作为一个自觉的民族实体，是在近百年来中国和西方列强的对抗中出现的，但作为一个自在的民族实体则是几千年的历史过程所形成的”，“它的主流是……一个你来我去、我来你去，我中有你、你中有我，而又各具个性的多元统一体”。

铸牢中华民族共同体意识，作为在中华民族共同体思想下形成的

马克思主义与中国社会现实深度融合的产物，自其从学术话语上升至政治话语，就体现了中华民族从“自在”到“自觉”，再到“自为”的发展历程。在铸牢中华民族共同体意识的过程中，中华民族从“自在”到“自觉”，再到“自为”的发展历程，既是对中华民族共同体的发展逻辑的探讨，也是对铸牢中华民族共同体意识，加大民族地区对外开放力度政策沿革和行动策略的历史回顾和事实总结。

1. 中华人民共和国成立前夕：由古时多方位开放转变为闭塞落后，开放条件弱化

历史上，四川民族地区由于地处青藏高原东南隅，是云贵高原与四川盆地的过渡地带，是南方陆上丝绸之路、汉藏走廊、唐蕃古道和茶马古道等交通要道必经之地，为促进我国国内及与西亚、南亚乃至欧洲的政治、经济、思想和文化交流和开放做出了重要贡献。

从国际视角来看，四川民族地区是南方陆上丝绸之路的重镇，南方陆上丝绸之路形成时间远早于北方陆上丝绸之路，是中国西南与西欧、非洲、南亚诸国交通线中最短的一条路线，为四川民族地区经济贸易、文化思想等交换、交流发展提供了至关重要的条件。

南方陆上丝绸之路的开拓为四川民族地区在与国内外经济文化交流发展起到了不可替代的重要作用。在经济贸易方面，历史上食盐、铁器、贝币、铜器、玉石和翡翠等贸易往来为四川民族地区经济发展和活跃起到了有力的助推作用，进一步强化了四川民族地区对外开放的能力和积极性，也带动了相关行业和商品的贸易活力。在思想文化方面，白族商帮文化、回族商帮文化、纳西族商帮文化与四川民族地区文化实现了更为深入的交流、融合与发展，同时带动了汉藏文化、巴蜀文化和滇文化与缅甸、泰国、印度等国家文化的交织与丰富，国与国之间文化的交融也为四川民族地区民族文化的世界影响力扩大起到了积极的助推作用。

从国内视角来看，四川民族地区处于内地通往西南边陲尤其是西藏的必经之路，自古以来便因其“汉藏走廊”“治藏依托”的重要战略地

位在经济贸易和文化交流等对外开放方面备受中央政府的高度重视。

在经济贸易对外开放方面，四川民族地区北接甘肃、青海，南通云贵，东达四川盆地，西邻西藏，处于“民族走廊”的中心地带，历来是绾谷南北，沟通藏汉的战略要地。自元代以来，中央政府与西藏相通的官道和汉藏贸易的主要商道均取道于此，历代极为重视，并视此区为“治藏之依托”等。特别是藏族人民在生活中离不开茶，而历代供应涉藏地区的茶主要产于四川。这就使四川民族地区不仅成为汉藏茶马互市之要津，而且也是历代实施“以茶制潘”策略的关键所在。

在文化对外开放方面，四川民族地区在历史上呈现了深度融合和有序传承的良好发展局面。四川民族地区因历史、地理等原因，保存古文化遗存较多，又因其处于“汉藏走廊”中心，同时接受汉、藏文化之影响，因而其文化上表现出浓厚的地方色彩，形成了诸如以德格为中心的康文化圈，以川西北草地为中心的游牧文化圈，以大小金川为中心的嘉绒文化圈，以贡嘎山麓为中心的木雅文化圈，以大渡河中下游河谷为中心的“西番”文化圈等各具地域特色的亚文化圈。

南方陆上丝绸之路在公元前四世纪开拓，历经秦汉、魏晋南北朝、隋唐时期的推动，在宋元时期获得了经济和文化对外开放的空前繁荣昌盛阶段，后至明清、民国时期逐步衰落。特别是近代以来，随着南方陆上丝绸之路的商贸和文化交流活动的大幅减少，四川民族地区作为对外开放重镇之地位也日益下降，再加上其自身地理位置特殊，地形地势复杂，相对闭塞落后，交通不便、信息不畅的局面直到中华人民共和国成立前夕也并未真正得到有效改观。

2. 中华人民共和国成立后至改革开放：战后百废待兴，整体水平低端落后

中华人民共和国成立后，人民解放军入川扫清国民党残余势力，到1950年底前后，四川民族地区获得和平解放。中央人民政府投入大量财力、物力和人力，致力于四川民族地区对外开放和社会经济的快速发

展。中央人民政府通过“输血式”财政资金和政策支持、派驻优秀干部入驻开展指导培养民族干部等工作，为四川民族地区资金和人才的充实和储备提供了重要保障。由此，四川民族地区人民群众收入水平获得提高，基本生活得到改善，初步形成了四通八达的公路网，以及一系列通信设施、文化教育、医疗卫生等民生体系，对外开放合作、社会经济等也得到了一定发展。

但整体而言，由于四川民族地区处于西南偏远地区，基础设施建设较为落后，对外开放进程推进仍然相对缓慢，动力和积极性也难以有效提高。例如，甘孜州18个县的县政府驻地与省会成都的平均距离达733千米，北部的石渠县和南部的德荣县距成都更达1061千米和1016千米，而且由于地广人稀，区域内村与村距离有的远达几十千米。四川民族地区山高谷深，河流湍急，道路艰险，行路难、用电难、饮水难、上学难、就医难成为制约农牧民脱贫的瓶颈，也使四川民族地区的经济社会发展长期处于相对封闭的状况。

在交通运输方面，四川民族地区在中华人民共和国成立至改革开放初期主要以古道、公路等陆路交通方式为主，水路方面主要以基本的自然发展状态为主，缺乏真正的货物船运等区域间经济贸易的对外开放的发展方式。在航空方面，早期主要为军事战略服务，直到20世纪后期才逐步转变为民用航空运输，并长时间处于起步发展阶段。与国内其他地区相比，对外开放较为滞后的局面并未得到较大改善。在公路运输方面，仍然存在较为明显的交通运输结构单一、交通基础设施承载能力弱等方面的问题。具体而言，在公路建设方面，主要表现在公路密度低、覆盖面积小，公路技术等级低、运行质量差，公路联网程度低、路网残缺严重以及公路抗灾能力弱、通行能力较低等问题。

3. 改革开放后至十二五：政策支持力度逐步加大，闭塞落后局面有效扭转

1978年12月，十一届三中全会的召开，标志着党和国家的工作重

点向“以经济建设为中心”转移，改革开放步伐也划时代地展开。四川作为改革开放的排头兵，为四川民族地区经济发展和对外开放做出了重要安排和部署，四川民族地区对外开放步伐较为迅速，发展势头也较为强劲。

20世纪90年代，国家对四川民族地区实施了一系列对外开放政策，通过扩大对邻国及其他友好国家的贸易和经济技术交流，探索四川民族地区对外开放的新途径。1997年，四川省凉山州的西昌市作为第二批“民族自治地方改革开放试验区”获得批准。国家民委和国家体改委在关于民族地区建立改革开放试验区的文件中明确指出，试验区要充分发挥资源、地缘和人文优势，加强同国内经济发达省市的对口支援和横向经济联合，探索经济发展的路子。国家在四川民族地区改革开放试验点的设立，推动了四川民族地区面向中亚和东南亚等国外市场的多层次的开放格局初步形成，对于发展四川民族地区与周边国家（地区）的经济贸易和睦邻友好关系、繁荣当地经济发挥了重要作用。

在国内省外的开放方面，四川民族地区也获得了国家政策的大力支持，为四川民族地区在省内省域间对外开放创造了诸多便利条件。例如，《中共四川省委四川省人民政府关于促进民族地区发展的意见》（川委发〔1995〕30号）规定：“省上原确定内地对口支援三州一地和帮扶支援的‘对子’稳定不变，支援地区要效仿全国支援西藏的办法，在资金、技术、专业人才和具体项目建设上给予更大、更实在的支援。”并且，还规定：“鼓励民族地区大力引进国内外、省内外的资金、技术、人才，凡与省内外合作、合资兴办的企业，均享受三资企业有关优惠政策。”“在协助和积极争取将有条件的地方列入国家级民族自治地方改革开放试验区的同时，将民族地区条件较好的县（市）作为省级民族自治地方改革开放试验区，经过审查报批，给予‘一条线’类似的优惠政策。”在国家政策引导和四川省政府支持下，四川民族地区在资金、技术、专业人才和项目建设等方面与省内外地区强化了交流与合作，对外开放水平获得了更大、更广阔的发展空间。

21世纪初期，四川民族地区依托自身资源优势，大力发展旅游、商贸等涉及对外开放密切相关产业，成效较为显著，并带动了基础设施建设的快速推进。例如，甘孜州把旅游业作为支柱产业大力培育，特别是国家实施天保工程后，结合州情，及时调整国民经济结构，实施旅游兴州战略，全面加快了旅游资源开发和旅游基础设施建设。在旅游资源开发中，实施了以海螺沟为突破口、突破一点（海螺沟景区）、带动一圈（环贡嘎山旅游圈）、辐射两线（南北两线）的发展方式。海螺沟景区的开发建设取得了重要突破和进展，为旅游发展积累了有益的经验，探索出一条适合民族地区发展旅游业的新路。随着二郎山隧道的贯通，甘孜通县油路工程建设全面完成，旅游交通、通讯、旅游接待设施等全面改善，旅游环境不断优化，对外开放程度大幅提高，基础设施建设进度和经济发展水平也实现了快速提升。

2008年，由于“5·12”地震自然灾害的发生，四川民族地区对外开放和经济发展受到较为严重的影响。为加快地震灾后开放发展和产业重建，加快推动四川民族地区对外开放和经济社会发展水平提高，四川民族地区获得了一系列更具民族和区域针对性、特色性的政策支持和国内省外资金帮扶。2008年，在党中央、国务院和省委、省政府的指导下，在广东、江西、湖南、吉林等六省的大力支持下，成立了成都市人民政府和阿坝州人民政府两地合力打造的灾后重建项目，即成都—阿坝工业园区，现已批准为省级开发区，并列入四川省培育成长型特色产业园区（“1525工程”）名单，同时也是全国唯一的地震灾后产业重建园区。

在政策优惠方面，成都—阿坝工业园区集成享有国家支援灾后重建、支持涉藏地区发展和成都统筹城乡综合配套改革试验区建设政策优势，除了获得国家及各级各部门在政治、政策层面上的大力支持外，还获得了国家产业发展资金的直接扶持，以及广东、江西、安徽、湖南、吉林、山西六个省对口援建阿坝州六个受灾县，产业援建重点摆在成阿园区的间接支持。此外，成都—阿坝工业园区还享有独有的“三大”政策优势：一是国家支援灾后重建政策。园区整体享受“直购电”优惠政策，工业用电平均电价0.48元/度，比其他园区电价每度约低0.3元。二是国家支援涉藏地区发展优惠政策。园区引进的重点项目将纳入国家扶持涉藏地区产业发展规划，能够得到基础设施建设、产业引导及技术创新等方面的资金扶持。三是民族地区独特的税收优惠政策。园区将对投资强度高、创税能力强的重大项目，按照增值税地方实得部分的全额甚至超出一定比例返还，帮助企业发展壮大。成都—阿坝工业园区无论是在政策优惠还是在招商引资方面都具有明显的比较优势，为其面向全省、全国乃至全球的对外开放水平的提高和经济快速发展提供了不可多得的有利条件。

在招商引资方面，该园区通过建立“平等互利、政府推动、市场主导、充分合作”共建机制，推行“政府机构市场平台”运作模式，坚持对上争取跑项目、对口援建要项目、面向全球引项目，高层次推进招商引资工作。集成各方优势，整合园区、州县及属地招商资源，启动园区招商网站、VI系统设计，优化投资环境，完善招商政策，突出招大引强，推动迁改企业升级入驻、援建项目择优入驻、面向全球选商入驻。园区已签约引进四川中盈“藏羌风情街”、成都运兴10万平方米标准厂房、广东戈顿LED照明产学研基地暨西南新能源研发中心项目15个（其中广东—汶川园5个），协议引资42.1亿元，其中超亿元项目12个。2010年5月12日前后还陆续启动11个签约项目建设，有力地推动了成都—阿坝工业园区招商引资能力的增强和项目建设进度的加快，对外开放水平获得了较大幅度提高。

（二）现状：“双循环”新发展格局不断强化，但结构性问题凸显

对外开放对一个国家或地区收入分配的影响是一个历史久远的经济学话题，对外开放作为我国的基本国策，其重要目的之一便是改善居民收入分配，提高居民收入，缩小地区和居民间收入差距，推动共同富

裕实现。根据传统的赫克歇尔—俄林（Heckscher-Ohlin）模型中的斯托尔帕—萨缪尔森（Stolper-Samuelson）定理，一个国家或地区在对外开放后，充裕要素的收入回报会增加，而且比稀缺要素的收入回报增加得更多。

对于发达国家或地区而言，高技能劳动力是充裕要素，所以随着对外开放后技术密集型产品的价格上升，与低技能劳动力的收入相比而言，高技能劳动力的收入增加得更快，由此导致以劳动收入为主的收入差距加大。相反，对于发展中国家或地区而言，低技能劳动力是充裕要素，比较优势产品也集中于低技能劳动密集型产品，所以对外开放后，随着比较优势产品的价格上升，低技能劳动力的收入回报会上升，而且比高技能劳动力的收入增加得更快。与其他地区不同，在四川民族地区对外开放对收入分配的影响因素或影响机制中，对国内外贸易商品种类、招商引资水平、旅游开放度和文化交流合作等因素的探讨不可或缺。本部分便以斯托尔帕—萨缪尔森定理为理论依据，结合四川民族地区上述相关因素发展实际进行深入分析。

1. 国内外贸易商品种类不断增加，但结构相对单一，竞争力有待提升

四川民族地区拥有大面积草原或耕地、良好的气候资源、生态环境系统和丰富的矿产资源，为发展特色农牧业尤其是农牧产品、工业尤其是加工制造业创造了良好的自然条件。2013年，四川民族地区的壤塘、阿坝、理塘、美姑等17个县的农业增加值占GDP的比值超过了30%，远高于全省农业经济的平均水平。四川民族地区特色农业以名、特、优、精、新等为基本特点，以各地独特的光热、水土和物种等自然条件为基础和依托，如会理石榴近30万亩，产业规模全国第一；凉山既是世界苦荞主要起源地之一，也是主要产区，产量占全国的一半以上。在工业方面，四川民族地区的加工贸易、制成品等方面也有一定的出口创汇，但仍处于价值链低端的初级加工阶段，产业附加值较低。

从农牧业和工业两大产业发展角度看，均有一定的出口创汇产品，出口商品的数量也比以往大幅增加，但更多的是依据本地现有自然资源和基础性人力资源优势，可持续性和核心竞争优势并不强。尤其是农牧业出口产品种类相对较少、工业出口产品的价值链低端锁定局面并未得到根本转变，出口商品结构待完善、核心竞争力待提升的局面扭转任务仍较艰巨。

2. 招商引资水平大幅提高，而差异化较为明显

近年来，四川民族地区在四川省委、省政府的支持和引导下，依托飞地园区的建设，有力地促进了省内相对发达地区与四川民族地区融合发展，打造了开放包容、互利共赢的合作平台，有效发挥了省内各地的资源禀赋和区位优势，为四川民族地区招商引资、项目建设等提供了诸多便利条件，有力地推动了四川民族地区对外开放水平的快速提升。

2012年以来，四川省相继在成都、眉山、德阳规划建设了甘孜—眉山工业园区、成都—甘孜工业园区、德阳—阿坝产业园区。截至2018年，甘孜—眉山工业园区均建成投产，德阳—阿坝产业园区已全面开工建设，部分企业已入驻；成都—甘孜工业园区已完成征地，招商引资工作顺利开展。根据《中国开发区审核公告目录（2018年版）》显示，截至2018年，成都—阿坝工业园区、甘孜—眉山工业园区、德阳—阿坝产业园区3家飞地园区已提档升级为省级开发区，成都—甘孜工业园区已被纳入省级开发区后备梯队并予以重点培育；涉藏地区飞地产业园区招商引资协议投资达383亿元，到位资金41.1亿元；借助东西部扶贫协作和对口支援平台，推进德阿园区“温州园中园”加快发展，九寨沟与浙江嘉善飞地园区开展建设工作。这一方面说明四川民族地区飞地产业园区快速发展为其招商引资等对外开放环节的巩固创造了有利条件，另一方面也说明不同园区之间在级别和规格等方面仍存在一定差距。飞地产业园区相关发展指标如表6–1所示。

表6-1　2018年四川民族地区飞地产业园区主要经济指标：以涉藏地区为例[①]

指标	合计	成都—阿坝工业园区	甘孜—眉山工业园区	德阳—阿坝产业园区	成都—甘孜工业园区
截至目前落户企业（户）	258	127	114	10	7
规模以上企业（户）	123	80	35	8	
截至目前园区内就业人口（人）	13569	6473	4721	2312	63
完成固定资产投资（亿元）	69.5	30	20	6.5	13
实现总资产（亿元）	268.5	80.76	160	27.7	
实现营业收入（亿元）	251.8	74.12	150	27.7	
主导产业营业收入	189.9	61.04	125	3.9	
招商引资协议投资（亿元）	383	34.5	151.46	106	91

根据表6-1可知，截至2018年，涉藏地区飞地园区中目前已落户企业和规模以上企业分别高达258家和123家，其中以成都—阿坝工业园区为最多，分别达到127家和80家（根据上文已有分析可知，成都—阿坝工业园区是四川民族地区最早设立的工业园区，比其他工业园区至少早设立了4年以上，且成都—阿坝工业园区比其他工业园区拥有相对更多的政策支持和资金资助，且这些支持和资助时间也比其他工业园区更早），前者分别为甘孜—眉山工业园区、德阳—阿坝产业园区和成都—甘孜工业园区的1.11倍、12.7倍和18.14倍，后者依次为其他园区的2.29倍、10倍（由于成都—甘孜工业园区目前征地工作完成时间相对较晚，招引规模以上企业数据缺失，并未做出统计。事实上，从落户企业数量也可以发现，就目前而言，成都—甘孜工业园区仅落户7家企业，尚属新设立、

① 数据来源于四川省发展和改革委员会网站，《2018年四川藏区飞地产业园区实现又好又快发展》，http://www.sc.gov.cn/10462/10464/10797/2019/2/11/37c88c3c0f774e4ab1734db1a8d983ee.shtml，2019-02-11。

初步发展阶段）。说明就目前而言，四川民族地区招商水平已获得了长足发展，这为四川民族地区面向全国乃至全球招商、进一步拓展对外开放格局创造了较为坚实的基础。但是，从另一方面来看，由于四川民族地区部分市（州）等地工业（产业）园区设立发展相对较晚等原因，园区落户企业总数和规模企业数量均相对较少，而又因为部分园区发展较早、政策优势更为明显等因素，相差多达10倍甚至近20倍，也说明四川民族地区招商情况差距相对较大。

从实现总资产、实现营业收入、主导产业营业收入和招商引资协议投入来看，甘孜—眉山工业园区分别高达160亿元、150亿元、125亿元和151.46亿元，远高于成都—阿坝工业园区、德阳—阿坝产业园区和成都—甘孜工业园区。以招商引资协议投入额为例，甘孜—眉山工业园区约占4大园区总额的39.55%，分别为成都—阿坝工业园区、德阳—阿坝产业园区和成都—甘孜工业园区的4.39倍、1.43倍和1.66倍，这进一步说明就目前而言，四川民族地区不同市（州）虽然都通过设立工业（产业）园区有效提升了招商引资能力，但是招商引资水平差距仍然相对较大。

此外，四川民族地区市场融资等其他招商引资形式发展成效也较为明显，但仍然表现为差异化发展现状。2018年，涉藏地区飞地产业园区通过资本市场实现融资8.4亿元。四川成阿发展实业有限公司申请发行6.7亿元企业债券，获国家发展改革委核准批复。成都—阿坝工业园区新增新三板挂牌企业1家。由此可见，四川民族地区市场融资方面对外开放水平也获得了较大发展，而这其中仍以成都—阿坝工业园区发展更为迅速。

3. 国内旅游开放度较强，国际知名度待进一步提升

四川民族地区目前开发出了众多品位较高、吸引力较强的自然和文化旅游品牌，获得了诸如国家级风景名胜旅游区、国家级自然保护区、国家AAAAA级旅游景区和国家级文物保护单位等一系列国家授牌，有力地促进了四川民族地区旅游开放度和国内知名度的大幅提升，旅游产业

也已成为四川民族地区经济发展和对外开放的重要增长点、着力点。

然而，从国际来看，四川民族地区的旅游知名度明显较低，旅游人数和收入与国内相比差距甚远。近年来，四川民族地区旅游人数和旅游收入并未实现逐年稳步增长，而是存在U型或倒U型特征（根据四川民族地区甘孜、阿坝、凉山三州近年来国民经济和社会发展统计公报数据整理总结发现），存在相对较大的不稳定性，且从游客和旅游收入来源看，国内游客及旅游收入远远大于国外。以甘孜州为例，根据《甘孜藏族自治州2020年国民经济和社会发展统计公报》数据显示，2017—2019年，甘孜州旅游人数中入境游客占比分别为1.02%、0.79%、0.74%，旅游收入中旅游外汇收入占比分别为1.02%、0.76%、0.84%，可以明显看出，入境游客人数和旅游外汇收入占比仅为1%左右，且并非处于稳步增长状态，说明四川民族地区旅游业发展主要基于国内市场的发展，在国际市场中知名度、竞争力和影响力等仍有较大提升空间。

4. 文化交流合作有所改善，发展空间仍相对较大

四川民族地区文化开发工作不断加强，民族文化产业形成一定规模，对外文化交流开放深度进一步增强。四川民族地区各级政府积极探索民族文化产业发展的新路子，民族文化旅游业、演艺业、娱乐业及文博会展业等产业规模和交流深度都得到一定改善。

但是，面对多元化的需求，四川民族地区民族文化交流与合作等方面的发展仍相对缓慢。一方面，民族文化产品开发总体不足且同质化严重，亟须推进供给侧结构性改革。与各族群众日益增长的精神文化需求相比，民族文化生产力仍然相对滞后，这依然是民族地区文化建设的主要矛盾。由于语言、文化等原因，各民族群众对本民族语言文字出版物和广播影视作品有着特殊的需求。民族文化产品的不足，直接影响了民族群众文化生活水平和文化素质的提高。

另一方面，四川民族地区高端文化产品的有效供给更加缺乏。面对现在多样性、个性化的文化消费方式，迫切需要推进民族文化产业的供

给侧结构性改革，深入挖掘民族优秀文化内涵，创新文化载体，推动传统民族文化产业尽快向文化创意产业升级，提供更多元、适应民族群众需求的公共文化服务和创新创意产品。此外，由于体制、资金、人才等多方面的原因，民族文化对外交流合作的领域偏窄、层次偏低，大多活动停留在文娱表演层面，对文化艺术进行深层次交流的活动鲜有涉及，阻碍了不同国家与地区间文化交流由感性交流向理性交流的跨越式发展的步伐。

二、近期与远景目标

2020年5月14日，中央政治局常委会会议首次明确提出了“构建国内国际双循环相互促进的新发展格局”，并从供给、需求两端强调了构建双循环的抓手，即一方面“要深化供给侧结构性改革”，一方面要“充分发挥我国超大规模市场优势和内需潜力”。2020年7月21日，习近平总书记在与企业家座谈时强调，“国内大循环为主体、国内国际双循环相互促进的新发展格局”，“以国内大循环为主体，绝不是关起门来封闭运行”，“更好利用国际国内两个市场、两种资源，实现更加强劲可持续的发展”。2020年7月30日，中央政治局会议再次强调了“双循环”的政策思路。会议指出，“当前经济形势仍然复杂严峻，不稳定性、不确定性较大，我们遇到的很多问题是中长期的，必须从持久战的角度加以认识，加快形成以国内大循环为主体、国内国际双循环相互促进的新发展格局，建立疫情防控和经济社会发展工作中长期协调机制”。

从“新发展格局”的定位来看，双循环是一场不可能在数年时间内就毕其功于一役的大战略。作为新发展格局的谋划思路，双循环战略将贯穿于未来中长期的国民经济谋篇布局之中，在不确定的外部环境当中，“我们必须充分发挥国内超大规模市场优势，通过繁荣国内经济、畅通国内大循环为我国经济发展增添动力”，从而“培育新形势下我国参与国际合作和竞争新优势”，增强我国对外开放过程的韧性和主动性，进而形成“双循环相互促进的新发展格局”。四川民族地区对外开放发展目标和战略政策的制定更是要以此为依据，通过重点畅通国内大循环，以供给侧结构性改革为重点推进国内经济充分平衡发展，稳步推进国际大循环，以规则制度型开放为重点推动构建更高层次的开放型经济，同时，应积极推进构建人类命运共同体，以新的基于规则的国际治理为重点建设开放型世界经济，进而最终从对外开放视角积极推动四川民族地区铸牢中华民族共同体意识同步现代化进程。

（一）2025年近期目标

“十四五”时期，我国整体在“形成强大国内市场，构建新发展格局”方面还面临一系列风险挑战，对于四川民族地区而言，继续深化对外开放这一国家战略同样存在艰巨的任务。在当前和今后一个时期，我国发展虽然仍处于重要战略机遇期，但机遇和挑战两方面都发生了新的发展变化。一方面，当今世界正经历百年未有之大变局。新一轮科技革命和产业变革深入发展，国际力量对比深刻调整，和平与发展仍然是时代主题，人类命运共同体理念深入人心，这不仅为我国整体对外开放步伐的加快提供了有利契机，也为四川民族地区把握“一带一路”战略机遇提供了利好。然而，国际环境日趋复杂，不稳定性和不确定性明显增加，新冠肺炎疫情影响广泛而深远，经济全球化遭遇逆流，世界进入动荡变革期，单边主义、保护主义、霸权主义对世界和平与发展构成威胁，这对本就处于“微笑曲线”底端的四川民族地区工业附加值的增加形成了明显的阻碍，且对四川民族地区对外开放和经济发展的重要支柱，即国内国际旅游业的发展产生了较大不利影响。

另一方面，从我国国内形势看，当前经济社会已由高速增长阶段转向高质量发展阶段，继续发展具有多方面的优势和条件，这也正是四川民族地区大力开发国内市场的重要条件，尤其是我国完善的工业链体系、巨大的国内市场需求和在疫情防控等方面的斐然成绩，为四川民族地区推动低端制造业的发展和制造业转型升级以及进一步扩大国内旅游业影响力和提高消费、加强基础设施建设能力提供了重大利好。但同时，我国发展不平衡、不充分的问题仍然突出，重点领域关键环节改革任务仍然艰巨，创新能力不适应高质量发展要求，农业基础还不稳固，城乡区域发展和收入分配差距较大，生态环保任重道远，民生保障存在短板，社会治理还有弱项，在四川民族地区的对外开放和经济发展中同样存在相关问题，尤其是四川民族地区本身作为我国区域发展水平相对较低的地区，初步建立全方位、高层次、多领域的国内国际双循环对外开放新体系仍存在诸多困难，但是就发展目标和国内发展质量而言，仍有较为坚实的基础和动力。

1. 国内国际贸易地位有力提升

以服务业的新一轮开放为突破口，将四川民族地区打造成新时期外资重点选择地，积极构建面向全国乃至全球的投资促进网络。工业、农牧业、交通、电信、科研和技术服务、教育、卫生等重点领域对外开放措施快速落地并获得进一步发展。高标准市场体系基本建成，市场主体更加充满活力，产权制度改革和要素市场化配置改革取得重大进展，公平竞争制度更加健全，更高水平开放型经济新体制基本形成。跨国公司在四川民族地区不断设立面向全球的具有民族特色的工业加工制造中心、农牧业加工和销售中心、采购中心、供应链管理中心等功能性机构和开放式创新平台，初步建立外商投资全生命周期服务链。尝试打造“一带一路”外资合作桥头堡，初步集聚一批具有全球影响力的本土跨国公司，通过投资创新打造新型国际贸易发展聚集地，提升知识、技术密集型服务贸易能级。初步建立“一带一路”投融资中心，更多社会资金积极参与对外贸易，投资驱动贸易逐步转变为推动贸易新旧动能接续转换的关键动力，四川民族地区加快融入全球价值链、供应链体系。

2. 生态旅游国际性、联动性不断强化

充分利用四川民族地区独特的生态资源和丰厚的文化资源，推动旅游与文化、历史、生态深度融合，以新发展理念为指引，旅游资源优势和潜力得到有效发挥，旅游产业结构不断优化，四川民族地区旅游产业实现高质量发展。同时，生态旅游业作为四川民族地区对外开放的着力点更为夯实，与生态旅游业相关的交通运输、邮电通信、批发零售贸易、餐饮等对经济发展的贡献率实现大幅提升，四川民族地区生态旅游业开放度深入拓展和进深，相关产业实现高效联动和快速发展，对经济发展贡献度大幅提高。

3. 文化交流趋向特色化、平台化、品牌化

四川民族地区民族文化遗产标本库、基因库、素材库“三库”系统性保护实现多视角、多方面建设和发展，对外文化交流与合作实现多领域开放融合。一是民族文化精品创作能力和数量大幅增加。国家精神文明建设“五个一”、舞台艺术、影视精品、优秀剧本、美术创作收藏、重大出版等工程项目建设全面铺开，四川民族地区民族文化精品踊跃呈现，民族文化在国内和国际的影响力大幅提高。二是民族文化全媒体传播和数字化平台大规模建成。实现国家、省、市、县四级融媒体中心（平台）建设深度融入，有线电视网络整合和5G得到一体化、快速化发展，初步建成四川民族地区民族文化大数据体系。三是旅游目的地质量和品牌力大幅提升。巴蜀旅游文化走廊建设深度融入，民族文化旅游产业的优势得到多方位体现，游客服务、停车及充电、交通等得到高质量建设，服务设施建设、游客满意度、回头率等彰显四川民族地区旅游目的地质量和品牌力的要素质量得到大力改善。

（二）2035年远景目标

随着国家和四川民族地区各市州“十四五”规划纲要的落地落实，尤其是针对其提出的“加强物流基础设施建设；进一步放宽基础设施、公用事业等领域的市场准入限制；完善开发性金融、政策性金融支持农业发展和农村基础设施建设的制度；鼓励民生和基础设施重大工程采用创新产品和服务；加快构建高速、移动、安全、泛在的新一代信息基础设施，推进信息网络技术广泛运用；完善跨境陆海缆基础设施；开放民间资本进入基础电信领域竞争性业务，形成基础设施共建共享、业务服务相互竞争的市场格局；统筹布局，建设国家大数据平台、数据中心等基础设施；建立关键信息基础设施保护制度，构筑现代基础设施网络”等新一代信息技术及基础设施、交通和物流等传统基础设施的建设和完善，必然会使四川民族地区对外开放水平获得更进一步提升，甚至可能是大幅改善，这无疑会为四川民族地区新阶段对外开放和经济发展提供强劲动力支持。

从长远看，随着对外开放、技术进步和经济发展水平的不断提高，未来的国内市场、全球市场必然深度融合。全球化的过程也是面对问题并解决问题的螺旋上升过程，中国以国内大循环为主体、国内国际双循环相互促进的新发展格局在推动中国走向更高层次开放型经济过程中，必将引领新一轮全球化。这就需要四川民族地区加快融入到“一带一路”倡议、经济全球化融合发展趋势等新的全球治理规则和安排当中，主动打造新的基于规则的全球治理体系的四川民族地区对外开放发展方案，以优化国际治理构建创新、活力、联动、包容的开放型世界经济，让全球化真正普惠全球大众，引领新全球化浪潮，推动构建人类命运共同体，实现全人类共同发展、共同繁荣，最终实现全方位、高层次、多领域的国内国际双循环对外开放新格局高质量发展目标。

1. 基本建成现代化国内国际贸易新体系

重点领域和关键环节改革全面深化，全域开放格局有效形成，飞地经济实现规模化、深度融合化发展。体制机制束缚基本破解完成，国家、省区域发展大战略基本实现全时、全地融入，对口支援政策全面深化，发展空间实现全域拓展。

服务业基本实现全域化发展，四川民族地区基本建设成为外资重点选择地，基本建成面向全国乃至全球的投资促进网络。工业、农牧业、交通运输业、5G等互联网基础设施、金融服务业、科研和技术服务、教育、卫生等重点领域开放政策和措施全面落地，基本实现全方位对外开放。“一带一路”外资合作桥头堡基本打造完成，具有全球影响力的本土跨国公司集聚形成高竞争能力规模，知识、技术密集型服务贸易能级实现跨越式提升，基本建成现代化国内国际贸易体系，在全球价值链、供应链体系中占据重要地位。

2. 生态旅游开放基本实现全域化、高水平国际化

依托九黄、红原机场辐射周边区域的“两小时航空经济圈”的高质量建成，旅游发展空间布局全方位优化。公路、铁路与航空运输有效衔接，各县（市）连接机场的交通通道全地域顺畅。航空运输与旅游产业深度融合发展，航空落地自驾游及配套服务等旅游新业态、新模式快速发展，旅游市场的深度和广度大幅拓展，旅游业实现动态快速提档升级。航空物流基地形成规模，航空物流产业、特色产品出口等相关产业实现现代化发展。

3. 文化交流特色化、平台化、品牌化明显

对外文化交流与合作初步实现全方位、全领域，特别是文化输出民族特色化、交流方式平台化、影响力国际品牌化效应较为明显。一是民

族文化精品创作影响力大幅提升，具有国内国际大影响力的创作基地顺利建成并投入使用。舞台艺术、影视精品、优秀剧本、美术创作收藏等工程项目竣工，民族文化精品大幅呈现。二是民族文化全媒体传播和数字化平台大规模建成。融媒体中心（平台）建设形成较大规模，有线电视网络整合与互联网等实现一体化发展，民族文化大数据体系有效健全并不断丰富完善。三是旅游目的地质量和品牌力大幅提升，成为巴蜀旅游文化走廊引领性节点，更多彰显四川民族地区文化旅游目的地质量的特色民族文化走廊建成，品牌影响力获得空前提高。

三、路径与保障

立足“一带一路”“新时期西部大开发”“东西部一体化发展”“融入全国统一大市场”“构建新发展格局”等新战略、新格局、新发展阶段，四川民族地区对外开放深入发展必须以国家战略导向为根本准则。《中华人民共和国国民经济和社会发展第十四个五年规划和2035年远景目标纲要》中“战略导向”部分明确指出，“‘十四五’时期推动高质量发展，必须立足新发展阶段、贯彻新发展理念、构建新发展格局。必须坚持深化供给侧结构性改革，以创新驱动、高质量供给引领和创造新需求，提升供给体系的韧性和对国内需求的适配性。必须建立扩大内需的有效制度，加快培育完整内需体系，加强需求侧管理，建设强大国内市场。必须坚定不移推进改革，破除制约经济循环的制度障碍，推动生产要素循环流转和生产、分配、流通、消费各环节有机衔接。必须坚定不移扩大开放，持续深化要素流动型开放，稳步拓展制度型开放，依托国内经济循环体系形成对全球要素资源的强大引力场。必须强化国内大循环的主导作用，以国际循环提升国内大循环效率和水平，实现国内国际双循环互促共进”。从四川民族地区现实情境出发，充分发挥自身自然资源丰富、生态本底好、旅游景点多和质量高、民族文化繁荣等资源基础优势以及国家和四川省针对四川民族地区支持政策倾斜力度大、其他地区对口支援和帮扶力度大等政策优势，积极探索促进对外开放程度加深、水平提升、效率改善的路径，为四川民族地区铸牢中华民族共同体意识同步现代化、经济社会高质量发展夯实基础，提供可靠保障。

基于此，本书提出四川民族地区对外开放视角铸牢中华民族共同体意识同步现代化、推动经济社会高质量发展应主要着眼于以下几个维度。一是注重规划引领，完善顶层设计，主要在高效对接与利用国家、省市发展战略和政策红利、充分开发国内市场、积极扩大国际市场、锚定重点领域和关键环节的开放目标与实施路径、打造引领市场主体发展的优质平台和营商环境等方面加大规划和设计，明确对外开放高质量发展路径指引。二是加强对口支援与合作共进，主要在完善财政转移支付制度、建立健全补偿机制、优化省际对口支援长效运行模式、创新省内对口帮扶与合作方式、加大吸引社会资本投入力度、提高资本利用效率等方面加大制度改革和优化力度，为对外开放高质量发展提供制度保障。三是加快打造特色产业，着力提升品牌效应，主要在锚定农牧业优势产业、强政策引龙头拓市场、打造生态旅游特色产业、提高受众热度与广度、创新文化产业发展模式、助推文化产业转型升级等方面聚焦核心优势产业发展，为对外开放高质量发展提供经济发展原动力。四是加大基础设施和贸易合作通道建设力度，主要在完善交通和物流基础设施建设、优化产业功能区布局和产业园建设、加快“互联网+”等新型基础设施建设等方面同步加快传统型和新型基础设施建设，完善进度，为对外开放高质量发展塑造网络规模优势。具体而言，可分为以下几个方面。

（一）注重规划引领，完善顶层设计

1. 高效对接与利用国家、省市发展战略和政策红利

把握国家推进“一带一路”和成渝地区双城经济圈建设机遇，进一步提升四川民族地区区位优势，加快步入和发展更高层次区域和空间。积极融入国家构建双循环新发展格局，加速发展特色优势产业，释放内需活力。

“一带一路”建设是习近平最先提出的倡议，对中国而言，这个倡议是要形成陆海内外联动、东西双向互济的开放格局；解决中国自身对外开放不平衡、不充分的空间布局问题。更重要的是，“一带一路”倡议中特别强调的基础设施互联互通，实际是着眼于世界经济增长的大局。正如习近平所说：“我们要下大气力发展全球互联互通，让世界各国实现联动增长，走向共同繁荣。”联动增长、利益融合是“一带一路”倡议的初心，既是开放型世界经济发展的内在要求，也是开放型中国经济发展的必然路径，更是处于“一带一路”关键节点的四川民族地区对外开放的重大机遇。

在国内市场国家政策方面，《中共中央关于制定国民经济和社会发展第十四个五年规划和二〇三五年远景目标的建议》明确提出“形成强大国内市场，构建新发展格局”的部署，强调要“坚持扩大内需这个战略基点，加快培育完整内需体系，把实施扩大内需战略同深化供给侧结构性改革有机结合起来，以创新驱动、高质量供给引领和创造新需求”。这是对四川民族地区“十四五”时期乃至未来更长时期对外开放和经济发展战略、路径做出的重大部署，四川民族地区要以此为纲，以国内市场为核心，以国际市场为重点，加快建立健全以工业、农牧业、旅游业为主体的经济、民族文化为关键的全方位对外开放体系，塑造国

内国际双循环相互促进的新发展格局，培育新形势下四川民族地区参与国内国际合作和竞争新优势，从而推动四川民族地区对外开放更高质量、更有效率、更加公平、更可持续、更为安全地发展。

在国内市场省上政策方面，牢牢把握四川省推动“一干多支、五区协同”战略布局契机，强化四川民族地区示范区特色工业、农牧业、文化和旅游业融合发展能力，用好用足省上政策，助推对外开放深度化和高层次化发展。尤其是省内外开放的重点即飞地经济发展方面，积极争取更多有利于四川民族地区发展的优惠政策，用好用活省上支持民族地区发展的优惠政策。按照招大引强、招强引优的思路，加大招商引资力度，确保四川民族地区对外开放和经济高质量发展。坚持稳中求进的工作总基调，在项目投资、产业升级、城市功能、城乡一体化、乡村振兴等各方面提能升级上下功夫，积极争创国家级开发区、世界级旅游目的地、文化交流合作地。

在国际市场国家大政方针方面，旨在实现亚欧非大陆与海洋经济、政治人文的互联互通，共同打造人类命运共同体的“一带一路”倡议的提出，为处于“一带一路”国内沿线的重要节点的四川民族地区提供了无可比拟的机遇，四川民族地区应以旅游业为支柱产业，以工业和农牧业转型升级为全局性产业，以文化交流交往为关键产业，着力打造连通国内外的西部引领发展地区。同时，作为新时代西部大开发重点地区，四川民族地区作为“向西开发、沿边开发”的主力军，具有较强的区位优势、资源优势、文化优势、语言优势以及市场优势，其方针政策、地缘特征、要素流动、经济变革以及文化心理等，也都契合了“一带一路”倡议和新时代西部大开发对于实现区域外向型互惠发展的总体要求，高效对接并利用国家、省市发展战略和政策红利，为四川民族地区新时代、新格局下全方位对外开放打下坚实基础。

2. 充分开发国内市场，积极扩大国际市场

在充分开发国内市场方面，要大力推进实施四川民族地区兴民富民

行动计划，进一步促进沿海企业、加工贸易和开发区西进，加强基础设施建设，切实改善投资环境，做好沿海地区产业转移承接工作，在有条件的民族地区优先建立国家承接产业转移示范基地。推动有条件的经济技术开发区升级为国家级开发区，提高国内国际市场影响力。通过进一步扩大对外开放，逐步形成以开放促发展、促繁荣、促稳定的四川民族地区新开放、深开放格局。

在积极扩大国际市场方面，在保持对外贸易发展和整体经济稳定运行的情况下，注重优化贸易结构，提高进出口贸易质量。积极提升四川民族地区市场对外开放程度，改变当前贸易发展主要依靠农牧业、工业和文化旅游等产业出口的既有模式，实现对外贸易增长方式由依靠规模扩大向依靠质量提高的转变，进一步优化四川民族地区农牧业产品结构、主体结构，提升四川民族地区在全球产业链、价值链和创新链中的地位，这也正是四川民族地区对外贸易发展由多向优转变的关键。

此外，深度挖掘四川民族地区自然生态资源的先天优势和禀赋，积极利用扩大旅游、文化等优质生态资源影响力等方式促进四川民族地区对外开放水平的再提高和贸易收支的再平衡。通过投资主体结构等的优化促进省内省外国企、民企、外企协同发力，促进本地飞地园区的快速发展，实现产业园区产品的质量提升和竞争力优势的改善，为对外贸易发展方式高质量转变提供结构性支撑。

3. 锚定重点领域和关键环节的开放目标与实施路径

坚定不移推进改革进程和扩大开放力度，破除制约高质量发展、高品质生活的体制机制障碍，强化有利于提高资源配置效率、有利于调动全社会积极性的重大改革开放举措，持续增强对外开放和经济发展的动力与活力。

充分发挥四川民族地区矿产资源和牧业、林业资源优势，强化招商引资能力，为外部资金引入、基础设施建设等对外开放重要环节和基础的巩固发展提供强劲内生动力。如凉山州地处著名的攀西裂谷成矿带，是中国乃至世界罕见的“聚宝盆”，这里矿产资源富集，综合利用价值高，已探明矿种84种，其中有相当储量的60种。同时，凉山州还是四川省三大牧区、三大林区之一，农林资源极为丰富。应积极发挥这种地区拥有的独特资源优势，扩大宣传力度，提升对外开放的资源禀赋优势的影响力。此外，当前积极推进的佛山—凉山农业产业园区建设，是广东省佛山市对口帮扶凉山州措施的具体落实，以同步全面建成小康社会为目标，集佛山、凉山两地之力，发挥各自优势，创新体制机制、优化发展环境、提升载体能力、承接产业转移、聚集产业发展、提升产业层次，积极深化产业对口支援帮扶开发合作，高质量拓展四川民族地区对外开放的空间和格局。

积极融入成渝地区双城经济圈建设，大力发展飞地经济，做大做强以人才为主的研发中心和市场营销中心，以及以资产为主的土地厂房（制造中心）和区位优势（交通物流中心），实现通过国内外开放带来的资金、技术、政策等要素的流动和集聚辐射带来的红利，做深做实补齐企业发展的生态环境，提高如自然环境、资金环境、生活环境、政府环境、社会风气等对外开放市场环境方面的服务能力，积极推动四川民族地区发挥优势、弥补劣势，打造现代化对外开放新格局。

此外，在科学制定规划和政府间有效合作基础上，借鉴国内外飞地经济发展经验，积极探索适合四川民族地区高质量对外开放和经济发展的新型飞地经济发展模式，如跨区域产业梯度转移模式、优质资源跨区域合作模式、跨区域园区平台共建模式、供应链跨区块整合模式、区际代工和品牌共享模式等，推动四川民族地区与飞地企业所在地区资源的高效整合，推动四川民族地区与飞地企业所在地区的协同发展。同时，在培育壮大特色产业方面，已建设的4个园区应按照现有布局和发展规划、产业发展指导目录，重点发展新材料、新能源、节能环保、生物医药、民族工艺美术文化等产业；新建飞地园区将紧密结合涉藏、涉彝、涉羌地区资源禀赋，在满足飞入地相关规划和环境准入要求的前提下，大力发展特色产业，提高资源综合利用效率，提升企业发展质量，努力延伸产业链。在激发创新创造活力方面，着力提高飞地园区自主创新能力，完善创新投入机制，引导支持创新要素向飞地园区的集聚，形成创新要素在四川民族地区工业园区的规模效应，从而为四川民族地区整体的创新发展和国内乃至国际创新合作打造坚实的平台基础。

4. 打造引领市场主体发展的优质平台和营商环境

一是提高政府服务质量，营造良好市场氛围。继续提高企业服务行政效率，适度超前减少社会资本市场准入限制；消除在招投标过程中，对不同所有制企业设置的各类不合理限制和壁垒。

二是减轻企业负担，激发创新活力。降低进出口环节合规成本，合理整顿事业单位、行业协会商会收费，降低企业社保费率，清理、规范金融机构收费项目，降低中小微企业融资成本，落实小微企业税收优惠政策，发挥政府采购政策功能，加大对创新产品和服务、核心关键技术的采购力度。

三是加强创业创新政策扶持，依法平等保护各类产权。健全科技成果转化体制机制，提升孵化机构和众创空间服务能级，完善对新兴业态的支持措施，建立完善本市知识产权管理服务体系，完善评估和风险控制体系，引导金融机构有效服务创新创业融资需求，加大创业担保贷款贴息及奖补政策支持力度。

四是重点缓解融资难问题，促进普惠金融发展。切实推动扶持中小微企业的优惠政策落地落实，积极推进银行、税务机构、企业三方联动，缓解中小微企业融资难题；研究促进创业投资行业集聚的政策措施，进一步发挥创业投资和天使投资引导基金作用；抓好支小再贷款、中小企业高收益债券、小微企业金融债券等相关政策落实，建立金融机构绩效考核与小微信贷投放挂钩激励机制。

五是大力完善企业服务工作机制，营造高质量发展环境。建立健全服务机制，加快企业服务云平台建设，建立健全诉求处理机制，对企业反映的问题及时响应，限期处置。形成梳理政策、更新政策、解读政策等机制，确保政策落到实处，加强政策制定实施的科学性和透明度，加强落实政策评估，完善政策执行方式，建立健全企业家参与涉企政策制定机制，增强企业获得感。

（二）加强对口支援与合作共进

1. 完善财政转移支付制度，建立健全补偿机制

四川民族地区仍存在经济起点较低、财政转移支付制度不够健全等问题，对其经济发展和对外开放的进一步深化都会形成不利影响。基于此，积极完善财政转移支付制度，建立健全相应的补偿机制，如生态产品中的自然资源、旅游资源、文化资源等，大力实行以中央财政为主，省级财政为辅的财政转移支付形式。这是由于四川民族地区如西北江河源区、川西岷山—邛崃山、横断山南部生物多样性保护区功能区和川滇森林生态以及生物多样性保护区等都是长江、黄河水系的上游区，生态产品的受益范围往往是跨区域甚至是全国性的，四川民族地区应积极向中央政府申请生态产品补偿，同时加强与发达地区生态产品转化经验的交流与借鉴，大力推动本地生态产品的高质量转化。

从四川本身的财政状况来看，四川省目前财政支出需要依靠中央转移支付，在这种状况下，对这些地区的生态产品补偿，实行以中央财政为主、省级财政为辅的财政转移支付形式应当说是比较符合实际的。从广义而言，实行以中央财政为主，省级财政为辅的财政转移支付形式，也正是中央政府对四川民族地区的对口支援和促进四川省级政府与民族地区政府在财政上合作共进的具体表现形式。

2. 优化省际对口支援长效运行模式

作为一种在我国存在和实践多年的横向府际关系制度，省际对口支援模式具有经济上的有效性和制度上的优越性。省际对口援助政策在地

方政府的合理调节下，能够有效形成推进四川民族地区与其他省之间经济平衡发展的一种行之有效的新模式和新机制。

在省际对口支援中，公共基础设施投资是对外开放和经济发展的基础性条件，要合理引导省际对口支援的投入方向和使用效率。要重点支援有利于发展受援地具有比较优势和竞争优势的产业的基础设施和配套条件，降低微观经营单位的生产成本和交易成本，并发挥其规模经济效应。蔡宏波、逄慧颖、雷聪（2021）研究发现，“一带一路”倡议实施以来对贸易发展的影响主要表现在货源型外贸上。为了进一步推动四川民族地区对外贸易发展，应当用好当地政府大力度、针对性扶持的有利因素，经营和资源双管齐下，大力支持当地经营类企业从事进出口业务。

与此同时，也要增加有利于软性制度环境建设和改良的投入资源，增加有利于提高和改善以人力资本为目的的诸如教育、健康等方面的对口支援力度。如在项目对口支援方面，东部沿海地区、中部地区对口支援四川民族地区的项目，应当紧紧围绕交通、新基建、能源设施等基础设施建设内容开展，积极推进国内地区之间，特别是东部、中部与四川民族地区之间的互联互通，为整个中国与世界的陆路互联互通夯实基础。同时，东部、中部和四川民族地区要加强合作，充分发挥各自的比较优势，积极参与高铁外交，共同推进国际骨干通道建设，逐步形成连接亚洲各次区域及亚欧非之间的基础设施网络，推进中国与世界的互联互通，以突破传统瓶颈对我国尤其是四川民族地区陆路对外开放和对外延展的束缚与掣肘。

在运行机制方面，积极推进四川民族地区与其他省之间对口支援长效运行机制的建立健全。一是协同发挥政府与市场在对口支援长效运行机制中的不同作用。充分发挥“市场机制在资源配置中的决定性作用”与“政府的支持、规划、服务与辅助作用”。正确认识“中央政府与各级地方政府”与“市场”的各自职责和作用，深入挖掘市场、政府和社会各自的优势和潜能。二是不断完善对口支援政策实施过程中相关制度的建设。提高政策的实施效率在支援省市和四川民族地区建立对口支援的事务与财务相对应的公开透明制度，增强公共援助资金整体预算的协调性和使用透明度。三是转变对口支援政策实施方式。由原来的单一化政策工具向精细化、综合化方向转变，以有效缓解四川民族地区多样化治理诉求。根据具体受援地区的不同情况，有针对性地选择差异化的政策工具组合。

在政府职能履行方面，进一步完善四川民族地区对外开放和经济发展政策，深入优化服务型政府职能。如在承接产业转移和获得对口支援方面，构建良性产业转移机制，确保互利共赢。四川民族地区地方政府要充分利用对口支援区域合作平台机制，将承接东部沿海地区及中部地区产业转移的工作与构建地区间互动发展的产业合作体系相结合，加快建立健全良性产业转移机制。在平等自愿、合理有效的原则下，以四川民族地区产业发展需要为基础，优先转移有利于四川民族地区长期发展的产业；鼓励东部沿海地区经济效益优势大的龙头企业作为产业转移的重点对象，为四川民族地区带来优良的技术、设备、人才和经验，切实优化四川民族地区的产业结构。

3. 创新省内对口帮扶与合作方式

在强化省内对口帮扶与合作力度的实际工作中，应该注重创建开放式的帮扶和协同共进的工作模式，借助市场资源的力量形成帮扶的引导模式，将人才培养、产业发展和就业等方面全面整合在一起，争取到更多国内与国外的投资者参与到相关帮扶开发活动中，在推动四川民族地区对外开放有效发展的同时，保证帮扶合作的工作效果高质量呈现。

首先，明确具体的对口帮扶关系，创新帮扶形式。在四川民族地区建设先进的基础设施，强化各个地区之间的人才交流力度，在医疗领域方面与教育领域方面精准帮扶。同时，帮扶地与四川民族地区共同创建合作型国内外贸易方式，拓宽四川民族地区对外开放通道，促使国内国际物流产业的良好发展，形成良好的帮扶基础和引导力量。

其次，强化省内强市与四川民族地区在农牧业、旅游业、文化产业、旅游业等方面开放型、交流型的合作力度。积极开发农牧产品销售、乡村旅游、文化旅游等方面的相关帮扶模式，争取可以在进一步绿色开发四川民族地区农牧业、旅游业、文化业的情况下，增加居民经济来源和对外贸易、交流渠道，提高四川民族地区对外开放，推进其在对外开放模式中“补短板”的进程。

4. 加大吸引社会资本投入力度，提高资本利用效率

四川民族地区虽然拥有资源丰富的优势，但由于这种资源优势向经济优势的转化需要大量的启动资金，因而发挥资源优势的关键就是解决资源开发的资金、吸引社会资本投入力度的问题，同时这也能够有效解决资金来源渠道不畅、封闭落后等对外开放发展的现实问题。因此，发展四川民族地区资本市场是必不可少而又十分有效和快捷的筹资途径。

利用资本市场开辟融资渠道，一是可以通过发行证券和产权交易，盘活本地国有企业大量闲置的存量资产，把死资本变为活资本，投入到有竞争优势的资源加工企业和相关产业中，实现地区资源产业结构的调整；二是可以通过鼓励与资源开发相关的企业发行股票并上市，筹集企业发展资金，进行技术改造和产业升级；三是可以通过金融创新，实行资源证券化，以资源换资金，把大量闲置的自然资源以发行债券或股权融资的方式变成资本，作为开发资源和提高开发技术的投入，并可用以开发更多的资源，形成真正的资源优势，这是解决西部民族地区资源开发融资问题的重要出路；四是可以通过组建专项基金等方式对外融资，广泛吸纳外部资金，进行资源开发，同时实现对外开放局面的进一步拓宽。

吸引社会资本尤其是国外资本的重要方面是其技术外溢效应，使国内省外及国外大企业先进的技术能够被本土企业学习和模仿，继而提高四川民族地区本土企业的技术创新能力。首先，优化资金和设备配置。对于四川民族地区本土企业来说，资金和设备是能否把从外资企业学到

的技术运用到自己产品中与能否创造出属于企业自己高新技术的关键。政府应该对有发展潜力和科研创新能力的企业给予资金和设备上的双重支持。其次，优化人员配置。对于拥有丰富技术经验的人员或者丰富管理经验的人员，要使他们的才能和智慧在真正的平台上得到充分的发挥，政府要帮助企业寻找技术人才和管理人才。最后，加大信息资源共享。政府要组建企业信息共享系统，分享对企业有帮助的信息资源，提高技术和管理经验的扩散速度，使外资利用效果最大化。

（三）加快打造特色产业，着力提升品牌效应

1. 锚定农牧业优势产业，强政策引龙头拓市场

强化农牧业政策引导和扶持效应。四川民族地区农牧业政策要以市场为基础，以政府政策为导向，依托当地特有资源，锚定特色农牧产业发展特色和优势产品，助推国内市场和国际市场的再开拓。对四川民族地区的粮食主产区，继续加大政策倾斜力度，设立重大农业发展专项基金；对特色农业基地建设给予税收优惠及贷款支持，把基地建设与主导产业的形成紧密结合起来，推进生产专业化、集约化经营，扩大基地规模，做大做强国内市场。通过完善财政转移支付制度，加强对畜牧业产业化主体的培育与扶持，加快草场经营权的规范，转变畜牧业经营管理方式，加大畜牧业基础设施投入，完善牧区科技支撑体系。推动农牧业产业化进程，实行特色农业与绿色农业和品牌农业相结合。对于小户农牧民，由银行实施小额贷款计划，并确保资金落实到位，助力拓展国内和国际市场。

提高农牧业与生态建设有机结合力度。四川民族地区农牧业优势产业的再发展还要注重农牧生产与生态建设有机结合，按照风险共担的原则组织规划农牧业，形成大产业、进入大流通；围绕区域性特色产业，优化资源配置，专业化生产、一体化经营。同时，通过市场牵龙头、龙

头带基地、基地连农牧民的形式积极带动加工、储藏、运输、营销等相关产业的发展，积极吸引国内外社会资本的投入，广泛开辟农牧民就业渠道，大力打造四川民族地区农牧民新开放和新收入的着力点、增长点。

2. 打造生态旅游特色产业，提高受众热度与广度

制定高品质、特色化生态旅游发展路线。四川民族地区旅游资源丰富、民族文化资源独具特色，生态旅游发展具有良好的资源基础，但也必须看到该地区海拔高、经济贫困、生态脆弱、可进入条件差、景区分散、空间距离远、文化环境脆弱等问题，旅游产业发展不能走传统的老路，务必考虑到生态问题和文化保护问题，要把资源开发、文化展示和生态环境保护有机结合起来，充分挖掘四川民族地区生态旅游的精髓和内涵，激发人们对自然的尊重和自身生存环境意识的反思，走高品位、可持续的旅游发展路线。

打造多功能、多融合的新型旅游业态。作为四川民族地区主导产业，把生态旅游业作为战略性新兴支柱产业加以重点培育，积极建设四川民族地区黄金旅游带，大力发展农家乐乡村旅游业、牧场旅游业、古镇古村游、民族风情游、农林采摘游和红色旅游等特色生态旅游业，形成集养生、休闲、度假、养老等多种功能于一体的新型旅游业态。其中，注重四川民族地区生态环境质量保持全国较高水平，推动重要的国家生态安全屏障日益巩固，所属县（市）州积极提升并达到国家生态文明建设示范标准，建设成为全国乃至国际生态文明高地，率先实现碳达峰和碳中和目标，应成为四川民族地区打造多功能、多融合的新型旅游业态的重中之重。

优化生态旅游产品体系。以加快发展生态旅游经济和令人民群众更加满意的现代服务业为核心，着力优化四川民族地区生态旅游产品体系，创新旅游营销宣传，强化旅游要素保障，全面提升旅游管理和服务水平，提高旅游产业品牌受众热度与广度，提高旅游业的知识技术密集

度和品牌效应，有效提高在国内外的影响力和竞争力。积极提升旅游业的附加值，以发挥生态旅游业的关联效应，带动相关产业的发展和产业结构升级，加快实现双开放格局下四川民族地区环境、经济、社会全面协调和可持续发展。

3. 创新文化产业发展模式，助推文化产业转型升级

打造文化产业特色示范区发展模式。中华民族共同体意识全面铸牢，中华文化始终是各民族的情感纽带和心灵归属，四川民族地区文化是中华文化不可分割的一部分的思想深深扎根在群众心中，这是推动四川民族地区文化事业或产业发展的根本前提。就具体路径而言，要依托丰富的民族文化资源，遵循特色性、民族性、文化性、乡土性等原则，打造民族文化品牌，从供给上增加高端产品的有效供给，生产更多更好的代表优秀传统文化、满足群众需求、符合市场需要的民族文化产品，把民族文化资源优势转变为对外开放和经济发展优势，进而推动四川民族地区全面对外开放和协调发展。四川民族地区可挖掘文化内涵，开辟、建立不同类型的文化旅游区，如建立羌族文化旅游区、藏族文化旅游区等，供游客参观访问；探究挖掘民族文化，打造康定情歌节、凉山火把节，文化旅游节庆品牌，保护民族文化资源。

推动文化产业数字化发展。加快发展新型文化企业、文化业态、文化消费模式，壮大数字创意、网络视听、数字出版、数字娱乐、线上演播等产业。加快提升超高清电视节目制播能力，推进电视频道高清化改造，推进沉浸式视频、云转播等应用。强化以文塑旅、以旅彰文发展机制，打造独具魅力的四川民族地区特色文化旅游体验。深入发展大众旅游、智慧旅游，创新旅游产品体系，改善旅游消费体验。加快对旅游品牌、资源与服务的整合，打造一批民族文化特色鲜明的国家级旅游休闲城市和街区，建设一批富有文化底蕴的世界级旅游景区和度假区。

实施“文化+”发展模式。大力实施“文化+金融”“文化+科技”“文化+贸易”等发展模式，实现技术与市场互利共赢，调动各方资

源和积极性，加快民族文化产业升级。同时，树立全球视野，充分挖掘“一带一路”中涉及历史与民族文化的融合点，抓好“一带一路”和新时代西部大开发的机遇，加强精品文化交流，打造“文化+新丝路”发展模式，呈现最具有引领与代表作用的文化内容，创造四川民族地区特有的旅游产业模式和品牌。不断扩大文化认同，提升民族文化品牌的民族特色和核心竞争力。大力提升文化产业的创新、创意水平，以创意设计引领民族特色文化产业发展，推动四川民族地区文化产业快速迈向全球市场。

（四）加大基础设施和贸易合作通道建设力度

1. 完善交通和物流基础设施建设

全面融入新发展格局，抢抓西部陆海新通道、成渝地区双城经济圈建设等重大战略机遇，以市场为根本，以企业为主体，以创新为动力，特别是在项目、资金、人才等方面加大支持力度，助力四川民族地区加快构建进出顺畅、互联互通、成环成网、安全便捷、服务完备的综合交通运输体系。加速建成四川民族地区区域性综合交通枢纽，合力推动交通运输发展再上新台阶，为四川民族地区创建国家全域旅游示范区、国家生态文明建设示范区等提供更好的交通运输支撑。

大力发展铁路、高速公路、航空经济带，深化“交通+”融合发展，以“畅通道、强骨架、通网络、提服务”为重点，加强机场、铁路场站与高速公路、国省干线、轨道交通、沿线城镇的顺畅衔接和高效转换，对接国家大环线、融入省内中环线、畅通州内小环线，进一步优化交通网络和枢纽布局。以川藏铁路建设为契机，发挥川藏铁路辐射带动作用，加快推进产业布局，稳步提高沿线城镇化水平，主动对接成渝地区双城经济圈，全面融入以国内大循环为主体、国际国内双循环相互促进的新发展格局。加强国省干线公路提档升级和服务能力建设，促进高速公路向四川民族地区腹地延伸、向国家高速路网融入。大力发展航空运输，加快四川民族地区机场建设工作，提升九寨黄龙机场、红原机场等重要机场运营能力，拓展机场航线航班，加快建设通用机场，尽快建成“内通外联、网络完善”的综合交通运输体系。

以发展旅游交通为突破口，大力改善旅游基础设施条件。及早建设通往民族地区重要景区的支线机场，加快主要旅游线高等级公路和旅游专用公路建设，改善海螺沟、泸沽湖等景区的路况，大力建设九龙至稻城、色达至翁达等国省干线，提升环贡嘎山旅游圈、环亚丁机场旅游圈、环格聂景区旅游圈等旅游公路，尽快形成成都联结四川民族地区各主要景区的高等级旅游公路网络。加强旅游度假区供电、供水、卫生、绿化、城建等基础设施建设，改善住宿、餐饮、游览、购物、娱乐等配套设施，改善接待条件。重点解决民族地区重要景区的国际国内通信畅通问题。

完善物流基础设施建设。坚持大力畅通“一带一路”重要节点的原则，统筹推进基础设施建设，建立健全互联互通的基础设施体系。加快物流通道建设，整合现有物流资源，积极建设物流通道，打造国内乃至国际物流枢纽。打通关键节点，提升通达能力，构筑海运、铁路、公路、航空等运输方式有效衔接、相互补充的国际经贸大通道，布局建设物流集散中心，推进物流安全检测标准化建设，加快完善城乡客运体系，提高交通运输效率，将四川民族地区打造为西部重要的物流枢纽中心。

2. 优化产业功能区布局和产业园建设

大力发展数字经济，强化大数据、区块链、人工智能、云计算等信息技术产业支撑，积极建设四川民族地区大数据平台。统筹四川民族地区内外部资源，做大做强飞地园区，推动工业集中区特色化、集聚化发展。大力发展电子商务和普惠金融，完善覆盖电子商务公共服务网络。培育壮大成长型服务业，积极发展医疗康养、数据信息、应急保障、人力资源等服务业，打造生态康养产业基地，推动数字化和智能化建设。

大力发展通道经济和流域经济，加快开发沿线旅游资源，积极发展物流、商贸等产业，引导人口和产业向交通沿线聚集，加快流域综合开发和治理，打造四川民族地区重要特色产业发展集中区和全域旅游示范集中区，形成四川民族地区人口和城镇集聚区、产业发展核心区、产业融合示范区和乡村振兴示范带，推动使对外开放深入实施到通道、流域等的“毛细血管”。

3. 加快“互联网+”等新型基础设施建设

加快信息基础设施建设。在四川民族地区对外开放发展中的基础设施建设不仅要完善传统的常用的交通设施和物流方式，还要重视并集中力量加大对通信、信息网络等新技术的基础设施的投资和建设，积极打造智慧通信、智慧交通、智慧物流等，以便进一步提高交通和物流效率，为对外开放能力的不断提升和基础设施的稳固提供坚实的基础。

实施网络强基行动计划，把握数字化发展趋势，构建高速信息网络。加快5G等通信网络建设，消除主干道信号盲区，实现城市、重点乡镇、机场以及重点景区通信网络全覆盖，推进信息进村入户。加强信息技术应用，推进物联网建设，加快对智慧城市、智慧社区、智慧旅游、智慧医疗、智慧教育、智慧农业等的建设，打造智慧数字高赋能的四川民族地区，从而全方位地改善四川民族地区网络基础设施现状，推动四川民族地区对外开放高质量发展，有效提升其竞争力。

推进文化信息资源共享工程建设。加快智慧博物馆建设，尤其是传统媒体和新兴媒体融合发展、智慧广电建设、移动多媒体广播电视、广播电视数字化、有线无线卫星广播电视网智能协同覆盖、全国有线电视网络智能化建设和互联互通平台建设。大力推动非物质文化遗产保护与振兴，主要包括民族和民间艺术、传统工艺美术保护与发展，国家历史文化名城（镇、村）和文化街区、民族特色村镇保护，中华老字号的保护与发展等，推动四川民族地区民族文化艺术精品的国际营销与推广，推动民族文化加快“走出去”。

‖第七章‖

科技发展

科学技术是第一生产力，是先进生产力的集中体现和主要标志。当今世界，新科技革命迅猛发展，信息科学和技术、生命科学和生物技术、能源科学和技术、纳米科学和技术不断取得新突破，正在深刻改变经济和社会面貌，科技已成为支撑和引领经济发展和人类文明的主要动力。党的二十大报告中将科技创新的重要性提高到新的高度。报告指出，“教育、科技、人才是全面建设社会主义现代化国家的基础性、战略性支撑。必须坚持科技是第一生产力、人才是第一资源、创新是第一动力，深入实施科教兴国战略、人才强国战略、创新驱动发展战略，开辟发展新领域新赛道，不断塑造发展新动能新优势”。明确提出我国要“完善科技创新体系”，“加快实施创新驱动发展战略”，到2035年的目标是要实现高水平科技自立自强，进入创新型国家前列。2021年中央民族工作会议强调，“全面建设社会主义现代化国家，一个民族都不能少”。而民族地区科学技术发展目前仍然面临许多制约，民族地区依然是全面建设现代化国家新征程中的短板。民族地区科学技术发展是实现中华民族高水平科技自立自强的重要组成部分。这就要求我们始终坚持铸牢中华民族共同体意识，推动民族地区提升科技创新力量和融入新发展格局，推动各民族共同实现社会主义现代化。

四川民族地区地处川藏、川滇连接线，是川藏、川滇科学技术和经济文化交流的重要连接通道，在科技创新发展道路上既吸纳了四川省中部地区的先进经验，也保留了民族地区从四川省其他平原地区生产方式中探索出的独特生产技术，为全省乃至全国科技发展和科技应用做出特殊贡献。到2035年，四川民族地区将大幅提升科技发展水平，建成以科技创新引领的智慧型社会，成为四川省经济区科技创新和应用的重要组成部分。

一、历史与现状

（一）历史

1. 中华人民共和国成立前

从考古发现可以确切证实的历史看，四川省的科技发展史目前可以追溯到距今4550年，生活在当时巴蜀地区的先民那时已经进入新石器时代。公元前1770年左右，巴蜀地区进入青铜器时代；春秋时代（前770—前476）巴蜀地区进入铁器时代。巴蜀地区科技发展成果以丝绸、制盐和农业等最为文明。有学说认为丝绸的源头就在古巴蜀。在三星堆考古发现60周年暨巴蜀文化与历史学术研讨会上，有学者认为，早在距今4500年前，蜀人就向中原输出先进的养蚕技术，表明蜀文化的发达程度已超过商文化；另据近年来的考古发掘，更进一步证实了丝绸之源在四川的说法。从四川广汉三星堆遗址中出土的大型青铜纵目人面具和雕在青铜爬龙柱形器上的酷似蚕身的烛龙以及巴蜀青铜器上的许多蚕纹和采桑图案来看，早在商周时期蜀人就已具备较为熟练的养蚕缫丝技术了。《仙传遗拾》载："蚕丛氏自立王蜀，教民蚕桑，作金蚕数千头。每岁之首，出金头蚕，以给民一蚕，民所养之蚕必繁孳……蜀人因其遗事，年年春置蚕市也。”《茅亭客话》写道：“蜀有蚕市……古蚕丛氏为蜀王。”由此可见，蜀国开国君王因发展桑蚕，并常以蚕桑与华夏贸易。到现在阿坝州茂县还留有因蚕和蚕丛而得名的蚕陵山、蚕崖石。古吐蕃人的服装最初皆以牛羊毛皮为原料，古诗《缚戎人》中记吐蕃人“身着皮裘系毛带”，其腰带很具民族特征，既不同于汉人的绦带，又不同于北方民族和西域诸族的革带，而是以纺绩编结而成的毛带，牛毛也用于纺绩，还有以牛羊毛混纺而成的高级毛料称作氆氇，可广泛用于制作战袍、官服以及便装。

农业方面古巴蜀地区历史悠久，农具的创新、技术的提高和水利工程的大举兴修对巴蜀传统农业发展有巨大贡献。其中最主要的科技创新成果要属都江堰水利工程。驰誉中外的都江堰水利工程建于先秦时期，是四川人民伟大的科技创新成果，不仅灌溉了成都平原，使其成为富饶之地，也造福于川西人民。四川先秦时期在经济、文化、知识、技能等方面的辉煌成就造就了早期的蜀文明，而早期的蜀文明开创了四川的文明史。《华阳国志·蜀志》既记录了开明氏治水，也记录了李冰建都都江堰，其中有“开明决玉垒山以除水害”。根据比《华阳国志》早一百多年成书的《风俗通》及《水经·江水注》中的记载以及后来的考古发现，李冰在秦昭襄王中期（前276年）入蜀，上任两三年后，因政治、经济、军事和民众的迫切需要，便在前任治水的基础上带领各族人民主持建都江堰，历时二十余年。都江堰是我国古代文明史中的光辉篇章，是历代各族人民以奇勇大智战天斗地的伟大创举，其选址之精当，工程之独特，技巧之高超，结构之科学，管理之完善，效益之先河，文化底蕴之深厚，堪称世界水利奇观之最。纵观历史，与其同时代修建的我国古老的大型水利工程虽然也有不少，但因年代久远，或湮没、或毁坏、或失效，现在均荡然无存，唯有都江堰能经千秋风雨，历久不衰，至今还生机勃勃。四川民族地区除受都江堰惠泽以外，在封建时期的农业生产还是以畜牧业为主，古松潘及吐蕃等地在历史发展中经历了漫长的游牧时期。总的来说牧民们没有长期固定的生产生活场所，科学技术自主创新也比较有限，和当时中原地区相比还有较大差距。

2. 中华人民共和国成立后至改革开放

中华人民共和国成立后，针对东西部差距巨大的现实，中央把有计划、按比例发展作为社会主义的重要经济规律，采取了“区域均衡发展”政策，直到党的十一届三中全会以后，随着党的工作重心的转移，这一政策才逐步加以重大调整，这一时期，四川民族地区科技得到较大发展。

1956年，党中央号召全国人民“向科学进军”，制定了我国第一个科学技术长远发展规划。在宏观背景下，四川民族地区也开始迈出了学习科学技术、应用科学技术的步伐。在农牧业方面，现代农牧业的部分科学技术成果开始在生产中得到应用和推广。不少农区使用了农机工具，并开始了良种的选育和推广工作。畜牧业在传统的放牧、剪毛、屠宰的基础上，发展了纺织、服装、皮毛加工、肉类加工、乳制品加工等产业。在制造业方面，采用现代技术手段建立了以四川民族地区资源为依托的国有企业。尽管民族地区在这一时期采用的科学技术和同期的发达国家相比，还是低起点的，其程度仅仅相当于美国19世纪上半叶的科技水平，但对于当时还基本停留在刀耕火种状态的四川民族地区而言，其影响仍然是巨大的。随着现代科学技术的不断引进和推广，科技对民族地区经济发展和社会进步的贡献也越来越大。例如，四川省涉彝族地区的雷波、峨边、马边等县，经过引进农业科技，使得粮食单产有了很大提高。到20世纪70年代末，玉米亩产量由民国时期的75公斤左右上升到350公斤左右，水稻亩产量也由中华人民共和国成立前的133公斤上升到20世纪90年代的357公斤左右。现代科学技术的引入，有力地推动了民族地区社会经济的发展。

除此之外，此期间四川省西南地区中以攀枝花为代表的攀西地区作为民族地区与核心经济区共同辐射区域，也作为民族地区与四川省核心经济区过渡地带，以其独特的区位优势和政策优势实现了科技创新进步，为支持四川民族地区科技创新发展创建了一个有力支点。攀西民族地区的钒储量居全国第一，世界第三。其钒钛磁铁矿中含有0.28%—0.34%的五氧化二钒，经遴选后的铁精矿含钒可达0.5%—0.6%。长期以来，我国都处于钒资源丰富而钒生产落后的局面，每年需花大量外汇进口钒渣，以满足国内市场的需要，直到攀钢的建成投产才改写了历史。在攀枝花工业区筹建初期，国家有关部门组织各路精兵强将进行了认真细致的调查研究和化验分析，发现攀枝花铁矿的矿石含钛，属于高钛型钒钛磁铁矿，用常规冶炼法会导致渣铁不分的现象，使生产无法正常运转，而国外从19世纪开始的有关实验亦无成功先例。所以决定攀枝花钢铁基地生存命运的关键是解决用普通高炉冶炼钒钛磁铁矿的特殊工艺问题。于是在建厂前一批批科技工作者不分昼夜地投入选矿试验和冶炼试验，他们逐步完成了实验室实验、半工业试验及突破性试验、西昌的验证性试验和首钢的生产性试验，为攀钢的建设提供了一整套高炉冶炼工艺方案和冶炼技术。这些科技攻关中提出的技术思想和技术路线，在攀枝花和凉山州后来长期的生产建设中都发挥了不可估量的作用。攀钢独创的雾化提钒新工艺曾荣获“国家科学技术进步一等奖”。与国外提钒方法相比，这一新工艺独具特色，它以其投资少、见效快、生产连续性好、铁水处理能力强、产品质量佳等优势雄踞世界榜首，使得我国由钒渣进口国一跃而为世界三大钒渣出口国，为四川全省乃至全国国民经济的发展做出巨大贡献，这是这一时期四川民族地区做出的不可忽视的科技贡献。

3. 改革开放至“十二五”结束期间

“四人帮”粉碎后，全国迎来了科技创新的春天，党中央于1978年3月召开了全国科学大会，邓小平同志在会上提出了科学技术是生产力，科学技术现代化是实现四个现代化的关键，知识分子是工人阶级的一部分等重要论述。改革开放后的十年间，党中央、国务院批准了《高新技术研究开发计划纲要》，提出根据我国国情，集中精干的科技力量，在十几年内，把生物技术、航天技术、信息技术、激光技术、自动化技术、能源技术、新材料技术等7个领域作为发展高新技术的重点。全国科学技术进入快速发展时期。这一时期，中国经济发展格局大致分为东部、中部、西部和东北部四大区域。在经济高速增长的过程中，区域经济社会发展出现了不平衡，东部发展基础好，西部发展起点低，经济实力最弱，形成了以东、中、西3个明显梯次构成的发达地区、次发达地区和欠发达地区，分别对应着汉族地区、各民族杂居地区和少数民族聚居区。国家按照经济社会发展水平、地理位置和有利于民族地区发展、促进民族团结、维护社会政治稳定的战略考虑，在世纪之交做出了西部大开发决策。1999年9月22日中共十五届四中全会正式提出“国家要实施西部大开发战略”。西部大开发作为加快少数民族和民族地区经济社会发展的重大战略决策，给予了许多政策优惠。四川省充分运用相关政策推动四川民族地区科技创新和经济社会发展取得显著成果。

在此期间，四川省委、省政府高度重视科技创新工作，提出“经济建设必须依靠科学技术，科学技术工作必须面向经济建设”方针，确立了科教兴川战略，实现从建设创新型四川省到创新驱动发展的飞越。四川省科技体制机制、科技资源布局、科技创新实力等各个方面都发生了历史性的深刻变化，打破了原有单一、封闭的计划管理体制，实现了科技工作重点向以经济建设为中心的战略转移，市场机制在资源配置和科技运行中的作用日益强化，科技事业取得举世瞩目的成就。

同样，科学技术在四川民族地区也得到了进一步的发展。随着各种新型技术成果的引进和推广，民族地区的干部和群众不仅看到了科学技术的巨大力量，而且也进一步将其应用于生产和生活之中。在农业方面，人们开始依靠科技进步，并结合自身的优势大力发展绿色农业。例如，甘孜州主要进行了食药用菌、名贵中药材、藏系牛羊托畜种的系列开发，并创立了九龙牦牛品牌。阿坝州通过农业技术创新，对水果进行了改良与商品化开发，汶川、茂县、理县建立了无公害秋淡季蔬菜基地；黑水县进行了冷水鱼产业化开发。凉山州依靠科技进步，大力发展烤烟、蔗糖、花卉、旱季蔬菜、蚕茧、苹果、石榴、龙眼、香蕉等经济作物，取得了良好的效果。工业方面，1998年，四川民族地区自实施“天保工程”，全面停止天然林采伐以后，以森林工业为代表的传统产业急剧萎缩。因此，如何发展替代森工的新型产业，成为社会关注的焦点。在巨大压力下，四川民族地区的政府进一步认识到，只有应用现代科学技术手段，才能变民族地区资源优势为经济优势。于是，四川民族地区的政府提出了以市场需求为导向，依托科学技术，大力发展水电工业的思路，并在民族地区掀起了水电开发的新高潮。与此同时，四川民族地区的部分企业也开始注意应用科技来开发特色资源。例如，九寨沟天然药业集团阿坝州制药厂就依靠科技进步，充分利用雪山草地丰富的药材资源，先后开发生产出了8个剂型的100余种中、藏成药和西药，供应国内和海外医药市场，其中不少产品品种屡获国家和四川省颁发的各种奖项。如今该企业已跻身国家中型企业、全国民族医药 定点生产企业、四川省500家最大规模工业企业、四川省医药工业三十强。在社会事业方面，科技进步和创新成果惠及民族地区人民群众，显著提高当地抵御自然灾害和应对公共安全的能力。例如，在2008年“5·12”汶川特大地震的抗震救灾中，现代科技手段发挥了重要作用：高精度遥感遥测技术为中央及时、准确地提供灾情状况；太阳能电源、卫星移动通信、数字集群通信系统为救援指挥、运输提供了保障；战地医院、远程医疗、快速检测技术为救助灾民发挥了重要作用；数字电视、网络教室设备为灾区学生尽快复课做出了积极贡献。

（二）现状

1. 发展现状

“十三五”期间，四川民族地区科技事业取得新成效。在全省科技创新工作统领下，挖掘出民族特色和地区优势，深入实施创新驱动发展战略，科技体制改革得到深化，科技人才和先进技术的引进力度显著加大，科学技术教育的投入明显加大，自主创新能力有效提升，大众创业、万众创新局面初步推广，科技创新综合实力不断加强，科技进步水平、区域创新能力稳步提升，为民族地区经济社会发展提供了有力的科技支撑。

十三五期间，四川民族地区不断加大科技创新投入，无论是投入绝对值还是投入强度（研发投入占生产总值比例）都显著提升。R&D投入经费增长0.81亿元，增长了13.75%。其中阿坝州和甘孜州R&D投入强度分别增加了0.12%和0.01%。科技自主创新能力有效提升。

国家高海拔宇宙线观测站在甘孜州落户，国家“高分中心”在甘孜州建成投运，甘孜州还获批多家国家级高新技术企业，加速引进新品种和推广新技术，获得省级科技奖项17项，建成全国最大羊肚菌集中连片生产基地，制定全省首个松茸及制品地方标准，“圣洁甘孜”入围全省十佳农产品区域公用品牌，累计登记认证“三品一标”农产品186个。本地企业康定蓝逸高原食品有限公司成功申报国家高新技术企业。康定蓝逸企业以牦牛乳深加工产品的研发和制造为主业，联合四川农业大学、天津科技大学等在甘孜州建立了研发中心，获多项发明专利，科技创新拉动企业营收不断创新高。

阿坝州通过“硕博进阿坝”行动，引进高层次人才138人，实施中央、省州科技计划项目117项，多家企业取得科技型中小企业入库编号，实现高新技术制造业主营业务收入突破30亿元。构建科技公共创新、成果转化、产业技术创新平台8个，州科技孵化企业达50户。企业技术研发中心、工程技术中心、重点实验室建设及高新技术企业、科技型中小企业、科技孵化企业培育初见成效。加强传统产业绿色低碳改造，积极淘汰落后产能，大力培育节能环保、清洁能源等绿色产业，实施技术创新项目8个，工业技改工作扎实推进。开展长江经济带沿岸化工产业污染防治排查，改造燃煤小锅炉55台，完成马尔康市以电代柴（煤）专项整治和兆迪水泥废气深度治理，单位GDP能耗下降4%左右。推进生活方式

"绿色革命"，公众初步养成简约适度、绿色低碳的生活和消费方式。

凉山州在四川民族地区科技创新发展中处于领先地位，科研经费投入金额和投入深度均位于三州之首。研发经费投入强度和增幅都达到全省平均水平。数字经济核心差怒也增加值占比接近全省平均水平，科技创新对经济增长贡献率显著增强。其中综合科技创新水平综合指数达50.2，报实施重点科技攻关和成果转化示范项目179项，建成院士专家工作站等创新孵化平台29个，科技对经济增长的贡献率达到46.5%，申请专利829件，增幅49.1%。大力发展战略性新兴产业，支持创建高新技术企业，新增科技型企业28家，高新技术产值达到62.2亿元。西昌钢钒首创世界二氧化碳提钒工艺，高新技术主营业务收入达324.6亿元。

此外，四川省其他民族地区科技创新发展也取得积极成效。如马边彝族自治县加快应用现代磷矿开采技术，磷矿产量再创新高；加大特色畜种培训工程，建成全省最大乌金猪保种繁育基地；大力推广有机茶叶种植技术，建成绿色有机生态茶园并获"全国十大生态茶县"称号。峨边彝族自治县大力推广蔬菜优良品种、配方施肥、高效立体栽培、集约化育苗、病虫害绿色防控等新技术，推动高山蔬菜特色产业发展，建成高山蔬菜良种示范基地；引入高级技术人才，建成四川省农业科学院峨边博士工作站并下设多个分站，吸纳多名园艺所和四川农业大学蔬菜新品种新技术示范带头人入驻，为产业发展提供核心技术支撑。北川羌族自治县大力强化农业发展科技支撑，积极组织实施科技计划项目，通过省、市科技计划实施了茶叶、魔芋、白芨、川藏黑猪等特色农业产业发展项目，建成多个种养殖示范园、白山羊繁育基地和标准育苗大棚。

2. 挑战与机遇

四川民族地区仍属不不发达地区，在科技创新方面做了一些探索，取得了一些成绩，新技术不断涌现，加上党的各种优惠政策，使其进一步深化科技创新的条件已更加成熟。但由于长期以来经济基础薄弱、思想观念比较落后，与东部地区和省内其他相对发达地区相比在科技创新方面还存在诸多挑战。

一方面，四川民族地区目前面临诸多挑战。

一是经济发展水平落后，科技创新投入产出均不足。从表7-1可以看出，四川民族地区主要市州在科技投入方面与四川省相对发达市州差距明显，无论是绝对投入量还是投入强度都居全省末尾，这与民族地区落后的经济发展水平和较低的经济总量有关。四川民族地区在前一轮脱贫攻坚战中集中精力解决了绝对贫困问题，人民的生活水平有了明显改善，但与相对发达地区的平均生活水平相比，区域差距仍然较大。图7-1为全省五大经济区高新技术产出占比情况，民族地区产出落后情况也较为突出。如何在聚焦提升人民生活水平的同时适度增加科技创新投入，依靠科技型产业拉动产出，改善科技发展环境，是四川民族地区需要统筹考虑和谋划的重要方面。

表7-1　四川省各市州科技创新投入情况①

单位：亿元

	2015				2016				2017			
	投入	排名	强度	排名	投入	排名	强度	排名	投入	排名	强度	排名
绵阳	118.96	2	7	1	128.14	2	7	1	135.59	2	6.54	1
德阳	40.06	3	2.5	2	45.2	3	2.58	2	52.83	3	2.69	2
成都	257.57	1	2.38	3	289.07	1	2.38	3	331.26	1	2.38	3
攀枝花	11.97	5	1.29	4	11.09	5	1.09	6	13.1	5	1.14	5
宜宾	19.17	4	1.26	5	20.02	4	1.21	4	21.87	4	1.18	4
雅安	5.92	9	1.18	6	6.21	9	1.14	5	5.69	13	0.94	6
乐山	7.99	6	0.61	8	10.18	6	0.72	8	12.84	6	0.85	7
自贡	6.92	7	0.61	7	9.7	7	0.79	7	9.55	8	0.73	8
遂宁	2.98	13	0.33	12	3.66	14	0.36	12	5.79	12	0.51	11

① 数据来源于四川省科技厅网站。

内江	6.75	8	0.56	9	5.38	10	0.41	11	7.14	10	0.54	10
泸州	5.81	10	0.43	10	6.97	8	0.47	9	9.7	7	0.61	9
南充	2.48	14	0.16	18	5.3	11	0.32	15	8.74	9	0.48	12
广元	1.18	16	0.19	16	2.8	16	0.42	10	3.36	16	0.46	13
达州	4.08	12	0.3	13	4.84	12	0.33	13	6.08	11	0.38	14
眉山	2.32	15	0.23	14	3.35	15	0.3	16	4.31	14	0.36	15
广安	0.7	19	0.07	21	1.77	17	0.16	18	2.27	17	0.19	18
巴中	1	18	0.2	15	1.39	18	0.26	17	1.46	19	0.24	17
资阳	1.15	17	0.09	20	1	19	0.11	20	1.61	18	0.16	19
凉山	5.21	11	0.4	11	4.69	13	0.33	14	3.92	15	0.26	16
阿坝	0.47	20	0.18	17	0.45	20	0.16	19	0.45	20	0.15	20
甘孜	0.21	21	0.1	19	0.21	21	0.09	21	0.29	21	0.11	21
	2018				2019							
	投入	排名	强度	排名	投入	排名	强度	排名				
绵阳	152.4	21	6.61	1	186.3	2	6.52	1				
德阳	57.3	1	2.59	2	67.8	3	2.9	2				
成都	392.3	20	2.56	3	452.5	1	2.66	3				
攀枝花	14.4	4	1.23	4	13.8	7	1.37	4				
宜宾	24.4	2	1.21	5	29.4	4	1.13	5				
雅安	6.3	10	0.98	6	7.3	13	1.01	6				
乐山	15	3	0.93	7	17.3	5	0.93	7				
自贡	11	6	0.78	8	12.3	9	0.86	8				
遂宁	8.6	8	0.7	10	9.8	12	0.73	9				
内江	5.8	11	0.41	13	10.3	10	0.72	10				
泸州	12.3	5	0.73	9	14.3	6	0.69	11				
南充	10.4	7	0.52	11	13.8	8	0.6	12				
广元	4.2	14	0.52	12	5.2	15	0.55	13				

达州	6.8	9	0.4	15	9.9	11	0.49	14	
眉山	5.1	12	0.41	14	6.5	14	0.47	15	
广安	1.5	17	0.12	21	3.5	17	0.28	18	
巴中	1.7	16	0.27	18	2	18	0.27	19	
资阳	1.9	15	0.18	19	2	19	0.26	20	
凉山	4.3	13	0.28	17	5.1	16	0.31	16	
阿坝	1.0	18	0.32	16	1.2	20	0.3	17	
甘孜	0.4	19	0.13	20	0.4	21	0.11	21	

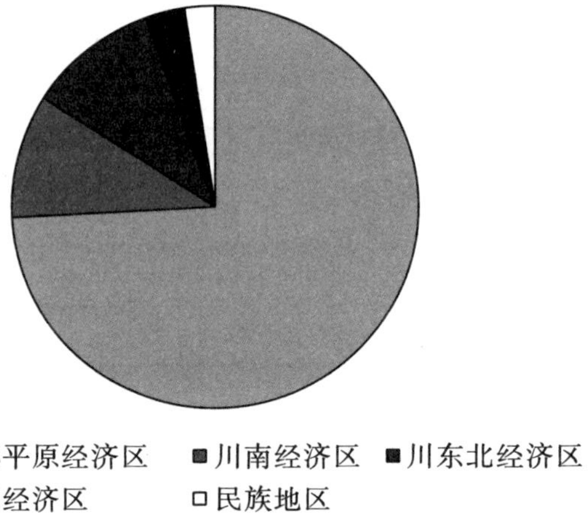

图7–1　全省五区高新技术产业营业收入占比[①]

二是规模以上企业少，特别是科技型企业少，设备较为简陋。企业是经济发展的细胞，也是技术创新的主体。一个地区的企业，特别是规模以上企业数量的多寡，不仅关系着经济发展水平的高低，而且关系着技术创新潜力的大小。由于四川民族地区的自给财力有限，多数企业在建设之初就存在着先天投入不足的问题。由于观念相对滞后，多数企业还停留在传统的经营方式上，舍不得花大价钱更新设备。从图7–2可以看到四川民族地区部分市州虽然规模以上企业近十年有所增长，但增长趋

① 数据来源于四川省科技厅网站。

势有所放缓；从图7-3则看出其和全省其他地区差距仍然比较明显。[①]

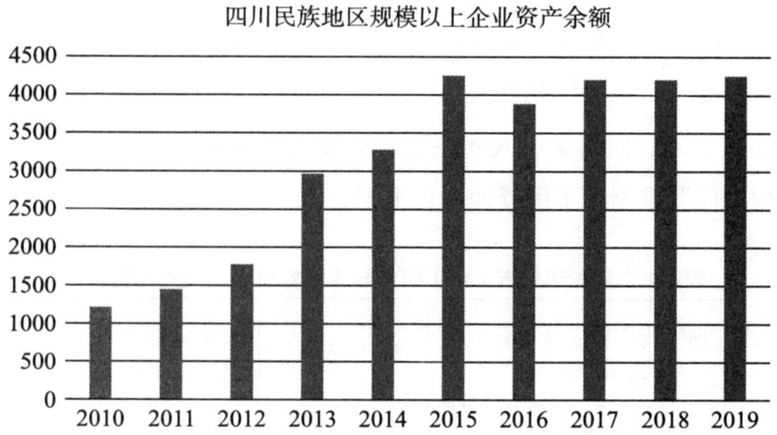

图7-2　四川民族地区2010—2019年规模以上企业资产增长情况　单位：亿元

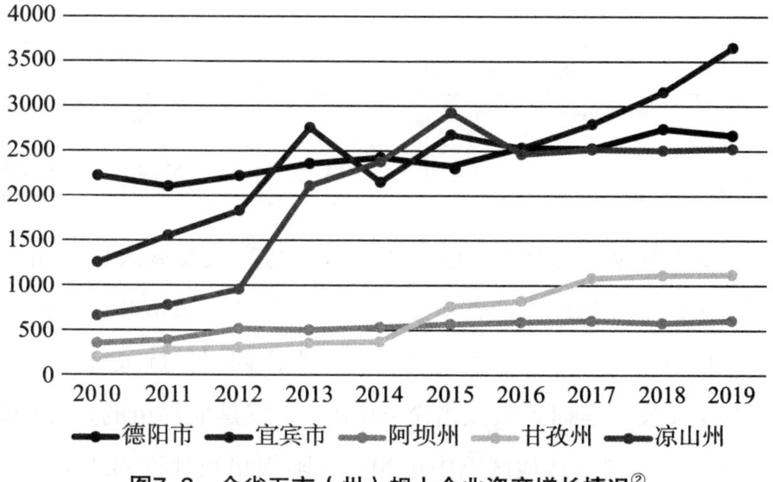

图7-3　全省五市（州）规上企业资产增长情况[②]

三是人才基础薄弱，创新能力不足。人才资源作为一种能动的特殊资源，是一切经济资源中最重要的要素，代表着社会生产力发展的水平

① 此处选择川北中等发达城市德阳市和川南中等发达城市宜宾市作为代表

② 数据来源于《四川省统计年鉴2020》。

和未来技术创新及经济发展的动力。然而四川民族地区的人才呈现出从业人员少，高学历者少，中低学历者多的特点。2019年，四川民族地区主要市州研发机构从业人员683人，仅占全省4.5%，高等院校科技人才毕业生中，硕士及以上学历仅35人，占全省同类人才仅0.4%，与全省平均水平相距甚远。而高学历人才往往是科技创新的主力军。人才基础薄弱和结构欠佳严重制约了民族地区自主创新能力。

表7-2　全省部分市（州）研究与实验发展人员及支出情况[①]

地区	研究与实验发展折合全时人员（人年）	研究人员	研究及试验发展支出	日常支出
全省	170776	91965	8709515	7720356
成都市	91244	53289	4525439	4099283
德阳市	11319	5371	678435	607020
巴中市	499	164	20242	18550
阿坝州	208	143	11565	9921
甘孜州	231	151	4224	3944
凉山州	761	414	51246	49242

表7-2为2019年全省部分市（州）研究与实验发展人员费用支出情况，选择川内最发达地区成都市、中等发达地区德阳市和欠发达地区巴中市作为代表与民族地区作为对比。可以看出四川民族地区主要市州合计研究与实验发展全时人员仅占全省0.70%，仅是成都市的1.32%和德阳市的10.60%，与欠发达地区巴中市相比，阿坝州和甘孜州的全时人员也未超过其一半。

① 数据来源于《四川省统计年鉴2020》。

表7-3　全省部分市（州）普通本（专）科学校基本情况①

地区	学校数	毕业生数	在校学生数	专任教师数
全省	126	431043	566609	89796
成都市	57	241732	981692	50242
德阳市	8	22258	86348	4332
巴中市	1	1400	6260	223
阿坝州	2	1978	11184	549
甘孜州	1	2283	9077	420
凉山州	3	4771	25436	1191

从表7-3也可以看出四川民族地区主要市州大学普通本科及专科学校建设情况和毕业生情况与成都市以及如德阳市的川内中等发达城市相比有明显差距。

表7-4　全省部分市（州）普通本（专）科与职业教育毕业生人数比较②

地区	普通本（专）科毕业生数（A）	职业教育毕业生数（B）	比例（B/A）
全省	431043	307889	0.71
成都市	241732	67757	0.28
德阳市	22258	10058	0.45
巴中市	1400	11814	8.44
阿坝州	1978	1087	0.55
甘孜州	2283	1822	0.80
凉山州	4771	9963	2.09

此外，从表7-4可以看出四川民族地区主要市州职业教育毕业生人数相比普通本（专）科毕业生人数比例更高，高等教育人才培养缺乏的现象比较突出，尤其是凉山州，职业教育毕业生人数超过普通本（专）毕

① 数据来源于《四川省统计年鉴2020》。

② 数据来源于《四川省统计年鉴2020》。

业生人数2倍以上，而这一比例在成都市仅为0.28。

四是对科技是第一生产力的认识不足，对高新技术的认识还有偏颇。经过50多年的建设和发展，四川民族地区的干部和群众虽然对“科学技术是第一生产力”的观点以及科学技术在经济发展和社会进步方面的巨大作用已经有了不同程度的认识，但是，不少单位和企业的领导和员工对高新技术的认识还存在着误区和盲点。例如，对国家提出的“治贫先治愚”“科技扶贫”和“自主创新”等提法缺乏深入系统的思考；再如，认为只有在IT、智能、航天、新材料等行业内才存在攻心技术，没有意识到在草原建设、山地建设、生态建设等工作中也有高新技术存在和发展的广阔空间。因此，很多人认为民族地区不能够发展高新技术产业，也不需要高新技术。这种滞后的观念对四川民族地区科技创新事业的发展形成无形中的制约。根据2018年全省各市州创新能力综合评价情况看，民族地区几个主要市州都属于最后一梯队，与其他市州有明显差距。

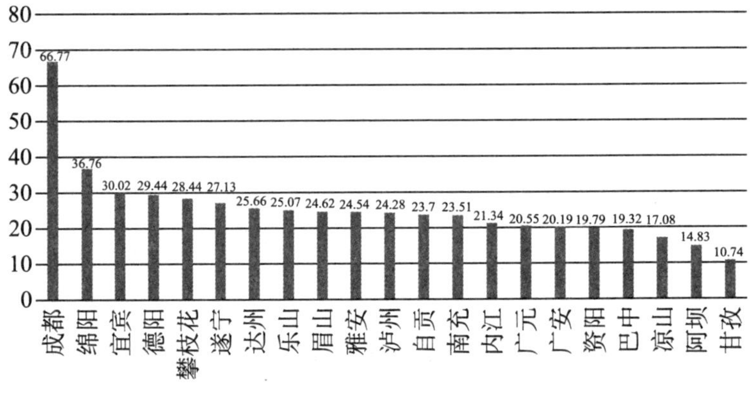

图7–4　全省各市（州）科技创新指数情况①

虽然四川民族地区科技创新发展客观上存在一些制约因素，但也要看到另一方面，即四川民族地区目前在科技创新发展上已积累了一定的

① 数据来源于四川省科技厅网站。

条件，面临良好机遇。

一是国家政策机遇。在《中华人民共和国国民经济和社会发展第十三个五年计划纲要》中，明确提出："把深入实施西部大开发战略放在优先位置，更好发挥"一带一路"建设对西部大开发的带动作用。加快内外联通通道和区域性枢纽建设，进一步提高基础设施水平，明显改善落后边远地区对外通行条件。"在政策支持下，四川民族地区基础设施建设大幅改善。西部大开发战略实施以来，国家加强了对西部地区交通、通信等基础设施的建设。四川民族地区充分运用运用政策机遇，并根据自然条件限制较多的特点，完善了民族地区基础设施建设。表7-5是全省部分市（州）科研经费结构情况，从中可以看出四川民族地区主要市州科技研发领域政府政府拨款比例远高于全省平均水平，尤其在政府拨款占比总体较低的自然科学领域，例如，阿坝州、甘孜州和凉山州的政府拨款率都远高于全省平均水平和成都市的水平，在社会科学领域和科技情报及文献情报领域更是达到100%。

表7-5 全省部分市（州）科研经费结构情况[①]

地区	科研经费（元）	自然科学领域经费（元）	其中政府拨款（元）	政府拨款占比	社会科学领域经费（元）	其中政府拨款（元）	政府拨款占比	科技情报和文献情报经费（元）	其中政府拨款（元）	政府拨款占比
全省	7920795	7191743	4309465	59.92%	494150	359439	72.74%	234902	186894	79.56%
成都市	7011748	6404574	3620690	56.53%	415610	306779	73.81%	191564	145380	75.89%
德阳市	79457	61714	56736	91.93%	14495	1670	11.52%	3248	3248	100.00%
巴中市	680	0	0	——	0	0	——	680	680	100.00%
阿坝州	83579	71127	58766	82.62%	9297	9297	100.00%	3155	3155	100.00%
甘孜州	56745	52777	49152	93.13%	0	0	——	3968	3968	100.00%
凉山州	74725	55705	55294	99.26%	16423	16423	100.00%	2597	2597	100.00%

与此同时，中央、四川省在支持民族地区创新发展方面出台了多项

① 数据来源于《四川省统计年鉴2020》。

专项扶持政策，主要包括以下几个方面：在扶贫资金、建设项目上向民族地区倾斜；建设专项发展基金；鼓励优秀人才和大专院校毕业生到民族地区工作；组织发达省市对民族地区开展对口支援和经济技术协作；实施税收优惠等。

二是后发优势。经过多年的发愤图强和艰苦创业，中国在部分科技领域已经赶上甚至超越发达国家水平。四川省在西部大开发和一带一路战略中又引领了西部科技创新的一轮发展。尤其是四川省省会城市成都市的快速发展，使其成为全国又一重要的高新技术集聚地，对人才和资金的吸引力大幅增强，多家高新技术总部或分公司在成都市成立。四川民族地区充分利用科学技术的扩散效应，借助成都市的发展辐射力，吸收、引进发达地区的高新技术。

与四川的核心经济区相比，民族地区虽然总体科技发展水平较为落后，但其享有接受外来援助的特殊政策，具有独特的“后发优势”，在较短时间内引入发达地区的科技创新成果和创新理念提升本地科技创新水平正逢其时。例如，甘孜州已与江苏南京、苏州、张家港、常州、无锡、南通等地建立了对口支援关系；阿坝州已与深圳、山东、浙江、成都等省市建立了对口支援关系；凉山州已与浙江、山东、深圳、成都等省市建立了对口支援关系。

三是自然优势。四川民族地区地处长江、黄河的上游，是岷江、嘉陵江的发源地，也是大渡河、金沙江、雅砻江的主要流域。四川民族地区地域辽阔，面积约占四川全省总面积的62%，仅甘孜州、阿坝州的草原面积就达到2亿多亩，位居全国第五，散布于高山草原上的高原湖泊和沼泽，形成了系统的湿地网络；同时，四川民族地区的森林面积又占据了全省森林面积的83.1%，木材蓄积量占四川全省木材蓄积量的66%。在全国和四川省生态建设大局中，四川民族地区具有十分重要的地位。同时四川省植物资源种类占全国的20%以上，国家重点保护野生植物上万种，占全国的30%，药用植物占全国的70%；脊椎动物1100余种，占全国的40%以上，居全国的第二位。这里是全国乃至世界极其珍贵的生物基因库之一。而这些珍稀物种绝大多数都集中在四川民族地区。例如阿坝州的卧龙自然保护区就保存了大量古老物种和特有物种。这些特殊的自然优势完全有可能转化为建设优势和生态优势，为四川民族地区从事以生物技术为主的高科技产业提供了巨大的优势和空间。

四川民族地区基础薄弱，地广人稀，自然环境约束严重影响发展水平。同时四川民族地区长期以来贫困人口占比高，在脱贫攻坚战中曾是主战场。2020年中国已向世界庄严宣告消除了绝对贫困，在新一轮做好脱贫攻坚和乡村振兴有效衔接工作中，四川民族地区若能有效利用政策优势和后发优势，以科技创新拉动经济增长，必将更有效地提高公共服务水平和人民生活水平。

二、近期与远景目标

（一）2025年近期目标

2020是我国全面建成小康社会、全面打赢脱贫攻坚战收官之年。2025年是小康社会建成后第一个五年，既是巩固前一段较长历史时期发展成果的关键五年，也是全面建成富强民主文明和谐绿色的社会主义现代化国家的开局五年。对四川民族地区来说，这五年主要还是以引进、消化新的科学技术为主，并在经济和社会建设中将技术创新作为最主要的驱动力。

1. 全面提升科技创新驱动能力

深入实施创新驱动发展战略，完善创新机制、优化创新政策、搭建创新平台，完善以企业为主体、市场为导向、产学研深度融合的科技创新体系。支持骨干企业牵头成立技术创新合作组织。借助对口支援省市创新平台，搭建企业孵化器，共建产业园区。引导农户与龙头企业、专合社建立利益联结机制，依靠科技创新推动产业转型升级。围绕磁材、锂盐、晶体新材料等产业实现科技攻关。

积极争取大型科研单位、重点高校、重点企业在四川民族地区设立科研机构和成果转化中心，鼓励企业与科研院所建立产学研联盟。整合区域科教、研发资源与产业力量、援藏省市平台，建成科技协同创新平台，探索建立以技术转移带动产业转移模式。整合各类创新要素和资源，探索多种形式协同创新模式，促进民族地区内外创新主体深度融合。统筹布局大学生创业园、中小微企业创新创业示范基地、科技企业孵化园，选育一批基础设施完善、综合服务规范、示范带动作用强的小微型企业创新创业示范基地。开展科普专项行动，加强科普教育基地建设。

支持骨干企业牵头成立产业技术创新合作组织，开展科技成果中试、验证和转化。实施一批新技术、新产品、新装备产业化示范项目，建立技术转移平台、联合研究中心、科技园区等平台载体，积极推动先进技术转化和应用。深化院州、校州、厅州机制化合作。加快实施重大科技合作项目，加大成果引进转化力度，加快建立农牧林业科技成果转化基地，推广科技成果转化应用。建立健全适用技术推广服务体系，培育科技中介组织和技术交易市场。

具体来说，到2025年四川民族地区将拥有500家科技型企业，进一步建立完善以企业为主体、产学研相结合的技术创新体系，大力提升区域性自主创新能力，有在医药、水电、畜牧等3—5个特色鲜明的领域实现一批自主技术创新。四川民族地区科技进步水平显著提高，科技综合实力明显增强，高新技术产业增加值占四川民族地区生产总值的10%以上，科技综合实力基本赶上全省平均水平，科技进步对区域经济发展贡献率达到45%以上。

2. 科技创新装备特色农牧业

四川民族地区传统第一产业比重大，农牧业资源十分丰富，但产业发展科技含量低，要按照全国和全省总体部署，结合民族地区实际，运用高新技术加快改造农业生产、改善农民收入、改良农村建设。

到2025年，四川民族地区要基本实现依靠科技创新驱动，引领支撑现代农业建设，面向产业需求，着力突破农业，尤其是畜牧业重大关键技术和共性技术，遵循农业科技规律，把保障国家粮食安全作为首要任务，把提高劳动和土地产出率、资源利用率、劳动生产率作为主要目标，达到增产增效并重、良种良法配套、农机农艺结合、生产生态协调。

将信息技术应用到农业生产，不断扩大信息技术普及范围，在城市、农村和牧区现代化建设中，发挥智慧乡村、智慧农业的发展对建立健全城乡融合发展一体化事业的重要作用。加快农村信息化建设，做好农业信息监测预警与发布。推动以县为单位建立农业社会化综合服务平台，提供集技术、信息、生产、流通、金融、物流等为一体的“一站式”服务。

将信息技术应用到农村生活，实施乡村网络普及，加快推进通信网络短板提升计划，实现通信网络乡村、牧区全覆盖。推动人工智能、物联网、云计算和大数据等发展。全域推进5G网络建设，实现5G网络在县城、重点城镇、国省干线、重点景区、热点区域全覆盖，推动5G网络逐步向农村地区延伸。推动“三网”融合，持续推进全光网络建设，实现光纤网络城乡全覆盖。

3. 科技创新助力产业发展与生态环境保护

四川民族地区具有特殊的自然环境，生态环境保护和产业发展需统筹推进，最优策略是立足资源禀赋，保持战略定力，发挥比较优势，加快发展符合高质量发展要求、具有民族地区特色的现代优势产业。

蓄势发展生态工业。加快培育川藏牦牛、特色水果、中藏药等生态产品加工企业。加快建设与成都、绵阳等四川省内科技相对发达地区合作的工业园区，继续推进科技创新基础设施建设。发展大数据、水制氢等绿色载能产业项目，建成送往我国东部发达地区水电消纳长效机制。加强“州电外送”通道建设，提升清洁电力汇集和外送能力。加快数字化转型，推进5G网络全覆盖，打造5G行业新技术应用示范区。

围绕特色产业发展、生态保护和民生改善等领域，组织实施一批关键和共性技术开展技术攻关。发挥生物和植物资源优势，加快发展以育种、医药为重点的产业。对接国家、省科技重点专项，加大科技创新攻关力度。实施工业企业技改项目，提升产业技术创新水平。加大新技术引进和应用，推动电解铝、工业硅、电子材料、人工晶体等产业延链发展，促进产业迈向中高端。

转变资源利用方式，建立水资源刚性约束机制，合理开发利用水资源，推广普及高效节水灌溉技术，提高矿产资源开发保护水平，推动城镇低效用地再开发，提升资源综合利用水平。推进垃圾分类和减量化、资源化、无害化。发展循环经济，构建废旧物循环利用体系，加快园区循环化改造和循环型产业园区建设。加强节能减排工作，实施能源消耗总量和强度双控制度，推广应用节能型建筑材料、节能环保公共交通工具和适宜高原环境的光热、光电、风能、地热等技术。持续推进“以电代柴”。

（二）2035年远景目标

到2035年，创新驱动成为社会共识，基本建成具有民族特点的科技自主创新和应用体系，四川民族地区初步建成现代化创新型社会，创新驱动发展战略实施取得实质性成效，科技创新成为地区经济增长主要驱动力。在本地特色产业、优势产业等领域形成独特优势，科技创新成为带动产业发展的有效要素。科技创新的开放能级得以有效释放，科技创新的金融支持体系不断完善，四川民族地区在川藏科技创新交流和运用中重要枢纽作用得以有效发挥。

1. 科技创新支撑和引领智慧乡村建设

新型城镇化发展到一定的阶段，我国智慧城市建设方兴未艾，乡村建设也逐步走上智慧型道路。在四川民族地区，智慧乡村是不同于智慧城市的一种新兴概念体，是以现代先进的互联网技术为依托，以提高农民和牧民的生活水平和建立智能化文化、产业价值体系为目标，创造集休闲旅游、文化体验、农耕畜牧等于一体的多功能业态环境，并利用信息化手段实现乡村振兴和城乡融合。

从乡村空间结构上看，发挥互联网、大数据的优势可打破地域性的隔阂。四川民族地区乡村由于地形地貌和农业生产传统等因素，造成其在空间形态上呈现分散化布局，智慧乡村就是通过网络将人与人、人与物、村与村相连接。以科技创新变民族地区传统乡村单一的社会空间为多层次、高纬度智慧乡村集群。未来乡村互联网的工作环境呈现“创客+产业+互联网”休闲化特征，工作环境、休闲空间和宜居空间边界发生模糊，将出现紧密联系的复合形态。

从乡村生活上看，全面实现“参与互动”，将极大地调动人们的多种感官，乡村居民、牧民生活方式将发生巨大改变。互联网普及范围全面扩大，实现乡村、牧区全覆盖。以智能媒体、数据传输、文化呈现的方式将民族地区乡村记忆和牧区文化的传承向四川省中部、东部输送，加强城乡文化交流融合。

从农业生产上看，“跨界融合，连接一切”是“互联网+”的精神核心内涵，通过科技驱动，将进一步完善民族地区智慧金融对农业生产的支持体系，通过“互联网+农业”实现了精准灌溉、精准放牧，达到资源优化配置。互联网的出现使得跨界融合成为可能。智慧农业的出现将直接对接东部市场，改变四川民族地区农业生产模式，促进农业深加工和三产融合。

从乡村治理上看，基层政府作为智慧平台和标准的提供者和管理者，以智慧政务为桥梁纽带，农民、牧民作为参与者，实现乡村、牧区、产业、居民共造、共治、共享智慧生活，生产、生活、治理、服务等多方面通过“智慧技术”融合为一个整体。

2. 科技创新支撑和引领智慧民生和智慧产业建设

一是推动智慧民生建设。以信息化、数字化应用为重点，加速新型数字基础设施建设。推动数字政府建设，提升大数据中心运营水平，探索数字治理新模式。推进水电就地消纳示范区建设，超前布局云计算中心。推广建设物联网，推进智慧交通、智慧物流、智慧城管、智慧旅游、智慧医疗、智慧林草、智慧园区等融合基础设施建设，打造物联网运营平台。推进“互联网+”综合应用，建设面向主要产业链的人工智能服务平台，推动融合型、生态型智慧民生建设。

二是推动智慧产业建设。依托科技创新引领智慧产业培育新增长点，形成新动能，实现经济可持续发展和转型升级的关键。加强互联网与产业发展跨界融合，多领域开展空天地一体化科技应用。

智慧电力产业：发挥四川民族地区水电资源丰富的优势推动智慧电业发展，在自动化的基础上，利用物联网的技术和设备监控技术，加强信息管理和服务；清楚掌握发电流程，提高发电过程的可控性，减少人工干预，及时正确地采集发电过程数据，科学地制定发电计划，构建高效节能、绿色环保、环境舒适的电力产业。

智慧医药产业：发挥生物、植物资源优势，整合科教和研发资源，把VR、大数据等运用到制药领域。实现了从数字化到智慧化的跨越，改变了以往的运行管理模式，对接全球医药市场，将民族地区医药产品推向世界。

智慧交通产业：针对当地道路交通和气候条件非常恶劣的情况，建立车路协同的技术体系，以及复杂场景下环境、气温、湿度、风速等多维交通信息综合大数据应用平台，充分运用机器深度学习物联网等智慧技术，协调智慧智能化交通情况监测，建成覆盖公路、铁路和低空的智能交通立体化监控、管理服务系统。

3. 科技创新支撑和引领智慧生态环境保护

“绿水青山就是金山银山”，四川民族地区生态文明建设是现代化建设的重要组成部分，四川民族地区特殊的地理位置使其作为四川省盆地的西部天然屏障，其本身丰富的生态资源既是发展的优势也是发展中需重点保护的部分。科技创新引领智慧生态环境保护具有尤其重要的意义。

智慧生态大数据建设：建立适合四川民族地区生态条件的生态大数据，深入掌握和监控当地水资源、土壤和气候数据。建立对环境的智能监控平台，具体来讲，硬件方面充分利用无人机、物联网等现代技术手段，建成智能化监测网络和服务平台；软件方面研发资源能源消耗、环境污染物排放智能预测模型方法和预警方案。

智慧生态农业建设：通过信息技术和数据分析实现重大畜禽疫病、农业生物灾害和外来物种的检测预警、牧区生态安全评价与种养殖畜牧业循环经济生态模式。以科技支撑保护和改善生态环境，提高资源综合利用，开展相关关键技术和装备研究，构建农业安全生态系统，实现四川民族地区农业绿色和谐可持续发展。

三、路径与保障

与发达国家和国内发达地区相比，部分民族地区长期以来经济社会发展滞后，根本原因就在于发展方式粗放，特别是科技发展能力弱、自主创新能力不强。科技创新是对经济增长具有决定性意义的要素，也是结构调整和产业升级的根本动力和先导力量。民族地区经济能否实现又好又快的发展，在很大程度上取决于科技进步及其创新能力。推动民族地区产业结构优化升级和经济发展方式转变，把资源优势转化为经济优势，形成经济社会发展一体化新格局，加强能源资源节约和生态环境保护，缩小区域发展差距，改善民生和实现基本公共服务均等化，加强社会管理、促进民族团结、保障国家安全，都离不开将科学技术作为硬实力。而一个充分和谐与发展的社会，更离不开将科学技术作为推动力。因此民族地区比以往任何时候都更加需要紧紧依靠科技进步和创新。只有充分发挥现代科学技术作为建设和谐社会第一生产力的推动作用，用科技的力量带动生产力质的飞越，依靠科技进步推动民族地区经济发展走上创新驱动、内生增长的轨道，下大力气解决制约民族地区经济发展的深层次矛盾和问题，加快科技成果转化和产业化，大幅度提高科技进步对经济增长的贡献率，促进科技与经济社会发展更加紧密地结合，才能确保经济发展、社会进步、民生改善、国家安全与社会和谐，才能促进民族地区经济社会的全面协调可持续发展，筑牢中华民族共同体意识。

（一）大力推动创新主体培育

1. 强化企业创新主体地位

深入推进高新技术企业培育，建立完善高新技术企业培育后备库和高新技术企业数据库，着力提升高新技术企业的数量和质量。实施科技型中小微企业培育工程，建立培育一批具有科技创新能力和创新前景的科技型小微企业；拓宽科技型中小企业融资渠道，大力发展知识产权融资、财政专项基金担保融资等模式，加大资金投入力度。

综合运用财政补助、企业研发准备金制度等政策与工具，支持企业建设一批工程研究中心、企业技术中心、重点实验室、企业研究院以及产业共性技术研发基地和产学研创新联盟等，引导企业整合资源建设一批新兴产业创新中心和制造业创新中心；鼓励规模以上工业企业设立研发机构或创新小组，不断提升研发能力。强化国有企业在技术创新中的主体地位，发挥好民营企业在技术创新中的灵活优势，联合高校、科研机构共同组建企业研究院、科技创新平台和产业创新联盟，主动承担与企业优势产业相关的国家级、省级重点实验室建设任务。鼓励企业在科技资源密集的国家和地区，通过自建、并购、合资、合作等多种形式建设研发中心及引进境外技术，实现成果转化。

2. 增强高校科研院所创新能力

全面推进大专院校建设，对接全国、全省优秀大学，引入优秀师资和校内科研团队，大力推进重点高等学校和重点学科建设；建设一批具有较高水平的理工科大学，发展形成一批理工类、应用型重点学科。加大对当地高等学校建设支持力度，引导各院校根据当地实际情况择优建设重点学科，进一步优化学科专业结构，加大理工类人才培养力度。

加强省属科研机构、各级工程中心和产业公共服务平台建设，支持各地农科院、农科所等提高科研建设水平。新建一批契合民族地区农牧业发展技术创新的科研院所。引导现有科研院所深化人事、分配和评价制度改革，建成现代科研院所制度。探索应用型科研院所转企改制。引入国家级和省级科研机构在本地建立分支机构或创新基地。

3. 培育创新型人才队伍

完善发现、使用和保障各类创新人才的制度安排，加大人才引培力度，充分激发科技人才的创新活力和主动性，推动我省成为全国创新人才高地。

实施人才优先发展战略，对标东部沿海地区人才计划，探索“民族地区人才计划”，大力引进一批基础研究领域学术带头人，以及一批科技领军人才和创新创业团队。引进更多成都市和省外人才来民族地区创新创业，支持企业培养更多“工匠”人才。

推进青年科技人才培育，建立和完善中青年科技人才评价体系和考核机制，对青年科技人才开辟特殊支持渠道，支持高等学校、科研机构、企业积极吸引培育国家“青年前任计划”“杰出青年”等高层次人才。实施硕士、博士等高学历人才引进计划，支持高学历人才开展民族地区科研工作。在大中专院校推广创新创业教育，将创业教育融入各级教育体系，大力扶持应届毕业生和在校生的科技创业活动。大力发展职业教育，提升职业中专和职业大专对专业人才的培养力度，培养既有专业精神和创业能力，又能直接对接市场的技术型人才。

改善人才引进服务，建立人才与成果交流平台，优化高层次人才“一站式”服务。对引进高层次科技创新人才及家属到民族地区生活提供便利措施。

完善人才保障激励机制，建立和完善创新人才激励与评价机制，完善绩效工资总量调控机制，扩大高层次人才集中、创新成果突出的科研单位在奖励性绩效工资方面的自主权，完善人才落户优惠政策，探索建立各类科技创新人才的社会保障年金制。推进职称制度改革，健全科技人才合理有序流动的制度，鼓励符合条件的科研人员到企业开展创新工作或创办科技型企业。

（二）推广科普与创新文化建设

1. 全面提升公民素质

培育青少年的科学兴趣、创新精神和实践探究能力，全面提升中小学校的科技教育水平。推进校内青少年科技教育，完善中小学科学课程体系。深入开展青少年科技大赛等示范性活动。加强建设青少年科技教育服务平台和青少年科技教师培育工作。整合校内外资源，组织科技专家到校开展青少年科普活动，扩大青少年参加课外实践和科技活动的渠道和机会。

开展科技文化卫生进牧区、进涉藏州县，开展写作、科普文艺演出、科技培训等活动，推广农民、牧民科学素质行动的先进经验，示范引领农牧民提升科学素养。将科学理念根植乡村，提升当代农牧民进行科学种养、畜牧等生产活动水平，提升农户对子女的科技教育投入。加大对城镇劳动者和社区居民的科学素质培育，大力发展各级科普示范社区，加强社区科普设施建设，促进城镇劳动者科学素质整体水平跨越提升。

2. 加强科普能力建设

完善科普基础设施布局，加强科普信息化建设，提升科普基础设施的服务能力，推动科普产业创新发展，推进优质科普资源开发开放共享，最大限度地提高科普公平普惠程度。建立科普大篷车、科普教育基地等平台，加强科普资源专业化建设。

加强优秀科普资源的开发、集成与服务，推动科普与产业结合，科普与文化结合。推进创新创业与科普结合。以大众创业、万众创新为导向，丰富科普产品和服务内容，提高科普产品品质和服务效能，增加公共科普产品供给和服务。

大力培育和弘扬科技创新精神，加强科学精神和创新价值的传播塑造。倡导敢为人先、勇于创新的创新文化，加大对科技成果、科技人才及科技创新企业的宣传，梳理创新创业榜样和创业致富的价值导向。加强科学道德和诚信建设。坚持制度规范和道德自律并举，完善科研诚信制度。

（三）完善科技协同合作机制

1. 强化科学技术援助机制

推动成都市及省外和东部发达地区科研单位与四川民族地区相关单位建立对口帮扶或合作机制。重点研究地方特色产业和区域经济发展中的关键科技问题，以“帮扶+合作”方式推动先进技术在民族地区的转化、推广和应用，提升各单位、各企业、各高校及科研院所的科技创新及服务水平。

2. 强化军民科技深度融合

健全军民融合工作机制，加快引进创新资源，推进军民科技合作，形成军民深入融合发展的新格局。在物联网、互联网、4G通信、高端芯片、国家分辨率对地观测系统等军民融合发展的重点产业领域，推进军民科技合作的试点工作。

3. 加大产学研用协同创新

加强企业、高等院校、科研机构间的联合，搭建产学研用创新平台、信息平台，支持引导企业牵头开展联合攻关，打破企业和高校、科研机构的界限，建立跨界创新联盟，促进创新要素与生产要素的有机衔接。支持企业、科研院所、高等院校、医疗卫生机构探索建立合作共赢、风险共担、利益共享的合作机制，加快产学研用协同创新联盟建设，探索产学研用合作的长效稳定机制。坚持市场导向，围绕民族地区特色产业创新需求，建立不同形态的产学研用协同创新组织，打造一批行业协同创新中心，积极探索符合创新组织发展的运行机制和服务中小企业的技术创新模式，促进企业、院所、高等院校等创新资源优势叠加。

4. 加大对外开放格局

发挥链接川藏地区枢纽的区位优势，利用四川民族地区的政策扶持优势，抓住“一带一路”建设机遇，主动融入全省、全国科技创新体系。加大与成都市高校和科研院所及科技型企业的合作。用好用活政策优势，吸引各类科技型企业和重大项目到四川民族地区落地。探索更加优惠的财税政策和金融政策，降低科技型企业创新的成本。大力增加对科技型企业和项目的专项招商引资计划，营造良好的营商环境和文化氛围，规范市场秩序。以开放、包容的态度使发达地区的科技型人才和科技型企业既愿意到民族地区创业，还能留下发展。

（四）建立完善资金投入保障体系

1. 加大财政资金投入

保证政府对科技型企业创新和发展的财政投资利用率，明确建立“民族地区技术创新基金”“科技型企业创业与发展基金”，支持中小型企业特别是科技型企业的创新和发展。科技投入既是高回报、高收益的产业，同时又是高风险的产业。四川民族地区企业本身缺乏自我积累、自我发展的能力，对这类高风险产业不但缺乏投资能力，而且还缺乏风险承担能力。因此，建立“技术创新专项基金”，是解决上述矛盾的有效途径。

2. 实行政府支持的采购制度

四川民族地区各级政府对于自己科技型企业能够生产的产品也应优先采购，通过预算控制、招投标等形式，引导和鼓励政府部门、企事业单位择优购买本地科技型企业生产的设备或产品，如种草工程、燃料工程类产品，可先在部分高新技术企业中进行试点，以支持科技型企业的创新与发展。

3. 加大信贷担保力度

从四川民族地区目前的实际情况看，企业的规模都比较小，业绩显著的也很少，企业很难通过上市从股票市场融资，资金主要依赖于向银行借贷。而银行考虑到发放贷款的逆向选择风险问题，往往对中小企业“惜贷”。为了促进民族地区的技术创新，需要金融政策的倾斜，我国很多商业银行已成立科技型企业信贷部，但贷款种类和规模都很小，而且利率很高，迫切需要政府及相应机构的信用保证，因此政府应建立资金投入保障体系，选择重点项目给予全力支持。金融机构应增加贷款品种，扩大科技信贷投入，尽快推出科技中小企业贷款担保办法，拓展担保方式；对符合条件，能够提供担保的科技项目，有些发放科技贷款和技改贷款；对有市场前景、技术含量高、经济效益好、能替代进口的高新技术成功转化和机改项目，加大贷款支持力度，并给予相应贴息。

（五）制定和完善技术创新法规

在市场经济条件下，法规可以规范市场行为，为企业技术创新提供公平的、稳定的环境。在市场竞争中，由于四川民族地区的市场经济起步较晚，科技型企业本来就处于不利地位，除了政策支持外，企业进行技术创新和开拓发展必须要有法规保障，而目前有关企业技术进步的法规非常欠缺，有关科技型企业方面的法规则更少。因此，国家有关部门和地方政府应尽快制定有关科技型企业的技术进步、研究开发、技术转移、融资保障等方面的各种法规。只有加快立法的进度，为科技型企业的技术进步和发展提供必要的法制保障，才能为科技型企业的顺利发展铺平道路。

一是经济法规，旨在规范市场行为，提高市场效率，能够保证产品市场的公开性和竞争性，对促进企业的研究开发和技术创新是十分重要的；二是社会法规，旨在保障和促进社会的可持续发展，可以促进产业的技术需求，引导企业研究开发活动的方向；三是行政法规，旨在保证公共和私营部门的平稳健康发展，可以保证各种角色在技术创新过程中有公平的活动规则。有了保障企业技术创新发展的各种法规，还需要对各种法规的影响进行定期评估，根据市场形势的变化，不断进行补充、调整和完善，既要保持这些法规的长期性、稳定性，又要保持其灵活性和动态变化性，以便更好地推动技术创新的发展。

‖第八章‖

教育医疗

2021年3月，习近平总书记在看望参加政协会议的医药卫生界、教育界委员时强调，要把保障人民健康放在优先发展的战略位置，着力构建优质均衡的基本公共教育服务体系。[①]医疗卫生和教育事业是一项永恒的民心政治工程，没有终点，只有新起点。办好人民满意的医疗卫生和教育事业，是构建社会主义和谐社会的重要组成部分，是建设社会主义现代化强国的重要内容。大力发展四川民族地区的卫生医疗和教育事业，提高人民群众的身体健康水平和受教育程度，强化区域人力资本积累，对振兴民族地区经济发展、维护人民群众权利、维系社会和谐稳定、巩固国家安全和民族团结具有十分重要的现实意义。

① 相关资料来源于中华人民共和国教育部官方网站，详细内容参见：http://www.moe.gov.cn/jyb_xwfb/xw_zt/moe_357/2021/2021_zt01/pinglun/202103/t20210307_518198.html。

一、历史与现状

（一）历史

1. 中华人民共和国成立后至改革开放

中华人民共和国成立前，四川民族地区教育事业发展严重滞后，受教育权利不平等，只有少量的上层人士和贵族子女才有机会接受普通意义上的教育，贫困阶层的子女接受教育难，甚至不可能；教育质量低，教师水平不高，教材不规范，加之受语言障碍和传统文化影响，教育整体质量差；教育体系不健全，除极其有限的普通教育外，涉藏州县和大小凉山彝区主要是寺庙教育、毕摩教育、家庭教育、家支教育等，没有科学有效的管理体制机制；教育规模弱小，如凉山彝区只有7所小学（2所国立小学、4所教会办的小学、1所岭光电土司办的私立斯补边民小学），中学更少，高校只有1所国立西康技艺专科学校，每个学校的招生人数很少，有的学校学生不到20人。直到1950年，四川民族自治地方（甘孜州、阿坝州、凉山州、峨边县、马边县、北川县）也仅有各级各类学校664所、专任教师1690人、学生约4万人，基本没有完善的教育体系。[①]

同一时期，四川民族地区医疗卫生事业整体发展也较为滞后。以妇女卫生事业为例，四川省直到清末才开始建立现代卫生保障事业，1938年始建第一个公立妇幼卫生事业机构。抗日战争时期四川省妇幼卫生保

① 相关资料来源于四川省民族宗教事务委员会官方网站，详细内容参见：http://mzw.lsz.gov.cn/mzgz/xwzx/202105/t20210519_1910467.html。

健事业虽已起步，但设备简陋，专业技术人员缺乏，且妇幼保障机构基本上集中在城市，广大农村和偏远地区相对薄弱。[①]据《四川省情》资料显示，1949年四川婴儿死亡率为200‰，产妇死亡率为15‰；巴县当年出生47588人，婴儿死亡率达到385‰；川西21个乡的产妇死于产褥热者占产妇死亡总数的42.3%。少数民族地区婴儿死亡率达642‰，[②]“只见娘怀胎，不见儿走路”“生一窝窝，埋一坡坡”，是当时生育状况的真实写照。[③]

中华人民共和国成立后，四川民族地区的教育与医疗卫生事业得到了快速发展，但在“文化大革命”时期受到严重破坏。以教育事业为例，中华人民共和国成立后的前17年，四川民族地区教育事业发展取得了巨大成就，但由于缺乏经验，工作中也有过失误，在探索如何建立社会主义教育体系的进程中，付出了一定的代价，在党的领导下，四川民族地区认真贯彻“调整、巩固、充实、提高”的八字方针，及时纠正了工作中出现的错误，使全省民族地区教育事业又得到健康发展。在这17年中，四川民族地区培养了一大批不同层次的人才；造就了一支坚持社会主义方向，基本上能够适应教学要求的教师队伍；初步确立了社会主义的教育制度；教育事业在曲折中前进，为后来全省教育的改革和发展奠定了基础。然而，1966年夏秋，“文化大革命”相继在各级各类学校展开，揪“走资派”、批“反动学术权威”、搞“革命大串联”、停课“闹革命”，学校秩序大乱。1967年1月，“造反派”开始夺权，大批学校领导和教师被打成“牛鬼蛇神”，各级教育行政部门和学校陷入瘫痪。接踵而来的是闹派性，搞武斗，学校首当其冲，不少学校成为武斗的据点，校舍、设备被毁，图书、仪器被劫，损失十分惨重。“文化大

① 张玲.抗战时期四川省妇幼卫生事业评析［J］.西南大学学报（社会科学版），2013（1）:151-157.

② 《当代四川丛书》编辑部.当代四川卫生事业［M］.北京:当代中国出版社，1994:171.

③ 刘丽平.建国初四川地区妇幼卫生事业概述（1949—1955）［J］.重庆交通大学学报（社会科学版），2016，16（02）:23-27.

革命”的混乱和对17年教育工作的全盘否定，使一些较有影响的学校，成为红卫兵的总指挥部和大本营，不少学生受“左”的思想影响，无政府主义思想恶性膨胀，参与武斗，到处打、砸、抢，甚至走上犯罪道路。各级学校在复课闹革命后，又大搞“开门办学”，以“阶级斗争为主课”，大批“智育第一”“师道尊严”，致使“读书无用”的思想滋生蔓延，教师不敢教，学生不愿学，广大中小学生文化知识水平急剧下降。①

2. 改革开放后至“十二五”时期

改革开放以来，四川民族地区教育有了很大的发展，取得了显著成绩。自中共十一届三中全会后，一方面，通过对民族地区教育事业的恢复和发展，另一方面，通过对民族教育体制的改革，促使其在内容、形式和规模等方面，都进入了一个新的发展时期。1981年8月，四川省人民政府在成都召开了全省民族教育工作会议。本次会议中，时任省委副书记、副省长天宝作了题为《从民族地区出发，扎扎实实办好民族教育》的重要报告，明确了对恢复、调整和发展民族教育进行改革的思路。其主要内容包括：拨乱反正，重申和恢复民族教育政策，加强学校的政治思想工作；因地制宜开展教育调整工作；充实招生中的民族政策；建立一支稳定合格的教师队伍；开展对口支援活动；使用少数民族语文进行教学；多渠道解决和增加民族教育经费；制定加强对少数民族教育工作领导的具体措施。

1983年11月，四川省委、省政府印发《关于加强和改革普通教育的决定》（川委发〔1983〕69号），明确提出“民族教育要适应少数民族生产、生活、语言的特点，适应民族地区经济发展和文化教育的基础，从初等教育抓起，扎扎实实地打好基础，为九十年代基本实现普及初等教育创造条件”。1985年9月，省委、省政府印发《关于加强民族教育

① 四川省地方志编纂委员会编纂. 四川省志. 教育志［M］. 方志出版社，2000.

工作的决定》，明确指出“少数民族地区必须切实抓好教育这个基础，做好人才准备；有步骤地实行九年制义务教育，扎扎实实地培养出一批合格的中小学毕业生；有条件的地方要有计划地积极试办农、林、牧等初、高中职业技术班（校）；多规格、多层次、多渠道办一批寄宿制民族中小学；积极稳妥地搞好民族语文教学，进一步办好大专和中等专业学校”。经过十余年的发展，四川民族地区在校点布局、校舍设施、办学形式、招生办法、教育方式等方面探索出了比较切合实际的路子。

截至1999年底，全省50个民族自治县（市）已有37个县基本普及小学教育，有5个县基本普及九年义务教育，有30个县基本扫除青壮年文盲。民族地区中小学、中等职业学校、高等学校（教学点）共计7888所，在校学生达82.5万人，但民族地区教育总体水平仍然落后，发展也极不平衡，当期还有13个县未普及小学教育，45个县未普及九年义务教育，20个县未实现基本扫除青壮年文盲的目标。此外，四川民族地区还存在职业教育和成人教育发展相对滞后、教学质量和办学效益不高、教学模式与社会发展不相适应等问题。

为进一步巩固拓展民族地区教育事业发展成果，2000年，四川省委、省政府启动《四川民族地区教育发展十年行动计划》，实现了民族地区教育由初创到基本普及九年义务教育的历史性转变，教育事业呈现出蓬勃发展的良好局面。2001年以来，中央和省共投入65亿多元资金用于民族地区教育发展，新建和改扩建学校3523所，全部免除义务教育阶段学生的学杂费，免费提供教科书，为46万名学生提供寄宿条件，为184.4万人次贫困家庭寄宿制学生提供生活补助，招收1万余名藏区学生到内地85所省级以上重点中等职业学校学习。成都、绵阳等10个市选派了8000多名教师赴民族地区支教，支援资金物资1.2亿多元。截至2009年底，民族自治地方51个县（市）中已有50个县（市）基本普及九年义务教育，比2000年增加了44个县。幼儿园和各类中小学校达到3853所，在校生达128万余人，学生总规模比2000年增加了40余万人。教育惠民政策的全面落实，减轻了农牧民群众的负担，保障了农牧民子女受教育的权益。尤其是教育对口支援工作的有效开展，增强了民族地区与内地的联系，巩固了社会主义和谐民族关系。

四川省在医疗卫生方面的短板也是在民族地区、贫困山区。无论是医疗服务配置和医疗服务供给，还是老百姓医疗服务的可承担性、可支付性，以及老百姓的健康水平，都和全省的平均水平有一定差距。“十二五”期间，四川省委、省政府实施民族地区卫生十年行动计划，通过增加投入，增加人员配置，对口支援、远程医疗等项目，使民族地区医疗卫生条件得到显著改善，特别是人员配置，在“十二五”首次实现了人均医疗资源和内地相同，即每一千人应该配多少医生、多少护士，在民族地区，从数量上看已经和全省持平。同时，民族地区广大农牧民的众多疾病得到进一步控制，比如大骨节病、包虫病、艾滋病等。广大农牧民的健康水平明显提升，表现在人均期望寿命和全省平均值差距进一步缩小，婴幼儿死亡率、孕产妇死亡率的指标也首次和省内的平均差距缩短至呈个位数。从这个趋势来看，在不远的将来民族地区医疗卫生配置、医疗卫生服务能力、医疗卫生的供给、人民群众健康水平将与全省基本保持一致。

（二）现状

1. 学前教育发展迎头赶上

近年来，四川省坚持把全面加强国家通用语言文字教育作为做好民族地区工作的长久之计、固本之举，依托“一村一幼”持续推进“学前学会普通话”行动，有效化解困扰民族教育的“听不懂”难题，助力民族地区少年儿童成长成才。四川省教育厅印发了《关于推进民族地区村级学前教育工作的通知》，立足民族地区地广人稀、居住分散、村多人少的特殊实际，坚持实事求是、因地制宜原则，根据人口、交通、气候、地质等，按照“大村独立举办、小村联合举办”思路，采取“一村一幼”“一村多幼”“多村一幼”等方式科学规划建设村级幼教点（园）。每个点开办1个或多个原则上不超过30名幼儿的混龄班，保证幼儿就近安全入园。截至2020年底，民族自治地方51个县（市、区）学前三年毛入园率达86%，较2015年提高25%。其中，凉山州、阿坝州和甘孜州学前三年毛入园率较2015年分别提高近30%、近10%、11%。此外，坚持普惠公益原则，实施“一免一补”政策。财政全额保障“一村一幼”运转，免除所有幼儿保教费，免费提供幼儿午餐，所需资金以省为主解决。2016至2020年，共安排31亿元用于支付辅导员劳务报酬、减免幼儿保教费等。

表8–1　四川民族地区学前教育事业发展情况

	2013	2014	2015	2016	2017	2018	2019
a.园数（个）							
阿坝州	266	344	322	337	312	308	277
甘孜州	363	356	369	389	396	400	422
凉山州	324	420	514	522	573	580	659
b.班数（个）							
阿坝州	807	957	985	1007	1081	1139	1162
甘孜州	638	726	818	876	996	1245	1322
凉山州	2838	3556	4358	7337	7378	7804	8057
c.幼儿数（人）							
阿坝州	22498	26775	27876	28158	29633	30670	30706
甘孜州	19011	23251	25644	27526	31268	36391	38704
凉山州	124534	155029	167534	243412	245688	255305	266498
d.教职工数（人）							
阿坝州	999	1217	1294	1396	1522	1795	1752
甘孜州	994	1256	1445	1683	1668	1531	1473
凉山州	3770	5211	6619	7796	8830	9121	10144

	2013	2014	2015	2016	2017	2018	2019
e.教师数（人）							
阿坝州	766	944	1003	1109	1228	1319	1263
甘孜州	842	1100	1230	1308	1300	1180	1248
凉山州	2438	3247	4135	4750	5526	5580	5704

2. 义务教育发展巩固提升

四川省把“义务教育有保障”作为头等大事纳入全省脱贫攻坚大局同步规划、同步推动、同步考核，凡辍学问题突出、适龄儿童少年辍学在外游荡或打工的县，对其义务教育均衡发展和教育脱贫摘帽评估复查实行“一票否决”，并对县级政府主要负责人问责。2018年，四川省政府办公厅发出《关于进一步加强控辍保学提高义务教育巩固水平的通知》，要求各地履行义务教育控辍保学法定职责，保障适龄少年儿童按时接受并完成九年义务教育。《通知》明确指出，教育行政部门和学校要把对学习困难学生的帮扶作为控辍保学的重点任务，建立健全学习帮扶制度，着力消除因学习困难或厌学而辍学的现象。截至2020年底，全省建档立卡贫困家庭子女失辍学保持“清零”状态，99.9%的失辍学完成劝返核减，凉山州最后7个贫困县摘帽，“义务教育有保障”取得决定性胜利。此外，在教学资源保障方面，四川民族地区也取得较好的成绩。以凉山州为例，小学专任教师由2013年的23667人上升至28301人，初中专任教师由2013年的10131人上升至13833人，并且本科及以上学历的教师数量占比持续提升。

表8–2　四川民族地区小学教育事业发展情况

	2013	2014	2015	2016	2017	2018	2019
a.学校数（个）							
阿坝州	265	268	264	255	243	243	243

甘孜州	614	555	465	413	380	376	366
凉山州	1482	1422	1146	897	792	785	773
b.毕业生数（人）							
阿坝州	12065	10523	10391	10139	9783	10196	10304
甘孜州	15680	13516	13682	14223	14833	15667	16559
凉山州	66817	69018	68322	75139	81636	88713	94663
c.招生数（人）							
阿坝州	12733	10806	10907	11133	11423	11298	11395
甘孜州	18615	16804	16670	16797	19925	23871	23423
凉山州	108837	102117	102743	109696	105991	107787	109589
d.在校学生数（人）							
阿坝州	66968	64490	63073	62749	62911	63334	63745
甘孜州	97063	97314	97110	96991	100413	108303	115870
凉山州	534877	539893	555401	579167	594050	606292	615046
e.专任教师数（人）							
阿坝州	6268	6366	6304	6281	6446	6531	6600
甘孜州	7187	7324	7457	7586	7639	7615	7557
凉山州	23667	24088	24749	25615	26724	27546	28301

表8-3　四川民族地区初中教育事业发展情况

	2013	2014	2015	2016	2017	2018	2019
a.学校数（个）							
阿坝州	38	39	38	38	37	37	37
甘孜州	27	33	34	32	31	31	31
凉山州	171	172	158	153	146	145	136
b.毕业生数（人）							
阿坝州	11538	10789	10203	10087	9463	9279	9169
甘孜州	14543	9384	10010	10810	11111	11860	12440

凉山州	58885	55535	54740	55110	56851	55212	61573
c.招生数（人）							
阿坝州	10824	9614	9165	9013	8866	9509	9554
甘孜州	12754	11473	11977	12342	12844	13977	15687
凉山州	65491	66403	62452	67947	74538	82089	90417
d.在校学生数（人）							
阿坝州	32293	30127	28648	27370	27216	27630	28260
甘孜州	30758	32661	34187	35282	36850	39282	48486
凉山州	182653	181535	177166	182912	193453	213477	240567
e.专任教师数（人）							
阿坝州	2645	2671	2659	2672	2695	2734	2855
甘孜州	2387	2479	2597	2753	2876	2951	3128
凉山州	10131	10319	10698	11058	11868	12569	13833

3. 职业教育发展稳步向前

职业教育是民族地区群众脱贫奔康的有效途径。尤其是面对职业教育中普遍存在的底子薄、硬件差、师资不足、思想观念落后、校企融合难等问题，四川于2009年在藏区启动“9+3”免费教育计划，组织初中毕业生到内地优质中职学校接受3年免费职业教育，有效解决了本地职业教育难以适应经济社会发展实际要求的具体困难，同时也发挥了东中部高水平职业教育的生产力优势。自2009年开始实施民族地区“9+3”免费教育计划，十年间累计招收藏区学生5万余人、大小凉山彝区学生近3万人，已有4.2万人顺利毕业，毕业生初次就业率超过98%。同时，四川民族地区也在持续做优做强本地职业教育事业。以凉山州为例，自2014年以来，凉山州持续增加对职业教育的投入，共计投入近16亿元用于职业院校基础设施提升、内涵发展、质量提升等建设，对外交流合作的“朋友圈”变得越来越大，越来越多的优质教育资源向这里汇聚，再加上坚持教育优先发展，不断探索教育改革创新，职业教育质量逐年走高。

表8-4　四川民族地区中等职业教育事业发展情况

	2013	2014	2015	2016	2017	2018	2019
a.学校数（个）							
阿坝州	5	4	4	4	4	4	4
甘孜州	3	3	3	3	3	3	3
凉山州	16	16	16	16	16	16	16
b.毕业生数（人）							
阿坝州	800	836	775	866	1014	1047	1087
甘孜州	1110	1213	1838	2037	1997	1667	1822
凉山州	9643	11804	10411	9451	7609	8465	9963
c.招生数（人）							
阿坝州	1172	1209	1172	1231	1330	1034	1231
甘孜州	1890	2084	1815	1974	1811	2041	1992
凉山州	12130	10357	12470	12153	11667	11189	11751
d.在校学生数（人）							
阿坝州	2766	2938	3247	3413	3516	3354	3406
甘孜州	5172	6265	6204	6109	5734	5969	6023
凉山州	33058	29277	29093	29730	30838	31736	30925
e.教职工数（人）							
阿坝州	462	467	456	472	482	399	406
甘孜州	364	409	407	405	354	358	356
凉山州	1745	1795	1801	1748	1789	1866	1777
f.专任教师数（人）							
阿坝州	355	359	361	375	384	311	323
甘孜州	255	289	291	294	299	301	291
凉山州	1334	1402	1392	1386	1446	1545	1475

4. 医疗卫生事业持续加强

四川民族地区医疗卫生事业建设取得了显著成效。其中，阿坝州县、乡、村三级医疗机构能力建设不断推进，健康扶贫成果有效巩固，阿坝州13个县（市）级综合医院均达到二级甲等，其他县级医疗机构均达到二级水平；220个建制乡镇卫生院和606个贫困村卫生室全部达标；实现每个乡镇至少有1名以上执业（助理）医师，每个贫困村卫生室均有合格村医或实行乡村一体化管理。甘孜州全力实施卫生质量提升工程，组建医联体34个，华西甘孜医院挂牌运行，省藏医院落户甘孜州并启动建设，县级医疗卫生机构全部达到二乙以上，建成标准化乡（镇）卫生院289个、村卫生室1360个；成功创建国家和省级卫生县城（城市）13个、乡（镇）206个、村1235个。凉山州全力做好基本公共卫生服务，艾防攻坚、生育秩序整治、健康扶贫圆满收官，医疗卫生服务能力显著提升；务实推进家庭医生签约服务，组建家医团队2151个，惠及316.01万人，重点人群实现“应签尽签”；居民健康建档率达97.41%，高血压、糖尿病、肺结核、严重精神障碍患者规范化管理率显著提高，群众健康保障更加公平可及。

表8–5　四川民族地区医疗卫生事业发展情况

	2013	2014	2015	2016	2017	2018	2019
a.卫生机构数（个）							
阿坝州	1624	1683	1649	1642	1656	1683	1756
甘孜州	2722	2776	2725	2706	2719	2777	2825
凉山州	5423	5482	5371	5396	5299	5249	5466
b.卫生机构床位数（个）							
阿坝州	3883	4272	4435	4447	4551	4899	5121
甘孜州	4136	5063	4918	5054	4955	5207	5381
凉山州	17283	19769	21610	23444	26462	27347	28132

c.卫生机构人员数（人）							
阿坝州	7164	7736	8030	8498	8774	9228	9481
甘孜州	8482	8711	9064	9387	9622	9931	10129
凉山州	24965	27090	29663	31222	33212	34588	37031

四川民族地区部分重大教育卫生项目

（1）民族地区15年免费教育

民族地区15年免费教育是为更好地促进四川民族地区脱贫攻坚的教育扶贫计划，该计划于2006年开始实行，专门针对四川省民族地区的51个县，实行15年的免费教育，即在九年义务教育以及三年免费职业教育的基础上，进一步免除幼儿园和普高3年的学费，并且为普高学生免费提供教材。该政策最直接的一个成果就是让民族地区的学生从幼儿园到高中都有学上，并且不会加重家庭经济负担。同时，该计划切实转变了民族地区群众的教育观念，真真切切地让少数民族群众感受到国家政府的帮扶，让他们敢去上学、愿意去上学、主动去上学。除此之外，民族地区15年免费教育还取得了以下几点成效：第一，激发民族地区学生的学习热情。受经济社会条件、教育资源配置等因素的影响，民族地区的群众送子女上学的意愿不太强烈，就算有这个意向，也因为外部因素的限制，让民族地区的孩子没有地方上学。四川实行民族地区15年免费教育政策，大大减少了民族地区学生上学的成本，激发了民族地区学生上学的热情以及民族地区学生家长支持子女上学的热情。第二，发挥中国特色社会主义制度优势，促进国家团结统一稳定。四川实行民族地区15年免费教育政策后，给民族地区带去了全国的支持，让民族地区的群众感受到了党对人民的关心，有利于国家稳定统一。第三，切实提高了民族地区学生的就业能力。民族地区15年免费教育中的中等职业教育培养了一批批专业技术人才，有效提升了民族地区学生的就业能力，不断地为民族地区社会经济发展提供人才保障。

（2）“9+3”免费职业教育

“9+3”免费职业教育计划政策是四川省委、省政府为了从根源上解决民族地区贫困问题而制定的政策，旨在通过该政策提升少数民族子女的人力资本，达到“一人成才，全家脱贫”的目标，以及从向贫困地区“输血”到培养他们的“造血”能力的转变。该政策所对应的主体是四川民族地区的初中毕业生和未升学的高中毕业生，在九年义务教育的基础上，让他们到内地接受三年免费的职业教育。同时，给“9+3”学生免除学杂费以及提供生活补助等。2009年是四川民族地区实施“9+3”免费职业教育计划的第一年，在这一年，300名来自四川民族地区的学生踏进了四川省内地的“9+3”免费职业教育计划试点学校。在第一批民族学生进入“9+3”计划试点学校半年后，来自“甘阿凉”三州1万多名民族学生来到了四川内地90多所优质中职学校。2014年，“9+3”免费职业教育计划的实施范围从藏区扩展到大小凉山彝区。2016年，“9+3”免费职业教育计划通过部分资助政策，针对全省集中连片特困地区进行帮扶，解决了更多民族学生的教育与生活问题。“9+3”免费职业教育计划实施以来，承担教育任务的学校覆盖了四川三个民族自治州以外的全部18个市，参与学校都是国家级示范、国家级重点和省级重点的优质中职学校。内地先后有90所中职学校、5所高职院校承担藏区“9+3”教育任务，共招收藏区学生近5万人；有34所中职学校承担彝区“9+3”教育任务，共招收彝区学生近2万人。统计数据显示，“9+3”实施以来，已毕业的藏区学生和首届彝区学生初次就业率均达到98%以上。

（3）“一村一幼”计划

“一村一幼”计划是四川省为民族自治地方农村学龄前儿童学习普通话、奠定义务教育阶段学习基础和从小养成良好生活习惯而实施的学前教育推进行动，是一项重大的教育扶贫工程、民生工程和民族团结工程。2016年，省委、省政府支持大小凉山彝区实施“一村一幼”计划；2017年起，“一村一幼”计划扩展到全省民族自治地方51个县（市）。在具体实施方面，以建制村为单位设立幼儿教学点，针对3—6周岁幼儿组织开展以双语教育为主要内容的学前教育。由省、州（市）、县（市、区）三级财政共同分担办班经费，省级财政按每村平均配备2名辅导员、每名辅导员每月2000元劳务报酬的标准给予补助，其余办班经费由州（市）、县（市、区）共同负责。“一村一幼”幼教点所有幼儿保教费全部由财政承担，并按每天3元的标准为藏区、彝区45县（市、区）幼儿提供营养午餐。在创新举措方面，印发关于推进民族地区村级学前教育工作的通知，对“一村一幼”计划的责任主体、资金保障、园舍建设、食品卫生安全等做出具体安排。遵循实事求是、因地制宜的原则，按照“大村独立举办、小村联合举办”的思路，采取“一村一幼”“一村多幼”“多村一幼”等形式，在人口相对集中、交通相对方便、地质条件安全的地方，科学规划和建设村级幼教点（园），确保幼儿就近安全入园。每个教学点根据适龄幼儿人数，开办1至多个混龄班，每个班原则上不超过30名幼儿。个别居住特别分散、人口特别少的村，采取举办流动幼教点、季节班、配备专职巡回辅导员等方式予以解决。

（4）现代远程教育项目

针对民族地区学校交通不便、信息闭塞、教师吸收前沿教育信息理念渠道单一的实际，四川省在民族地区率先启动现代远程教育试点。2012年以来，四川省每年从《四川民族地区教育发展十年行动计划》中安排2000万元左右专项资金实施民族地区远程教育。通过“高中直播、初中录播、小学植入式”等方式，将成都七中、成都实验小学、成都机关三幼等优质校（园）的优质教育资源传输到民族地区，让民族地区学生通过“网班”接受优质教育。2018年底，四川省教育厅启动“四川云教”公益性优质学校直播平台建设，目前已有43所优质学校作为播出端向全省民族地区、边远地区学校直播教学。从“七中网校”的1块屏到“四川云教”的43块屏，大大加强了优质资源的提供，让学校可以根据自身学情、教情选择适合自身的教学资源。“四川云教”如今已辐射省内民族地区、边远地区学校1149所，惠及学生23万余人。

二、近期与远景目标

（一）2025年近期目标

1. 国家通用语言文字推广成效显著

普通话基本普及，语言障碍基本消除，农村普通话水平显著提高，国家通用语言文字普及程度大幅度提高。国家通用语言文字教育体系更加完善，国民语言文字应用能力显著提升，社会用语用字更加规范。强化国家通用语言文字在维护国家统一、促进民族团结和社会发展中的重要基础作用。以提升教师、基层干部和青壮年农牧民语言文字应用能力为重点，加快提高农牧区国家通用语言文字普及率。坚持把学校作为国家通用语言文字推行普及的主阵地和主渠道。将语言文字要求纳入学校、教师、学生管理和教育教学的各个环节，构建适合大中小学生身心发展和道德养成、符合社会主义核心价值观的语言文字教育课程和活动体系。加强中小学普通话口语、规范汉字书写、阅读写作及语言文字规范标准等方面的教育教学，提高中小学生的国家通用语言文字听说读写能力。

2. 教育现代化取得重要进展

形成更加适应全民学习、终身学习的现代教育体系，现代职业教育体系更加完善。学前教育机会显著增加，义务教育普及成果进一步巩固提升，普及高中阶段教育，高等教育发展进入普及化阶段，继续教育参与率明显提升，学习型社会建设迈上新台阶。教师素质进一步提高，学校办学条件明显改善，教育信息化实现新突破，形成信息技术与教育融合创新发展的新局面，学习的便捷性和灵活性明显增强。教育教学改革取得重要进展，学生的思想道德素质、科学文化素质、身心健康素质明显提高，社会责任感、法治意识、创新精神和实践能力显著增强，学业水平和自主学习、终身学习能力全面提升。实现家庭经济困难学生资助全覆盖，困难群体、妇女儿童平等受教育权利得到更好保障。群众高质量、个性化、多样化的学习需求得到更好的满足。教育法律法规体系和执法体制机制更加健全，教育标准、监管、评价、督导、投入保障、教师队伍建设等基础性制度体系更加完善，社会力量举办教育、参与教育改革发展的制度更加完备有效。

3. 人人享有基本医疗卫生服务

建立健全覆盖城乡居民的基本医疗卫生制度，实现人人享有基本医疗卫生服务。卫生计生整体达到四川省平均水平，居民健康水平达到全国平均水平。制度体系更加成熟定型，服务体系基本健全，服务模式有效转变，健康素养明显提升，生育水平适度保持。医疗卫生服务水平和质量大幅提升，更好地满足基本需求，同时满足多样化、多层次健康需求。预防为主，关口前移，推动普及健康生活方式，提升居民健康素养，有效控制健康危险因素，减少重大疾病发生，疾病预防控制成效显著。机构间的分工协作更加紧密，家庭医生签约服务制度基本全覆盖，符合民族地区实际情况的分级诊疗制度基本建立。居民健康素养水平得到较大幅度提升，人均预期寿命达到76.2岁，婴儿死亡率、5岁以下儿童死亡率、孕产妇死亡率达到或接近全省平均水平。州级民族医院达到三级水平，75%以上的县级中医（民族医）医院达到二级水平，中医（民族医）医药服务量占医药服务总量的比例达到40%。

（二）2035年远景目标

展望2035年，四川民族地区健康促进政策体系将更加完善，卫生健康领域发展更加协调，健康生活方式得到普及，州县乡村四级医疗卫生服务体系更加完善，医疗卫生服务质量和水平明显提高，卫生健康人才基本满足群众健康需求，民族医药繁荣发展，居民主要健康指标达到或接近全省平均水平。教育事业发展主要指标超过全省平均水平，基本建成服务全民终身学习的现代教育体系。县域义务教育优质均衡发展基本实现，学前教育和高中阶段教育全面普及，学校基本办学条件达到省定标准。教育质量持续提升，残疾儿童少年享有更适合的教育，普通高中教育与中等职业教育同步协调、融合发展，绝大多数城乡新增劳动力接受过高中阶段教育，能够熟练掌握和运用国家通用语言文字，民族地区特别是农牧区学生接受优质高等教育机会进一步增加。

三、路径与保障

（一）推进卫生健康事业高质量发展

1. 强化卫生健康人才队伍建设

第一，培育壮大卫生健康人才队伍。鼓励高校到“三州”地区开办分校，设立急需紧缺的医学专业，招收本地生源，就地培养。支持“三州”卫校保留农村医学专业，培养本土临床医学人才。加强全科、儿科、精神科、妇产科、康复科、心血管科、呼吸、重症等重点专科人才和亚专科人才队伍建设，优先建设疾病预防控制、妇幼保健、精神卫生、卫生监督、采供血以及急救急诊等公共卫生人才队伍。

第二，培养引进高层次卫生健康人才。以医学重点学科（专科）、临床重点专科建设、团队建设和创新平台建设为重点，引导省内高层次卫生人才深度参与民族地区重点专科建设，培养一批高水平卫生健康人才和学科领军人才。采取“特设岗位”方式，引进急需紧缺医疗高层次卫生人才。加强区域人才合作，持续实施医疗卫生对口支援“传帮带”工程。

第三，提升基层卫生人才服务能力。大力实施学历教育、住院医师规范化培训、全科医生转岗培训、乡村医生提能培训和继续医学教育等，提升基层卫生人员职业素质。强化医疗卫生机构实验室、流调专业人员培训，建强基层疾病防控队伍。开展卫生监督执法人员培训，提高医疗卫生监督水平和整体素质。

第四，加强民族医药人才队伍建设。推动民族医药类专业教学质量提升，鼓励有条件的高等院校、中职学校增设民族医药类专业，加强省级及以上重点民族医药学科建设。持续开展民族医药继续教育，统筹推进高层次、骨干型、紧缺型与基层实用性民族医药人才培养。鼓励西医药人员学习民族医药知识，多渠道培养民族医药人员。

第五，健全完善卫生健康人才激励保障机制。继续在民族地区推动职称“定向评价、定向使用”评审制度。落实“两个允许”要求，合理核定医疗卫生机构绩效工资总量和水平。省级继续设立民族地区基层卫生优秀人才奖励基金，吸引优秀医疗人才扎根民族地区基层。统筹规划各类人才评价项目，加大对民族地区卫生人才入选者的培养力度。对于长期在民族地区工作且业绩优秀的卫生专业技术人员，按照有关规定在表彰项目中予以倾斜。

2. 着力提升卫生健康服务质量

第一，完善医疗卫生服务体系。坚持“补短板、强弱项、调结构、提质量”原则，加强民族地区区域医疗中心、州县级医院、乡镇卫生院建设。强化疾病预防控制机构、妇幼保健机构、精神卫生防治机构、卫生监督执法机构、血站、急救中心（站）建设，全面提升重大疫情防控能力。加快“紧密型”医联体、医共体建设，促进优质医疗卫生资源下沉。建设流动医院，开展巡回医疗服务，提高偏远地区基本医疗服务覆盖面。进一步完善州县乡村医疗卫生服务体系，为群众提供全方位全周期健康服务。

第二，加强重大传染病和地方病综合防治。强化艾滋病检测发现、治疗管理、预防母婴传播和宣传干预，提升防治能力，有效遏制艾滋病蔓延势头。强化结核病主动筛查、治疗管理、结核病/艾滋病双感防治工作，全面推行新生入学结核病检查，严防学校结核病聚集性疫情发生。以传染源管控为重点，强化鼠疫综合防治，严防人间鼠疫发生，巩固推广包虫病综合防治“石渠模式”，严防疫情反弹。加强地方病监测检测，继续做好地方病患者治疗管理服务。

第三，提升慢性病综合防治能力。结合国家、省级慢性病防控示范区创建，提升民族地区人群健康评价干预行动能力和慢病综合防控能力，推动癌症、脑卒中、冠心病等重点慢性病的机会性筛查，加强对类风湿关节炎、慢性阻塞性肺疾病、高血压、糖尿病、严重精神障碍患者和海拔3500米及以上高原地区的高原性心脏病患者的健康管理服务。充分发挥中医药在慢性病防治中的优势与独特作用，持续提高高血压、糖尿病患者管理率，基本实现全人群、全生命周期的慢性病健康管理。

第四，提高突发公共卫生事件应对能力。完善突发公共卫生事件应对预案、专家决策咨询制度，健全突发公共卫生事件多点触发监测预警机制，建立集中统一高效的指挥体系，探索建立疫情报告与通报同步机制。全面增强突发公共卫生事件的“早发现”能力，完善传染病疫情监测哨点网络布局，健全突发公共卫生事件信息直报系统，推进各级疾病预防控制机构、传染病专科医院及综合医院传染病专科之间的信息共享。加强医防协同建设，完善疾控机构与医疗机构服务资源共建共享和监督监管相互制约机制，搭建学科科研、技术培训、检验检测、信息共享等协作平台。支持建设区域重大疫情救治基地，建立突发公共卫生事件应急资源储备和采购供应机制，提高应急物资的配置效率。

3. 实施居民健康素养提高行动

第一，完善健康教育与健康促进体系。以州、县两级承担健康教育机构为龙头，以医院、专业公共卫生机构、基层医疗卫生机构为基础，以学校、机关、社区、企事业单位健康教育相关部门为延伸，建立全面覆盖、分工明确、功能完善、运转高效的健康教育与健康促进体系。

第二，提升健康教育机构专业能力。加强医院、专业公共卫生机构、基层医疗卫生机构及学校、机关、社区、企事业单位健康教育场所建设，改善机构工作条件，充实教育人员力量，保证每个机构设有固定的健康教育活动室，配置有专业的设施设备，有专职或兼职工作人员。创新丰富健康教育形式，规范健康科普信息，建立健康教育协作平台，加强健康促进与健康教育师资培训，提供多种健康教育服务，提升综合服务能力。营造健康社会氛围，鼓励当地社会组织参与公益性健康知识普及。把健康促进、健康教育落实到乡镇、社区、家庭、医院、学校、机关、企业和寺庙等，大力提升居民健康素养。

第三，提高全民健康素养水平。开展健康知识宣传普及，多层次、全方位宣传卫生健康知识，引导居民养成合理膳食、适量运动、戒烟限酒、心理平衡的健康生活方式。针对民族地区疾病谱和群众健康需求，通过宣传读本、宣传片、巡讲巡演等多种方式，大力广泛普及健康知识，让健康知识走进每个乡村、每个家庭、每名群众。加强免疫接种宣传，提升群众对预防传染病的认识。开展母婴安全宣传活动，广泛宣传优生优育和出生缺陷干预，提高孕妇自我保健意识，提升母婴安全能力和水平。突出青少年健康教育，在中小学校全面开设体育与健康课程，向学生教授关于健康行为与生活方式、疾病防控、心理健康、生长发育与青春期保健、安全应急与避险等知识，大力提高学生健康素养。加强控烟限酒宣传教育，进一步使群众正确认识烟酒的危害性，推行无烟社区、无烟单位、无烟学校、无烟家庭等无烟环境创建。针对重点人群和重点疾病采取健康讲座、家庭走访等形式，开展针对性健康指导。实施心理健康促进行动，开展心理健康教育与促进，引导居民正确认识抑郁和焦虑症状，掌握自我心理调适方法。推动心理咨询和心理治疗服务，加强心理危机干预和心理援助。

第四，加强对健康促进县、卫生城镇与慢病示范区的创建，带动城乡人居环境质量整体提升。支持一批健康城市和健康村镇建设试点地区，广泛开展健康社区、健康村镇、健康单位、健康家庭工程，提高社会参与度。

4. 支持民族医药传承创新

第一，提升民族医药服务能力。推动民族地区州、县中医（民族）医院标准化建设。夯实民族地区中医（民族医）医疗机构信息化基础，完善民族医药特色信息系统建设。依托民族医医疗机构，建设具有民族医药特色的互联网民族医院。强化民族医院内涵建设，推进民族医药重点专科（专病）建设，完善民族医优势病种诊疗规范标准，民族地区二级甲等以上中医（民族医）医院建成1—2个省级民族医药重点专科。支持州级民族医医院牵头组建医疗集团，鼓励有条件的县级民族医医院牵头组建县域紧密型医共体。加强对民族医药适宜技术的推广应用，提升基层中医药服务能力。

第二，加强民族医药创新转化能力。推动民族药资源普查，促进民族药资源保护利用。建设民族医药区域制剂中心，主持有条件的县级中医（民族医）医院建设民族医药区域制剂分中心。鼓励民族医医疗机构与医药院校、科研院所合作，开展民族药医院制剂研发，遴选临床疗效好、市场价值高、具有转化价值的民族药经典成方进行二次开发，促进民族药新药研制。开展常见病、多发病、慢性病民族医药防治攻关，形成一批疗效确切、规范实用、便于推广的诊疗方案。支持建立民族医药研究机构，开发民族医药大健康产品。

第三，支持民族医药传承发展。大力发展民族医药师承教育，推动师承教育常态化、制度化。建设省级及以上民族医药传承工作室，支持各级民族医药专家带徒授业，培养民族医药继承人。民族医疗机构师承教育覆盖率达到80%以上。推进民族医药文献抢救性发掘整理与系统研究。将具有原创性的民族医药项目纳入非物质文化遗产代表性项目名录予以保护。加强民族医药文化宣传，打造民族医药文化宣传教育基地。

第四，发展民族医药健康服务。实施中医治未病健康促进专项行动，县级以上民族医疗机构全部设置治未病科。支持社会力量举办规范的民族医养生保健机构。推进民族医药与养老产业融合发展，推动民族医医疗资源进入养老机构、社区和家庭，将民族医药服务纳入各县（市）医养结合发展工作规划。鼓励各级各类民族医医疗机构与养老机构之间建立医养结合协作机制。鼓励社会资本开办民族医养融合养老服务机构。建立完善覆盖城乡“预防、养生、医疗、养老”深度融合的健康养老服务体系，二级及以上民族医院老年病科设置率达到70%以上。充分发挥民族地区旅游资源优势，建设民族医药健康旅游示范基地、示范项目。

5. 探索“互联网+医疗健康”实践

第一，夯实卫生健康信息化建设基础。加快优化完善和提档升级，大力提升民族地区全民健康信息平台的支撑能力和互联互通水平。建设区域医学影像、病理诊断、临床检验结果中心，推动实现医疗健康信息横向互通、纵向联动，形成多渠道、多来源、高质量的民族地区健康医疗大数据。甘孜州、阿坝州、凉山州健全完善区域全民健康信息平台，精准对接民族地区卫生健康工作需求，实现标准统一、支撑有力、功能健全、数据共享、服务协同。全面推进电子健康卡普及应用，拓展申领渠道，扩大服务半径，强化服务应用，二级以上公立医疗机构电子健康卡应用覆盖率达到95%。

第二，提升医疗卫生信息化服务能力。推进智慧医院建设，以电子病历分级评价和医疗健康信息互联互通测评为抓手，强化州级医疗机构信息平台建设，整合集成院内各类信息系统，促进院内、院间信息互联共享，实现医联体、医联体单位数据整合互联互通。三级医院电子病历应用分级评价达到国家5级水平，二级医院达到国家4级水平。推进州、县级龙头医院牵头建设互联网医院，鼓励整合区域医疗资源，建设区域互联网医院，开展互联网复诊、远程会诊、远程病理会诊、远程胎心监测等互联网医疗项目。利用5G技术建设“互联网+卫生应急救治”网络，采用5G救护车、人工智能和无人机等建设5G智能救援系统，实现院前急救检查、信息实时传输、远程急救指导以及远程指挥、应急调度等，“互联网+公共卫生应急救治”体系实现全覆盖。

第三，建设远程医学教育培训网络平台。推进5G网络、大数据、人工智能等新技术在医学教育培训领域的应用。建设州、县级远程医学教育培训基地，完成多媒体教室设施设备配置和信息通信条件改造，能够开展线上授课、临床观摩、在线问答等。制作具有民族医疗医药特色的教学视频，依托省级基层服务能力培训网络等教学资源开展线上线下培训。

（二）加快推动幼有所育，迈向幼有优育

1. 扎实做好优生优育服务工作

第一，提高优生优育服务水平。普及优生优育知识，指导妇女适龄怀孕、科学备孕。完善覆盖孕前、孕期、产时、产后的孕产妇生育全程服务体系，筑牢母婴安全保障网络。执行高危孕产妇管理制度和危重新生儿筛查评估制度，严格专人专案、分级分类管理。推进省、州、县三级孕产妇和新生儿危急重症救治中心建设，强化省对州、县两级分片包干责任，推动整体救治水平提高。开展出生缺陷综合防治，落实三级预

防措施，减少严重多发致残出生缺陷的发生，提高出生人口素质。

第二，全面加强婴幼儿健康管理。加强妇幼健康服务机构和社区卫生服务机构妇幼能力建设，夯实妇幼健康服务体系。推进孕产保健、新生儿访视和婴幼儿定期健康检查，扎实做好婴幼儿标准化发育监测筛查评估，为家长及婴幼儿照护者提供婴幼儿早期发展指导服务。全面开展适龄儿童免疫规划疫苗接种，规范、保障免疫规划疫苗供应，提升预防接种管理质量。加强儿童眼保健和视力检查，确保0—6岁儿童眼保健和视力检查覆盖率稳定在95%以上。

第三，健全生育养育支持体系。对全面两孩政策调整前的独生子女家庭，继续实行现行各项奖励扶助制度和优惠政策。完善全面三孩生育政策及配套支持措施，合理配置妇幼保健、幼儿照料、学前和中小学教育、社会保障等资源，满足新增公共服务需求。全面落实产假、哺乳假、男方护理假等政策，鼓励用人单位为男职工安排共同育儿假。支持用人单位对生育后重返工作岗位的妇女，灵活安排工作时间，给予必要便利条件。

2. 推进学前教育普惠健康发展

第一，科学构建考核指标体系。合理利用目标考核工具，对农村学前教育发展的目标考核是约束性的，但要防止被用作官员升迁的参考标准，避免出现“指标竞赛”，造成不必要的资源浪费。考核指标设置可量化，指标设置应遵循可量化原则，对于部分难以量化的定性目标，可引入第三方机构，采取打分形式进行评价，确保评估结果的客观性和科学性。避免考核标准“一刀切”。充分结合各地的实际情况，设置差异化考核标准，既要保证基础好的县不能“留有余力”，也要保证基础较差的县不能“望长莫及”。适当延长考核周期，给基层政府留出足够的时间开展科学规划幼儿园布局、提升村幼保教质量等工作，避免基层政府为完成任务而采取短视行为。

第二，及时纠正错误行为倾向。及时纠正“重普及、轻保教”的错误倾向，在不断完善村幼硬件条件的基础上，适度增加对软件设施配套的资金支出占比，例如开发特色课程教材等，杜绝“形象化工程”和“可视化工程”，夯实村幼保育教育质量基础。着力扭转“一次性投入”的错误倾向，既要加大前期对新建、改扩建园所的一次性投入，确保基础设施条件符合规定标准，也要建立长效的运营保障机制，满足教职工工资支出、场地维修等运营费用的基本开支。严厉杜绝“权力寻租”的错误倾向，重点把握基础设施建设、教玩具集中采购等容易滋生腐败的关键环节，严格落实公开透明的招标程序，营造公平公正的市场竞争氛围。此外，对于可能助推错误行为倾向的“软激励”措施，应注重政策的绩效评估，以此对扶持政策进行动态调整，并在项目建成验收、后期运营考核等方面下硬功夫。

第三，提高教育资源利用效率。科学规划村幼布局，科学预判人口变化和城镇化发展趋势，结合县级乡村振兴规划中对辖区内行政村的发展类型划分，既要做好空间规划，又要重视要素规划，尽可能盘活闲置公共资源，整合利用各类政策资源。推进农村学前教育发展不能完全以行政区划为配置标准，必须把村幼建设规划和其他扶持政策相联系以形成合力，统筹利用各级各类项目资源，扩大各项目建设的正外部效应。合理优化幼儿园数量规模，充分开展实地调研，对前期布局规划不合理的幼儿园进行及时调整，符合合并条件的村幼要坚决合并，适度容许基层政府在农村学前教育发展过程产生的试错成本，合理优化村幼的数量规模。

第四，完善基层制度创新环境。充分尊重“自下而上”的创新实践，为基层政府提供有利的实践环境。面对教师编制不足问题，基层政府采取的政府购买服务方式便是有效的应对措施，但仍需予以进一步支持。完善村幼辅导员的绩效考核机制，制定辅导员工龄工资管理办法，确保辅导员工资能够通过工龄的增加逐步向正式教师看齐，并出台年终绩效考核奖励办法，根据辅导员的德能勤绩考核发放年终绩效奖励。打通村幼辅导员的职业晋升渠道，健全从辅导员中选拔机关公务员、招聘乡镇事业编制人员、提拔村两委领导干部制度，打破辅导员的晋升“天花板”，杜绝让辅导员成为“一岗定终身”的职业，淡化编制限制所带来的负面影响。

3. 提供高质量儿童福利服务

第一，夯实儿童基本权益保障。推进儿童福利服务内容由托底保障向权益保障、关爱服务和健康发展拓展。优化提质儿童福利机构，扩大县级未成年人救助保护机构、乡镇（街道）未成年人保护工作站、村（社区）儿童之家的覆盖面。提高孤儿、艾滋病病毒感染儿童、事实无人抚养儿童保障水平，完善困境儿童分类保障制度，强化留守儿童关爱保护。引导群团组织、社会组织、专业社会工作者、志愿者等参与儿童福利和保护工作。加强家庭监护主体责任落实，提高家庭照护服务能力，从源头上减少困境儿童、留守儿童等现象。

第二，积极促进儿童早期发展。探索建立婴幼儿早期发展标准规范和服务体系。探索建立儿童早期发展示范基地，探索儿童早期发展模式，加快形成可复制、可推广的经验，促进儿童体格、生理、心理、社会适应能力全面发展。在城市治理中引入儿童视角，完善城市公共政策体系，构建适合儿童身心健康成长的城市环境。积极开展全国儿童友好型城市创建，推动儿童友好型社区、学校、图书馆、医院、公园、安全出行和母婴室等领域建设，探索建设标准，完善评价体系。

第三，扩大普惠托育服务供给。加快建立主体多元、依托社区、优质普惠的托育服务体系，加强社区嵌入式、分布式、小型化的托育服务设施建设，开展家庭托育点发展试点。支持产业园区、机关企事业单位联合专业机构在工作场所为职工提供托育服务。推进“托幼一体化”，鼓励有条件的幼儿园开办托班。推进“医育结合”，支持妇幼保健院（所）建设普惠托育服务设施。推进“物业+托育”，支持物业服务企业将空置物业用房用于发展普惠托育服务。推进“一街道一乡镇一普惠”，扩大普惠托育机构覆盖面。健全托育服务标准规范体系，加强托育服务机构专业化、品牌化、连锁化建设，因地制宜提供全日托、计时托、临时托等多样化服务。加强托育机构监督管理，保障婴幼儿享有优质、安全的照护服务。积极创建全国婴幼儿照护服务示范城市。

（三）加强各级教育事业保障建设

1. 扎实推进民族团结教育

第一，铸牢中华民族共同体意识。以新时代爱国主义教育为核心，教育引导各族师生树立正确的国家观、历史观、民族观、文化观、宗教观，不断增强对伟大祖国、中华民族、中华文化、中国共产党、中国特色社会主义的认同，自觉反对分裂国家、破坏民族团结的图谋和行为。扎实推动民族团结进步示范创建进校园，广泛开展“中华民族一家亲，同心共筑中国梦”教育活动，引导学生深刻认识中华民族是多元一体的伟大民族，各族人民是血脉相连的命运共同体，不断增强民族自豪感和家国情怀。支持建设民族团结进步教育实践基地和学校活动室，稳妥推进民族中小学混合招生、混合编班，促进各族学生共学共进。

第二，健全国家通用语言文字教育机制。坚定“学好普通话、养成好习惯、融入新时代”目标，推动适龄幼儿“学前学会普通话”全覆盖。及时补充合格新师资，培训提升“一村一幼”辅导员能力水平，创设普通话交流互动环境，探索开展学前儿童国家通用语言文字学习习惯养成教育试点，开展在园幼儿国家通用语言文字学习检测评估，提升普通话运用能力，消除义务教育教学语言障碍。全力做好推行使用“三科”统编教材和全面加强国家通用语言文字教育教学工作，实现各学段、各学科国家通用语言文字教学全覆盖。提升民族语文教学水平。

2. 全面提升教育教学质量

第一，巩固提升控辍保学成果。压实“六长”“双线八包”和联控联保责任，进一步加强户籍、学籍比对和信息化管理销号工作，依法查处并纠正干扰、阻碍适龄儿童少年完成义务教育的行为。落实法定监护人责任，依法督促父母或其他法定监护人保证适龄儿童少年按时入学并完成义务教育，追究无正当理由放任适龄儿童少年打工或入寺的监护人的法律责任。坚持发动群众、依靠群众，通过建立完善家长委员会、家长学校等制度，动员更多家长参与控辍保学工作。强化人文关怀，落实各项资助政策，关心困难学生，关爱女童、留守儿童和残疾儿童少年，宣传奖励重教支教行为，切实保障适龄儿童少年接受义务教育。

第二，加强专业化教师队伍建设。建立完善教师编制动态调整机制，加大跨学校、跨县域统筹调整中小学教职工编制力度，清理非教学用编和长期空编，解决区域结构性冗员和缺员问题。有关地方结合实际制定小规模学校和寄宿制学校教职工编制标准或实施办法，鼓励推行“两自一包”改革试点，统筹解决刚性缺编问题。严格教师准入制度，保证新入职教师质量。落实教师特殊待遇政策，切实减轻教师额外负担。支持建设“教研培一体化”基地和名师、名校长、名班主任、名辅导员工作室，加大对卓越校长、骨干教师的培养力度，提升队伍整体素质。

第三，推动各级各类教育高质量发展。合理配置城乡学校资源，实现县域内城乡义务教育一体化。支持新建、改扩建普通高中学校，形成以省级示范性高中和特色高中为龙头，市（州）级示范性高中为骨干的办学格局。大力推进普职融通改革，建设一批高考升学和技能教育功能兼备的综合性高中，扶持民族优秀传统文化、现代农牧业等方面的特色优势专业，满足学生多样化发展需求。改革提升“9+3”免费教育计划，让民族地区青少年享受到更优质、更适合的职业教育。扩大特殊教育资源，保障残疾儿童少年的受教育权益。推动民族地区高校特色内涵发展，调整优化民族学方面的学科专业设置，提升民族预科教育质量。构建符合民族地区实际的继续教育体系，满足群众多样化学习需求。

第四，提升人才培养质量。聚焦问题短板，建制度、立规矩、明职责、强监督，纠正“家长式”管理和“放羊式”教学，推动实现教育管理精细化、教育评价科学化、教育质量优质化。坚持“五育”并举，开齐课程、开足课时，构建大数据背景下学校、教师、学生、家长、社会五位一体的教育质量评价体系，坚决克服唯分数、唯升学、唯文凭、唯论文、唯帽子的顽瘴痼疾。强化教育科研体系建设，配齐配强教研人员，推动民族教育理论和实践创新。强化教育教学过程及质量督导评估，纠正学业负担过重或过轻现象。以师生为主体，加强校园文化建设，传承红色文化，传递正能量。依托学校小农牧场、农业科技园等开展劳动教育，提升学生的实践能力。

3. 创新探索特色教育实践模式

第一，推进寄宿制规模办学。做好乡镇行政区划和村级建制调整改革“后半篇”文章，坚持按经济规律和人口流向优化校点布局，系统推进中小学布局规划调整，优化教育资源配置。稳妥有序地推进集中规模办学，大力推进寄宿制学校建设，配套建设食堂、厕所、浴室，完善卫浴、取暖设备设施，全面改善寄宿制学校办学条件，打造百年骨干优质寄宿制学校，满足学生就学和寄宿需要。县（市、区）结合实际建立寄宿制学校后勤管理人员补充和保障机制，不断提升管理水平。

第二，提升教育信息化水平。支持学校网络基础设施、多媒体终端和区域教育云平台建设，补齐薄弱学校软硬件短板。大力实施远程教育，依托“四川云教”等平台，采取学前教育观摩、小学植入、初中录播、高中直播等方式，开展覆盖全域全学段的立体化远程教育。大力开展教师信息技术应用能力培训，持续提升教师信息化素养和应用能力，夯实人才保障和技术支撑基础。加快“省级智慧教育示范区”“四川省智慧教育学校”建设工作，推动民族地区教育跨越式发展。

第三，深化教育对口支援。适应集中规模办学、集团化办学、学区制管理新形势，推行“多帮一”组团帮扶新模式，选足选优支教教师，集中力量帮助民族地区学校提升办学水平。聚焦提升教育教学质量和学校软实力，依托“校对校”平台，深入推进“援思想、援文化、援技术、援管理、援课程、援课堂、援科研”工作，大力开展工作坊研修和线上互助互帮互学活动，实现共学共建共享。深化异地合作办班模式，鼓励帮扶县（市、区）每年招收对口县（市、区）初、高中学生到本地学校插班就读。充分发挥帮扶地教研机构优势，指导开展教学教研，协同开展课题研究。支持办好民族班（校）和四川省成都西藏中学，推进混班混宿。

‖第九章‖

法治建设

四川是位于中国西南部的多民族省份，有全国最大的彝族聚居区、第二大藏族聚居区和唯一的羌族聚居区。从行政区域角度观察，四川民族自治地方有甘孜藏族自治州、阿坝藏族羌族自治州、凉山彝族自治州、峨边彝族自治县、马边彝族自治县、北川羌族自治县以及若干民族自治乡镇。从地域分布角度观察，四川民族地区毗邻滇、黔、甘、陕、藏、青六省（区），位于青藏高原与四川盆地的衔接区域，也是多条大江大河的水源地和重要的生态屏障，自古就是中国的“民族走廊”。据四川省第七次全国人口普查数据结果，全省汉族人口为77986638人，占93.20%；各少数民族人口为5688228人，占6.80%。[①]全省民族自治地方面积30.5万平方千米，占全省总面积的62.8%。[②]应该说，四川民族地区地域辽阔、人口密度低，客观的地理条件加大了社会治理难度。同时，由于历史上民族地区各方面发展相对滞后，经济欠发达，推进现代化进程的阻力较大，维护社会稳定及深化改革开放的任务艰巨。

“奉法者强则国强，奉法者弱则国弱。”[③]四川民族地区必须突出法治建设的重要性，坚持用法治思维和法治方式深化改革、推动发展、化解矛盾、维护稳定，坚定不移走中国特色解决民族问题的正确道路，全

① http://tjj.sc.gov.cn/scstjj/tjgb/2021/5/26/91f211253f0548b6975c68d233fa6e39.shtml。

② http://www.scsqw.cn/scdqs/scsq/content_12039。

③ 引自《韩非子·有度》。

面推进科学立法、严格执法、公正司法、全民守法，全面推进各方面工作法治化。用法律保障民族团结，坚持和完善民族区域自治制度，切实加强民族地区立法，推进法治政府建设，加快法治社会构建，在党的统一领导下，在各族人民的共同参与下，努力把四川民族地区各项事业全面纳入法治化轨道，不断夯实铸牢中华民族共同体意识的法治基础。

一、历史与现状

（一）历史

1. 中华人民共和国成立前

四川彝族聚居区在解放前基本处于奴隶社会，其社会治理是由统治阶级“兹莫”“黑彝”通过不成文的习惯法予以调整。彝族的习惯法叫作“木赫略赫接纳维”，虽然历史上没有形成文字记载，但它有广泛的群众基础，具有法律的效力，被彝族人公认为调解纠纷时必须遵循的准则。①习惯法的具体实施与执行，主要是由“德古”和“苏易”来主持。在具体处理案件时，按照一定的程序和方式进行调解，纠纷一经习惯法调解，如决定出赔偿的方法、数量、日期，在杀牛宰羊、饮完和解酒以后，便谁也无权推翻，具有最终裁决的效力。虽然德古或苏易一般通过口头的方式执行法律，但很多彝族习惯法条文也记录在毕摩②经书中，形成了一套相对完整的彝族式法律体系。

① 阿林嫫茜：《彝族习惯法文化面临现实挑战》，《中国民族报》，2006年8月25日。

② 毕摩是彝语音译，“毕”是念经诵咒的意思，“摩”是对有知识的长老的尊称。毕摩负责掌管文书、主持宗教仪式，是彝族传统文化极为重要的传承者。

四川涉藏地区在解放前历经原始社会、奴隶社会和封建农奴制发展阶段。从汉朝起，四川涉藏地区出现了一些较大的部落联盟体，建立起奴隶制政权，其等级制度严密，制定了迫使奴隶始终处于被奴役地位的“重罪者死、轻刑罚牛”法律。随着唐朝时期吐蕃政权的灭亡，奴隶制瓦解，封建农奴制在四川涉藏地区代替奴隶制，并由元朝在四川涉藏地区始设土司制。在土司统治区，较为出名的是德格土司的成文法和毛垭土司的《十三条禁令》，以前者为例，第七代德格土司向巴彭错于17世纪40年代参照藏王的法规，制定了15项法律，如地方官吏律、听讼是非律、盗窃追赔律、杀人命价律、伤人抵罪律等。这些法律的主要目的是维护封建等级制，不同等级的人在法律面前并不平等，如头人和喇嘛的命价至少比农奴高2倍。涉藏地区的刑罚制度非常残暴，监牢有水狱、穴狱、幕狱，肉刑有截手、割鼻、剁脚、抽脚筋等，死刑有五角刑、点天灯、挖心刺肺等。对案件的审理因案件大小而有区别，一般由土司派老民、寨首处理，较大案件由头人或土司处理。审判前举行宗教仪式，若遇疑难案件就采用“神明审判”，如捞油锅、摸黑白石头等。清代虽然施行“改土归流”，但清朝的法律实际并未在涉藏地区得以普遍落实，涉藏地区仍以习惯法为主。[①]

四川羌族聚居区自秦汉时期开始形成，羌民主要集中于岷江上游在山区开垦土地经营农业。至元朝，羌族地区设土司制，每个土司有自己的土司衙门，内设公堂、监狱、刑具。羌族土司衙门负责制定条文简明的“土规”“土律”，同时内部的审判机构形成了初步的民刑分流，不同的案件由土司分堂审理。“改土归流”后，羌族地区主要由习惯法规制。羌族在历史上的典型习惯法包括刑事责任年龄为冠礼（20岁），兼具立法与司法功能的议话坪制度，家族村寨之间通过械斗方式作为解决纠纷的最终手段等。[②]

---

① 四川省地方志编纂委员会：《四川省志·民族志》，成都：四川民族出版社，2000年，第226—229页。

② 李鸣：《羌族法制的历程》，北京：中国政法大学出版社，2008年，第364页。

四川其他少数民族聚居区也大多经历了土司制度及“改土归流”，解放前处于封建农奴制度阶段，少数地方仍有奴隶制度残余。历代当权者基本采用“因俗而治”的政策，并没有推行统一的法令。

国民政府统治时期，随着刑事诉讼法、法院组织法、特种刑事案件诉讼条例等一系列法律、法令的颁布，现代司法理念得以初步确立，四川民族地区也相继设立了地方法院，然而政府的法律更多只用于汉人与少数民族之间的诉讼，四川民族地区的案件仍多由少数民族权贵自行按习惯法处置。

2.中华人民共和国成立后至改革开放

中华人民共和国成立前夕，中国人民政治协商会议第一次全体会议通过了《中国人民政治协商会议共同纲领》，该纲领明确各少数民族聚居的地区应实行“民族的区域自治”，同时该纲领载明解放地区首先“实施军事管制”，组织成立军事管制委员会，在条件许可时召集“各界人民代表会议”，待条件成熟时，再召开地方的“人民代表大会”。根据共同纲领，中国人民解放军第二野战军于1949年年底解放四川后，接管了包含四川民族地区在内的四川各级司法机关。

1950年11月17日至24日，西康省藏族自治区（1955年撤销西康省后，更名为四川省甘孜藏族自治州）第一届各族人民代表会议在康定召开，出席会议的代表中藏族占66.67%，汉族占27.11%，其他民族占6.23%。代表人员的比例充分诠释了民族团结政策，符合少数民族地区区域自治原则。会议讨论通过了《西康省藏族自治区人民政府工作任务》《西康省藏族人民政府组织条例》《西康省藏族自治区第一届各界人民代表会议关于团结公约》等决议，标志着西康省藏族自治区人民政府正式成立，成为中华人民共和国成立后建立的第一个专区级民族自治地方[①]。

① 甘孜藏族自治州地方志编纂委员会：《甘孜州志》，四川人民出版社，1997年，第431—432页。

西康省凉山彝族自治区（后更名为四川省凉山彝族自治州）人民政府及四川省藏族自治区（后更名为四川省阿坝藏族羌族自治州）人民政府相继于1952年至1953年成立。

四川民族地区因家族、部落纠葛，历史上留下了不少民族纠纷。自治机关从成立起便派相关工作人员奔赴各地实地调查、就地调解，同时宣讲党的民族政策。如阿坝州专门成立“调解纠纷小组”，调解阿坝与黑水、大黑水与小黑水、卓克基与克尔枯三大械斗，经过长达两年多的努力，三大械斗纠纷获得圆满解决。①1952年10月6日，四川省司法改革工作会议召开，由此拉开了近两年的司法改革运动。这一时期在四川民族地区，一方面是纠正旧司法观，加强宣传现代司法理念，另一方面是针对自治机关司法机构出现的诸如职能审限划分不清、审判监督工作缺失等问题进行整改与完善。

中华人民共和国成立后，经过几年的初步工作，民族地区社会生产秩序、经济指标有明显的好转，但所有工作都是在不触动旧有的剥削制度下进行的，奴隶制、封建农奴制和封建地主经济仍然存在，人压迫人、人剥削人的现象并未根除。1955年底，四川省人民代表大会第一届第三次会议通过了在藏彝族地区进行民主改革的决议，接着遵循有法可依、依法办事原则，各自治州分别制定和通过了民主改革实施办法或具体规定，同时还根据实际情况制定了配套政策，如《关于解放奴隶、保护劳动人民利益的若干规定》《关于废除高利贷，调整债务关系实施办法》《关于划分阶级成分的意见》等法令，②从法律上保证改革健康、顺利地进行。1955年至1959年间，四川民族地区在党的领导下，废除了维护封建农奴主和奴隶主阶级利益的剥削制度，确立了社会主义制度，开创了四川民族地区历史新纪元，长期被束缚的生产力得到解放，民族地

① 阿坝藏族羌族自治州地方志编纂委员会：《阿坝州志》，北京：民族出版社，1994年，第521页。

② 四川省地方志编纂委员会：《四川省志·民族志》，成都：四川民族出版社，2000年，第32—33页。

区经济文化建设得到前所未有的发展。

1963年至1965年，四川三个民族自治州先后召开州内第一届人民代表大会，这意味着人民代表大会制度这一中国根本政治制度在四川民族地区得以实施，一切权力归于人民，四川民族地区的所有人民自此在法律上“当家做主”。很多有突出贡献和影响的少数民族人士被选举为地方各级人大代表，甚至全国人大代表，有的成为各地党政主要领导，他们在推动四川民族地区民主法制发展、维护民族团结进步中发挥了重要作用。

“文化大革命”时期，四川少数民族地区的政权组织受到较大冲击，特别是人大制度被废弛，以至于法制建设停滞不前。

3. 改革开放后至十二五时期

“文化大革命”过后，四川民族地区结束了动乱的年代，面临的任务是进行拨乱反正，抓紧处理历史上遗留的问题，消除一切不利于民族团结的因素。根据中共十一届三中全会关于社会主义加强民主法制建设的精神，1980年5月，四川省人大组织了100余人的全省民族政策检查团，分赴3州49县，在40多天内，深入基层解决民族关系上存在的问题，并在事后由省人大常委会根据调研材料做出了加强民族团结的决议，推动民族政策进一步贯彻落实。[①]在宗教问题上，四川民族地区积极贯彻执行中央《关于我国社会主义时期宗教问题的基本观点和基本政策》，总结建州及“文化大革命”以来对待宗教问题正反两个方面的经验，充分认识宗教问题的长期性、群众性、民族性和复杂性，纠正了一些错误做法，为宗教活动的正常开展提供了法制保障，有力促进了民族地区的团结协作。[②]

① 四川省地方志编纂委员会：《四川省志·民族志》，成都：四川民族出版社，2000年，第37页。

② 四川省地方志编纂委员会：《四川省志·民族志》，成都：四川民族出版社，2000年，第38页。

1984年，全国人民代表大会颁布了《中华人民共和国民族区域自治法》，使得民族区域制度以法律的形式固化并细化下来。为指导四川民族地区贯彻落实，四川省政府随后制定《四川省人民政府关于实施民族区域自治法的若干规定》。这一规定体现了民族区域自治的四川决心与四川智慧，有效推进了民族区域自治制度的落实。1986年起，四川各民族地区陆续制定了各自的自治条例。

民族区域自治制度的落实离不开配套法规的保障。2008年，四川省人大常委会制定施行了《四川省民族自治地方自治条例和单行条例报批程序规定》，明确了自治州、县规范制定自治条例和单行条例的程序。四川省委、省政府积极推进少数民族地区人才队伍建设，出台了《关于进一步做好新形势下培养选拔少数民族干部工作的意见》《关于实施民族地区人才振兴计划的若干意见》等文件，落实和完善配套优惠政策，鼓励和支持各级各类人才到民族地区工作，有效缓解了四川民族地区人才短缺的矛盾。

四川各民族地区结合实际，积极制定单行条例。如甘孜州制定《甘孜藏族自治州施行<中华人民共和国婚姻法>的补充规定》①，就该州存在的一些封建婚姻习俗进行针对性纠正；凉山州制定《凉山彝族自治州彝族语言文字工作条例》②，保障和促进了彝族语言文字的规范使用与发展；阿坝州制定《阿坝藏族羌族自治州宗教事务条例》③，切实保护宗教信仰自由并维护宗教活动正常有序开展。四川民族地区单行条例的相继出台极大促进了地区政治、经济、文化等领域的蓬勃发展，为民族自治地方依法行使自治权，自主管理地方事务，推进民族地区公民基本权利的实现，提供了法制遵循与保障。

---

① 1981年11月19日甘孜州第四届人民代表大会常务委员会第六次会议通过，1981年12月26日四川省第五届人民代表大会常务委员会第十三次会议批准。

② 2009年3月21日凉山彝族自治州第九届人民代表大会第四次会议修订通过，2009年5月27日四川省第十一届人民代表大会常务委员会第九次会议批准。

③ 2010年2月8日阿坝藏族羌族自治州第十届人民代表大会第五次会议通过，2010年3月31日四川省第十一届人民代表大会常务委员会第十五次会议批准。

2013年12月中共四川省委印发《四川省依法治省纲要》，由此拉开了四川法治建设的新篇章，四川三州也相继制定出台了依法治州的实施意见，进一步明确了依法执政、科学立法、依法行政、公正司法、社会法治、学法用法等法治建设的重点核心内容，确保依法治国方略在四川民族地区的扎实推进。

（二）现状

1. 贯彻落实民族区域自治制度

民族区域自治制度是我国在民族问题上的一项基本政治制度，《民族区域自治法》是实施这一制度的基本法律。近年来，四川省认真学习宣传、贯彻实施《民族区域自治法》，全省各级政府做了大量工作，取得良好成效。

以“十三五”时期为例，2016年至2020年期间四川省人大常委会共审议民族自治地方单行条例31件、地方性法规6件。[①]从这些法规的类别分析，生态保护类有13件，社会综合治理类有9件，历史文化类有6件，城乡建设与管理类有5件，政治类有4件。由此可以看出，一方面四川民族地区立法覆盖面广泛，通过立法手段有效推进社会治理，充分体现了少数民族管理民族内部事务的精神；另一方面立法重心突出，以《甘孜藏族自治州生态环境保护条例》[②]《阿坝藏族羌族自治州野生动物植物保护条例》[③]等为代表的生态环境立法促进了民族地区环境保护的法治化，有力助推美丽四川建设，以《甘孜藏族自治州传统村落保护与利用条

---

① 数据整理自四川省人大常委会官网（http://www.scspc.gov.cn）上的历年立法计划及工作报告。2015年《立法法》修订后，民族自治州既可以制定单行条例，又可以制定地方性法规。

② 2017年4月25日甘孜藏族自治州第十二届人民代表大会常务委员会第三次会议通过，2017年9月22日四川省第十二届人民代表大会常务委员会第三十六次会议批准。

③ 2020年1月15日阿坝藏族羌族自治州第十二届人民代表大会第四次会议修订通过，2020年11月26日四川省第十三届人民代表大会常务委员会第二十三次会议批准。

例》[①]《凉山彝族自治州摩梭文化保护条例》[②]等为代表的历史文化立法工作加强了文化产业特别是非物质文化遗产的保护，有效促进了四川民族传统文化的继承与发展。

四川省人大常委会立足自身监督职能，多次组织执法检查组通过召开座谈会、实际考察、听取各方意见等方式对四川省贯彻实施《民族区域自治法》的情况进行检查。根据《民族区域自治法》的规定，四川省已全部实现各民族自治地方的自治州州长、自治县县长均由实行区域自治民族的少数民族公民担任；四川民族自治地方的各级党委、人大、政府、政协领导班子及其职能部门合理配备了民族干部；上级国家机关帮助、指导民族自治地方的优惠扶持政策得到大力落实[③]；选拔培训少数民族人才队伍的机制不断完善。

2. 贯彻落实党的民族政策

党的十八大以来，党的民族政策方向更加清晰，内容更加丰富。通过召开中央民族工作会议[④]、印发《关于加强和改进新形势下民族工作的意见》[⑤]《关于全面深入持久开展民族团结进步创建工作铸牢中华民族共同体意识的意见》[⑥]等一系列文件，党中央在加强民族团结、抓好民生发展、促进优势产业、打赢脱贫攻坚、保护生态环境、保障合法权益、培育共同体意识等方面做出了明确的部署与要求。

在党中央的坚强领导下，在党的民族政策的关怀下，四川省各族人民共同团结进步、共同繁荣发展，开创了民族工作的崭新局面。一是少数民族的风俗习惯、语言文字和宗教信仰得到充分尊重。四川各级机关

---

① 纳入2019年四川省人大常委会立法计划，目前尚在立法流程推进中。

② 纳入2019年四川省人大常委会立法计划，目前尚在立法流程推进中。

③ 如四川多地设立民族专项资金，并逐年增加安排额度；四川省财政厅每年下达民族地区转移支付资金；四川各地对高考和中考的少数民族考生给予一定程度的加分。

④ 十八大以来共召开两次，一次于2014年9月召开，一次于2021年8月召开。

⑤ 2014年12月由中共中央、国务院共同印发。

⑥ 2019年12月由中共中央办公厅、国务院办公厅共同印发。

制定政策、采取措施，认真落实相关规定。如成都市制定颁布了清真食品管理规定，切实保障民族食品供给；马边县通过制定施行单行条例，保障和促进彝族语言文字的规范学习与使用；甘孜州专门就藏传佛教事务制定单行条例，切实维护宗教人士及信教公民的合法权益。二是构建民族团结进步创建工作新格局。不断建立完善创建工作政策保障体系，先后出台《四川省全面深入持久开展民族团结进步创建工作铸牢中华民族共同体意识实施方案》《四川省民族团结进步示范县（市、区）测评指标》等系列政策文件，并启动了《四川省民族团结进步条例》立法调研。在执行层面将铸牢中华民族共同体意识纳入各级党委（党组）中心组学习和各级党政班子考核，纳入各级各类学校教材、课堂教学，纳入各类干部职工培训和城乡群众教育，纳入各级主流媒体宣传任务计划。强化示范引领，近年来已创建3个全国民族团结进步示范州，33个全国民族团结进步示范区（单位），124个中国少数民族特色村寨，400个省级民族团结进步示范区（单位）。[①]三是大力支持民族地区加快经济社会发展。先后在成都、德阳、乐山等地建成了5个对接民族地区的“飞地”园区，[②]以园区为载体，促进资源优化配置和区域协调发展，在援建项目、产业发展、人才培养等方面对民族地区给予大力支持。推动理论研究、产业发展、民生改善、文化传承、生态保护、宣传教育“六个示范”建设，全方位增强民族地区自我发展的“造血能力”。持续推进十五年免费教育、“9+3”免费职业教育、“一村一幼”等工程，支持教育事业优先发展，从源头上解决贫困代际传递问题。

3. 民族地区社会治理现状

社会治理是国家治理的重要方面，四川民族地区多年来坚持和改进共建共治共享的社会治理制度，不断完善社会治理体系，培育与建设社

---

① http://www.sc.gov.cn/10462/10464/10797/2020/9/14/4a7ea16de91c4a8194da3d99ddfbcef3.shtml。

② 分别是成都—阿坝工业园区、甘孜—眉山工业园区、成都—甘孜工业园区、德阳—阿坝产业园区，乐山—凉山产业园区。

会治理共同体，确保民族地区人民安居乐业，社会和谐稳定。

第一，社会矛盾纠纷多元预防调处化解综合机制不断完善。2019年，四川省人大常委会颁布《四川省纠纷多元化解条例》，将近年来探索多元化解工作的经验以地方性法规的形式固定下来，也为四川民族地区化解处理社会矛盾提供了基本遵循。以调解工作为例，四川民族地区结合自身历史文化，发展特色调解品牌，如叙永县在7个少数民族村寨设立"石榴籽调解工作室"，并将其逐步推广为四川民族地区基层治理的品牌；凉山州引入彝族"德古"参与民间纠纷调解，并就具体调解方法制定正式的管理规定；北川羌族自治县将"议话""转转酒"等传统习俗引入调解机制，大大提升了调解成功率。同时，四川民族地区深化"诉非衔接""公调对接""诉源治理"等专项工作，风险矛盾源头治理成效显著。以阿坝州为例，2019年依靠各类调解组织排查各类矛盾纠纷6680件，调解成功6598件，调解成功率达98.8%；实施社会稳定风险评估676件，预防和化解社会风险隐患2627起，排查不稳定因素2065起，成功化解2044 起，成功率达91.8%。[①]

第二，以网格化管理为基础的基层社会治理不断创新。网格化管理是推进社会治理体系和治理能力现代化的基础性工程，也成为民族地区发挥预警监测、信息搜集、政策宣传、疫情防控等群防群治功能的重要一环。毒品问题一直是诱发四川部分民族地区社会问题的重要因素，为坚决遏制毒品问题蔓延势头，凉山州西昌市在推进网格化建设中，整合全市1661名网格员、4301名"西昌格格"群防群治夜间巡逻队伍、人脸识别系统和西昌市禁毒管理信息系统等资源，开启了"禁毒+网格"工作新模式，仅2017年，西昌市涉毒案件破案数同比上升47.2%，涉毒人员打处数同比上升26.5%，外流贩毒人数同比下降68.5%。[②]甘孜州全面推进涉藏地区网格化服务管理工作，城区和规模较大寺庙采取"机关干部+

① 阿坝州地方志办公室：《阿坝州年鉴2020》，新华出版社，2020年版，第129页。

② 马利民：《四川打造共建共治共享社会治理格局》，《法制日报》，2018年2月5日。

政法干部+专职网格员”方式配备，乡村和规模较小寺庙网格采取“乡镇干部+政法干部+网格员+信息员”方式配备。探索网格长制度，做到每个乡镇（街道）有1名县级网格长牵头负责。探索有价值信息的“以奖代补”制度，全面激活专兼职网格员队伍活力，努力以多元共治实现社会善治。①

第三，社会治安防控体系与公共安全预防控制体系不断优化。四川民族地区在全省统一部署下，统筹发展与安全，提高立体化、法治化、专业化、智能化的防控水平。针对民族地区人口密度较低，外出务工人员逐步增多等情况，四川各民族地区近年来大力推行以公共安全视频监控联网运用为主要内容的“雪亮工程”和“慧眼工程”建设，使其成为守护人民安全的“千里眼”，有效破解民族地区特别是民族农村地区智能化防控不足等瓶颈性问题。四川各民族地区持续开展扫黑除恶专项斗争，地区发展环境、治安形势、政治生态持续优化。以2019年阿坝州的相关数据为例，全州摸排涉黑涉恶线索362条，办结回复317条，办结率达87%；立案侦办涉黑涉恶案件16起；侦办九类涉恶案件156起，破获148起，打击处理284人，冻结涉黑涉恶案资金300万元。②

4. 民族地区法治建设经验总结

四川民族地区在多年的法治实践中不断统筹各方资源力量，不断谋划实施各项重点工作，特别是在立法、执法、司法、守法、普法等法治建设核心环节持续发力，取得了丰硕成果，也凝结了许多民族法治建设的四川经验与四川智慧。

一是民族自治立法立足实际，助力地区发展。四川省6个民族自治地方人大充分行使民族自治地方立法权，制定了一大批符合自治地方实际情况和体现民族特色的法规。如《北川羌族自治县非物质文化遗产保

---

① http://www.ganzipeace.gov.cn/zfyw/20200803/2299578.html，2021年8月9日访问。

② 阿坝州地方志办公室：《阿坝州年鉴2020》，新华出版社，第129页。

护条例》[①]旨在保护与弘扬羌族这一古老民族的优秀传统文化；《阿坝藏族羌族自治州突发事件应对条例》[②]是全国各民族自治地方首次以立法手段应对突发事件的一次有益探索；《阿坝藏族羌族自治州教育条例》[③]明确“实行十五年义务教育”以促进本地少数民族教育发展；《凉山彝族自治州水资源管理条例》[④]通过对上位法的适当变通促进当地水资源涵养保护。

二是自治机关推进依法行政，建设法治政府。四川各民族地区在《四川省人民政府关于深入推进依法行政加快建设法治政府的意见》统一要求下，依法全面履行自治机关职能，健全依法决策机制，深化行政执法体制改革，积极制定适应地区情况的依法行政实施意见。各民族地区纷纷成立依法行政或法治政府工作办公室，统筹推进法治建设工作，贯彻落实依法行政年度报告制度。强化责任制与考核评估，如凉山州法治政府建设工作领导小组办公室制定《凉山州行政执法监督工作方案》，从人员素质大提升、执法监督大检查、监督渠道大畅通三个方面对凉山州依法行政监督工作进行部署。

三是司法公正有效维护，营造法治环境。四川各民族地区始终坚持司法为民，公正司法，推动遇事用法靠法的法治良俗。充分保障当事人的诉讼权利，特别是确保各民族在诉讼活动中拥有使用本民族语言的权利。合理运用少数民族习惯法对案件事实进行认定，促进当地群众对审判人员的认同感，提升民族地区司法公信力。充分发挥民商事审判职能，服务四川民族地区新业态、新市场领域，推进社会诚信建设，营造

① 2008年1月11日北川羌族自治县第二届人民代表大会第二次会议通过，2008年5月21日四川省第十一届人民代表大会常务委员会第三次会议批准。

② 2009年4月26日阿坝藏族羌族自治州第十届人民代表大会第四次会议通过，2009年7月22日四川省第十一届人民代表大会常务委员会第十次会议批准。

③ 2012年12月18日阿坝藏族羌族自治州第十一届人民代表大会第二次会议通过，2013年4月2日四川省第十二届人民代表大会常务委员会第二次会议批准。

④ 2020年6月12日凉山彝族自治州第十一届人民代表大会第五次会议修订通过，2020年9月29日四川省第十三届人民代表大会常务委员会第二十二次会议批准。

法治化营商环境。落实公益诉讼检察制度，重点就民族地区生态环境和资源保护提供高质量司法服务与保障。

四是明确落实普法责任，开展“定制”宣传。四川民族地区积极推动普法工作，加强组织实施，公民法治素养及社会治理法治化水平提升明显。按照“谁执法谁普法”责任制，各工作责任单位不断创新普法形式和手段，提升普法工作的针对性和实效性。如凉山州针对安宁河谷地区、大凉山涉彝地区和木里涉藏地区的不同情况“对症下药”，开展差异化普法宣传；甘孜州针对国家公职人员、寺庙僧尼、农牧民群众、青少年学生四个重点群体，分类制定学法实施方案；四川“同心·律师服务团”从2012年成团起分批多次对民族偏远地区进行对口法律帮扶，开展法律宣传、咨询服务、法律培训等服务。

二、近期与远景目标

（一）2025年近期目标

展望2025年，四川省“十四五”规划记载了这样一段话：“社会主义民主法治更加健全，社会公平正义进一步彰显，更高水平的法治四川、平安四川建设扎实推进。城乡基层治理制度创新和能力建设取得新成效，社会治理新格局加快形成。防范化解重大风险体制机制不断健全，发展安全保障更加有力。”①

《法治四川建设规划（2021—2025年）》具体指出目标：“党领导

① http://www.sc.gov.cn/10462/10464/10797/2021/3/16/2c8e39641f08499487a9e958384f2278.shtml。

全面依法治省体制机制更加健全，省委党内法规、地方性法规和政府规章等制度体系更加完善，职责明确、依法行政的政府治理体系更加健全，相互配合、相互制约的司法权运行机制更加科学有效，成渝地区双城经济圈法治化营商环境更加优化，城乡基层治理制度创新和能力建设取得新成效，各领域法治化水平全面提升，建成西部法治新高地。”①

在前述目标指引下，四川民族地区法治观念深入人心，各项事业法治化水平全面提升。具体表现为：

1. 民族法律法规体系更加完善

一是民族区域自治立法权得以充分行使，自治法律法规体系不断健全，能够统筹做好与上位法衔接配套的实施性立法和体现民族地区特色的创制性立法，特色产业发展、资源开发利用、生态环境保护、民生社会治理等重点领域和新兴领域立法不断加强。二是民族地区各方有序参与立法过程，特别是政协委员、民主党派、民族宗教人士、人民团体、社会组织等在立法协商中的作用得以充分发挥。民众积极参与地方立法，草案公开征求意见和公众意见采纳情况反馈机制不断健全，立法透明度进一步彰显。三是立法人才培养工作取得良好成效，民族地区立法技术规范，立法立项、起草、论证、协调、审议工作有序推进，立改废释更加准确、及时，法律规定之间不一致、不协调、不适应问题大大减少。

2. 依法行政，执法质量明显提高

其一，法治政府建设扎实推进，权力清单和责任清单制度逐步落实并达成“两单”融合，政务公开、简政放权深入推进，政府职能依法充分行使。各级政府依法行政，恪守法定职责必须为、法无授权不可为，民族地区政府行为全面纳入法制轨道。其二，行政决策制度体系不断健全

① https://www.sichuanpeace.gov.cn/cayw/20211012/2488284.html。

全，法律顾问、公职律师在重大行政决策中的作用得以充分发挥，重大事项集体决策制度进一步落实，重大行政决策跟踪反馈和评估机制更加有效。行政规范性文件合法性审核工作全面推行，凡涉及公民、法人或其他组织权利和义务的行政规范性文件均经过合法性审核。其三，综合行政执法体制改革取得新成效，跨领域、跨部门综合执法更加有力，行政执法公示制度、执法全过程记录制度、重大执法决定法制审核制度严格落实，行政执法标准化、信息化建设取得新突破。其四，行政复议体制改革稳妥推进，府院联席会议制度持续深化，行政争议源头预防、实质化解成效明显。其五，基层执法机构队伍建设进一步加强，定期开展法律知识、业务技能和纪律培训，行政执法人员素质能力大幅提升。

3. 法律法规监督检查体制机制更加完备

一方面，立法监督工作机制不断健全，监督程序不断完善。民族地区自治立法、地方性法规起草征求人大代表、政协委员意见机制顺畅。国家机关、社会团体、企业事业组织及公民对法规规章等书面提出的审查要求或者审查建议能够得到及时回应与处理。另一方面，备案审查制度和能力建设不断完备，实现有件必备、有备必审、有错必纠。备案审查程序基本完善，审查范围、标准和纠正措施明晰确定。民族地区自治条例、单行条例和自治机关政府部门行政规范性文件的备案工作进一步强化，同时法院、检察院制定的规范性文件也将纳入民族地区本级人大常委会备案审查范围。党委、人大常委会、政府等之间的备案审查衔接联动机制更加有效。备案审查工作年度报告制度按时落实。

4. 公共法律服务体系更加完善

第一，公共法律服务平台全面升级提档，打造实现覆盖城乡、均等普惠、便捷高效的公共法律服务体系，公共法律服务实体、热线、网络三大平台建设进一步提升，公共法律服务四级实体平台全面落实。第二，法律服务资源实现均衡配置，远程网络等法律服务模式实现便捷运用，城市优质法律服务资源向农村辐射加快，法律服务专业力量不足问题得到有效缓解。法律服务专业人才队伍进一步充实，对欠发达地区专业法律服务人才和社会工作者、志愿者的政策扶持更加有力。第三，公共法律服务更加标准化、规范化、精准化，能不断满足人民群众日益增长的高品质、多元化法律服务需求。公共法律服务评价指标体系初步构建，运用群众满意度检验公共法律服务工作成效。公民权利救济渠道和方式更加健全，法律援助制度和国家司法救助制度进一步完善，出台适宜民族地区的法律援助单行条例，困难群体、特殊群众的基本公共法律服务权益保障更加精准。

5. 公民守法意识不断提高

首先，"八五"普法细致谋划，普法责任清单完整明晰，法治示范创建持续推进。法治宣传载体不断丰富，"互联网+"普法新格局加快形成，多形式推进、立体化覆盖的法律政策宣传体系初步构建。法治文化阵地和基层法律法治培训基地加快建设，以寺庙僧尼、农牧民群众为重点的"法律七进"工作深入开展。法治文化产品丰富多样、供给充足，法治文化精品持续培育，善于利用重大纪念日、传统节日等契机开展群众性法治文化活动，法治文化的覆盖面和影响力不断扩大。其次，"谁执法谁普法"普法责任制落实落细，案（事）件依法处理的过程有效成为普法公开课。"以案释法"工作制度不断深化，对诉讼参与人、行政相对人、利害关系人等的法律法规和政策宣讲取得良好成效。再次，习近平法治思想、以宪法为核心的中国特色社会主义法律体系得以深入宣传，民法典普法工作持续推进，与经济社会发展和人民群众利益密切相关的法律法规得到广泛传播。人民群众自觉尊崇、信仰和遵守法律，全社会尊重司法裁判，坚定维护司法权威。民族地区青少年法治教育效果显著，《青少年法治教育大纲》得以全面执行。最后，普法志愿者队伍进一步培养壮大，人民群众广泛参与普法活动的实践格局加快形成。学校法治课教师、法治辅导员队伍配齐配强，法治副校长制度不断完善。

6. 社会治理法治化、社会化不断加强

一是社会治理阵地不断丰富。形成以党组织为核心，自治、法治、德治、智治相结合的“一核四治”基层治理体系。综治中心实体化建设持续推进，有条件的地方设立村（社区）综治中心。网格化服务管理体系持续优化，城区“1+2+N”和农村“一村（格）一警务助理”社区警务模式全面推广，实现城镇、社区（村）和寺庙全覆盖。二是社会矛盾得到迅速有效化解。新时代“枫桥经验”与民族地区实际情况相结合，矛盾纠纷多元化解机制不断健全，司法调解、行政调解、人民调解联动工作体系基本确立，行政复议、行政调解、行政裁决工作的重要性得以强化，行政机关能有效发挥化解纠纷的“分流阀”作用，对矛盾纠纷进行常态化排查，能够就民族地区突出的边界、重大婚姻、血亲仇杀等矛盾纠纷进行有效稳控。涉及民族、宗教等因素的社会问题得到依法妥善处置，民族关系、宗教关系愈加和谐。三是社会组织积极作用凸显。培育发展和管理监督并重，生活服务类、公益慈善类、专业调处类、治保维稳类等社会组织等实现快速发展。政府向社会组织购买服务的规模和范围不断扩大，更多的专业社会力量参与基层治理。社会组织法治化和规范化建设加强，社会组织管理监督机制不断健全。社会工作者和志愿服务者队伍加快扩充。四是社会信用体系权威高效。政务诚信、商务诚信、社会诚信和司法公信为主的信用体系建设进一步强化。社会信用信息资源共享平台确立，信用信息资源整合与共享有效实现。跨部门、跨地区、跨行业的守信联合激励和失信联合惩戒联动机制不断完善，初步探索建立信用修复机制。

（二）2035年远景目标

展望2035年，四川省“2035年远景目标纲要”里勾勒了这样一幅法治蓝图：“治理体系和治理能力现代化基本实现，法治四川、法治政府、法治社会基本建成，平安四川建设达到更高水平。”在这一愿景目标下，四川民族地区的法治政府、法治社会同步建成，各民族人民平等参与、平等发展权利得到充分保障。具体表现为：

1. 法律法规制度完备

立法定位：基本实现科学立法、民主立法、依法立法，立法质量和效率成为民族地区典范。基本建成完备的民族法律法规体系，让民族工作有法可依，为民族地区政治稳定、经济发展、民族团结、文化繁荣、生态文明提供了坚强保障。民族自治立法工作充分展现地方特色，充分体现社会主义核心价值观，具备时代性、规律性与创造性，为实践民族区域自治制度提供了良好示范。

立法内容：形成完备的党委领导、人大主导、政府依托、各方参与的立法工作格局。全面落实党的民族理论、民族政策。立法能有效体现对权力运行的制约和监督，能有效加强社会主义文化建设，能有效保障和改善民生，能有效回应并支撑重点领域、新兴领域发展。实践证明已经比较成熟的改革经验和行之有效的改革举措能及时上升为法规规章。

立法机制：立法立项审议机制、立法规划计划编制机制、立法征求公众意见采纳反馈机制、第三方评估机制、立法争议事项协调机制等立法工作机制健全完备。立法评估论证工作成熟高效，实现法律草案与配套规定同步研究、同步起草，法律规范整体功效更加强大。立法技术先进规范，大数据分析等数理工具在立法过程中发挥重要科学作用。法规解释工作及时有序，已搭建起方便公众查询及检索的民族地区统一法律信息平台。

2. 治理体系和治理能力现代化基本实现

形成完备的党委领导、政府负责、民主协商、社会协同、公众参与、法治保障、科技支撑的社会治理体系，实现共建共治共享的社会治理制度。民族地区党委充分发挥总揽全局、协调各方的领导作用，政府部门建立完善的社会治理考核问责机制。社会力量积极参与社会治理，建成人人有责、人人尽责、人人享有的社会治理共同体。

实现多层次、多领域依法治理。市域治理现代化试点在民族地区取得圆满成功。城乡社区在党组织领导下实现政府治理和社会调节、居民自治良性互动。区县职能部门、乡镇政府落实在社区治理方面的权责清单。村级议事协商制度运行良好，村规民约得到广泛认同。基层群众性自治组织规范运转。各基层单位普遍建立了自身解决问题的法治平台与机制。

社会安全感普遍而稳固。具备成熟的社会安全体系整体设计和战略规划。扫黑除恶常态化，严重犯罪行为发生率显著降低。突发事件应急体系完备，防灾救灾能力强。社会心理服务体系和疏导机制健全，能够覆盖特殊群体，向其提供全面、及时、有效的心理健康服务。四川民族地区公共安全感指数处于全国民族地区领先水平。

高效化解社会矛盾纠纷。群众诉求表达、权益保障通道畅通，社会矛盾纠纷多元预防调处化解机制健全，绝大部分矛盾纠纷成功化解在基层。根据民族特点成功建立特色化“一站式”纠纷解决机制，各环节调解力量专业，经费保障充足。

3. 法治环境良好

总体环境：全社会广泛树立宪法法律至上、法律面前人人平等的法治理念，认同并弘扬社会主义法治精神与法治文化，人人自觉做社会主义法治的忠实崇尚者、自觉遵守者、坚定捍卫者。实现民族地区传统法律文化的创造性转化、创新性发展，善良风俗、家规家训中的优秀法治内容成为良好法治环境的重要组织部分。

法律宣传：领导干部带头尊法、学法、守法、用法，依法办事的意识和能力显著增强，有效发挥对全社会的示范带动作用。司法公正权威，民族地区习惯法与司法文明充分融合，人民群众在司法案件中普遍感受到公平正义，司法公信力显著提升。法治宣传报道机制成熟，对社会热点案（事）件主动发声、解疑释惑，法治正能量得以广泛传播。普法志愿者队伍专业充足，形成人民群众积极广泛参与普法活动的实践格局。

积极用法：法治意识、法治思维得以充分培育，人们更加自觉主动地运用法治思维对自己的主张进行检省，通过对社会关系中的权利义务的分析更加清晰地认识到自己和社会其他成员间的互动关系，从而更加理性地表达自身的各种诉求。各类社会主体形成办事依法、遇事找法、解决问题用法、化解矛盾靠法的法治意识，能够在法治框架下明确自身的权利义务以及相应责任，能够在面对利益及观念分歧时寻求合法有效的处理方式，共同维护良好的法治氛围。

三、路径与保障

（一）贯彻落实关于全面推进依法治国若干重大问题的决定

党的十八届四中全会通过的《中共中央关于全面推进依法治国若干重大问题的决定》，是近年来我国关于法治建设的纲领性文件，也是今后相当长一段时间法治中国建设的基本遵循。该决定立足我国社会主义法治建设实际，明确了全面推进依法治国的指导思想，制定了“建设中国特色社会主义法治体系，建设社会主义法治国家”的总目标，提出了“坚持依法治国、依法执政、依法行政共同推进，坚持法治国家、法治政府、法治社会一体建设”的要求，对科学立法、严格执法、公正司法、全民守法、法治队伍建设、加强和改进党对全面推进依法治国的领导做出全面部署。党的二十大报告最新指出，全面依法治国是国家治理的一场深刻革命，关系党执政兴国，关系人民幸福安康，关系党和国家长治久安。四川民族地区在贯彻落实决定过程中，必须坚持中国共产党的领导、坚持人民主体地位，以铸牢中华民族共同体意识为主线，大力宣传党的民族政策和国家法律法规。坚持法律面前人人平等，坚持依法治理和以德治理相结合，坚持从民族地区实际出发，突出用法治思维和法治方式管权、管事、管人，全面推行“依法治州、依法治县”。四川民族地区必须在各级党委和广大党员干部的坚强领导下，紧密联系实际，紧扣中心大局，大力推进依法执政，切实加强地方立法，全面推进依法行政，着力保证公正司法，广泛开展法治宣传教育，深入推进社会依法治理，大力加强法治工作队伍建设，坚定不移地推行法治领域改革，全面推动依法治国基本方略和依法执政基本方式在四川民族地区继续深化。

（二）严格执行国家、四川省关于法治建设相关规划

中共中央、国务院先后印发了《法治社会建设实施纲要（2020—2025年）》、《法治中国建设规划（2020—2025年）》及《法治政府建设实施纲要（2021—2025年）》，为今后五年的法治中国、法治政府、法治社会一体建设制定了细致的规划与方案。在此基础上，四川省也启动并制定了相应的纲要与规划。[①]四川民族地区需要认真领会国家及四

① 四川省先后制定了《法治四川建设规划（2021—2025年）》、《四川省法治社会建设实施方案（2021—2025年）》及《四川省法治政府建设实施方案（2021—2025年）》。

川省相关规划的精神，不折不扣地执行法治建设的最新要求，应重点从以下方面着手：全面贯彻实施宪法，坚定维护宪法尊严和权威，深入学习贯彻习近平法治思想；努力建设完备的法律规范体系，以良法促进发展、保障善治；健全政府机构职能体系、依法行政制度体系、行政决策制度体系、行政执法工作体系；建设高效的法治实施体系，深入推进严格执法、公正司法、全民守法；建设严密的法治监督体系，切实加强对立法、执法、司法工作的监督；建设有力的法治保障体系，筑牢法治建设的坚实后盾；健全突发事件应对体系，依法预防处置重大突发事件；健全社会矛盾纠纷行政预防调处化解体系，不断促进社会公平正义；依法治理网络空间，推动全社会增强法治观念，推进社会治理法治化。

（三）民族与区域因素相结合，推进民族地区立法工作

民族地区立法工作是一项系统而复杂的工程，必须坚持科学立法、民主立法、依法立法，用好用活民族自治地方立法权，确保每一项立法都符合民族地区发展实际，经得起历史与实践的检验。第一，加强立法规划。科学编制五年立法规划和年度立法计划，立法实践要自觉坚持党的领导贯穿始终，紧紧围绕中央和四川省委的重大决策部署，区分轻重缓急，优先考虑那些对四川民族地区起重要作用的、条件比较成熟的立法项目。统筹四川各民族地区报批法规和条例的数量和时间，突出各地特色和重点，确保全省民族立法工作协调发展。第二，提高立法质量。重视立法起草阶段的协商与研究，加强调研与论证，准确把握利益主体和利益格局，准确把握和体现法律所调整对象的客观规律与法律体系的内在规律，有效缩短立法周期，提高立法的质量与效率。突出民族因素与地域因素，加强习惯法与地方立法的融合研究，提升地方立法的生命力，避免简单重复立法、笼统概括立法，主动在重点领域的重点难点问题上设立立法项目，在“变通权”和“补充权”上不断寻求突破，敢于分析解决深层次矛盾和问题，切实回应社会与民众立法需求，推动民族

地区政治生态、社会生态和自然生态持续向好。第三，规范立法程序。拓宽各方参与立法的渠道，通过网络公开、座谈会、听证会、立法调研等各类形式吸纳听取各方意见，逐条回应各方意见，形成立法与施政的良性互动。不断提高立法透明度，努力做到立法全过程公开。充分发挥法律作为“稳定器”和“指南针”的作用，一方面将成熟有效的改革措施及时上升为地方性法规，另一方面对与时代发展不适应、甚至相抵触的规定，及时启动立法程序予以修改或者废止。

（四）依法行政，推进法治政府建设

党的十八大以来，四川民族地区严格贯彻落实法治政府建设要求，以年度为单位定期编制法治政府重点工作计划并及时总结成效与问题，法治政府建设取得重大进展。在今后一段时间，必须立足新的时代背景与政策蓝图，补齐短板，开拓进取，推动依法行政与法治政府建设再上新台阶。第一，坚持法定职责必须为、法无授权不可为，着力实现政府职能深刻转变，构建简约高效的基层管理体制，全面实行政府权责清单制度，大力归并减少各类资质资格许可事项，加快建设服务型政府，打造贯彻实施《优化营商环境条例》的民族范本。第二，建立健全行政规范性文件制定协调机制，防止政出多门、政策效应相互抵消。健全行政规范性文件动态清理工作机制，定期向公众公布清理结果。严格落实行政规范性文件备案审查制度，做到有件必备，有错必纠。第三，坚持科学决策、民主决策、依法决策，进一步落实《四川省重大行政决策程序规定》《四川省行政决策合法性审查规定》，完善征求意见制度，对社会普遍关注的重大行政决策事项按照《四川省社会稳定风险评估办法》开展风险评估，切实提高决策质量与效率。第四，完善行政执法程序，创新行政执法方式，进一步运用说服教育、劝导示范、行政奖励等非强制性执法手段，全面落实行政执法责任制。重视培养民族地区的本土行政干部与行政人员，使其在联系、团结、引导本民族群众方面发挥更好作用。第五，健全行政权力运行制约和监督体系，自觉接受党内监督、人大监督、民主监督、司法监督、审计监督、舆论监督，确保对行政权力制约和监督全覆盖、无缝隙。全面推进政务公开、创新政务公开方式。第六，大力运用互联网、大数据、人工智能等技术手段促进依法行政，探索政府治理信息化与法治化深度融合，大力提升民族地区法治政府建设数字化水平。

（五）公正司法，提高司法公信力

紧紧抓住影响民族地区司法公正、司法能力的深层次问题，坚持符合民族区域情况和遵循司法规律相结合，坚持和加强党对司法工作的绝对领导，不断提升司法公信力。首先，维护社会大局持续、长期和全面稳定。深化反分裂斗争，强化法治震慑。坚持宗教中国化方向，积极以裁判规则引导宗教与社会主义社会相适应，强化法治认同。依法严惩民族地区常见生命财产安全犯罪、毒品犯罪等刑事犯罪，健全扫黑除恶长效常治机制，切实增强人民群众安全感。其次，充分发挥审判职能。依法全面平等保护产权，充分激发各类市场主体活力，促进社会诚信体系建设。积极引导人民群众依法维权，加快审执教育、就业、医疗、住房、社会保障等民生领域案件，以司法手段推动解决群众关注的难点问题。再次，打造专业过硬的法院队伍。引导法官熟知本地区的民族历史、民族宗教、民族艺术等民族文化，合理运用民俗习惯办案，促进纠纷解决“情理法”的统一。有意识地选择少数民族人民陪审员，倡导他们穿民族服装、用民族语言参与诉讼活动。创新民族特色法庭调解模式，设立“驻村法官工作室”，努力建设让人民群众满意的司法机关。最后，推进审判体系和审判能力现代化。全面建设集约高效、多元解纷、便民利民、智慧精准、开放互动的现代化诉讼服务体系。完善“互联网+诉讼”模式，真正实现“让信息多跑路，让群众少跑腿”，从立足审判职能到延伸司法服务、从对内夯实法庭建设到对外展示法院文化的法庭运行机制，打造民族地区司法高地。

（六）弘扬社会主义法治精神，推进法治社会建设

将法治宣传工作与依法治理、法治社会建设有机结合起来，努力建设信仰法治、公平正义、保障权利、守法诚信、充满活力、和谐有序的法治社会。第一，开展民族特色普法。在涉藏地区聚焦巩固脱贫攻坚和反分维稳成果，在涉彝地区聚焦巩固脱贫攻坚和禁毒防艾成果，在其他少数民族聚居区围绕巩固脱贫攻坚成果和实施乡村振兴，广泛开展普法宣传教育。持续开展藏传佛教寺庙“一寺一策”法治宣传教育工作，健全寺庙“法律明白人”培养制度。持续实施彝族母语普法行动计划，广泛开展“送法进彝乡”等活动。第二，开展重点人群普法。抓住领导干部“关键少数”，建立领导干部应知应会法律法规清单制度。强化青少年学法用法，有效开展“法治教育第一课”“学宪法　讲宪法”“宪法晨读”等活动。加强宗教人员、农民工、企业家等群体法治教育，坚决纠正法不责众、遇事找关系等思想和行为。第三，打造普法品牌。围绕党委政府中心工作，利用全年重要时间节点开展主题法治宣传活动。推动普法活动流程标准化、职责精细化、考核规范化，提高活动的影响力、传播力、渗透力。挖掘民族地区优秀传统文化、革命文化、优良家风，根据时代精神加以转化，着力打造民族地区普法精品品牌。充分利用已建成的法治文化阵地，组织开展法治宣传教育互动体验式活动，丰富法治文化产品供给。第四，创新普法形式。加大民族地区普法产品供给，强化普法产品的精准性，鼓励公众创作个性化普法产品，注重短视频在普法中的运用。促进单向式、说教式传播向互动式、场景式传播转变，增加受众的体验感与获得感，更为群众喜闻乐见。

（七）强化法治工作人才队伍建设

牢牢把握忠于党、忠于国家、忠于人民、忠于法律的总要求，大力提高法治工作队伍思想政治素质、业务工作能力、职业道德水准，努力建设一支德才兼备的高素质法治工作队伍。第一，吸引更多法治人才。结合民族地区司法机关办案数量制定符合实际的招录办法，积极鼓励法学毕业生到少数民族地区基层工作，确保编制有序递增。加大职业保障力度，结合司法体制改革统筹考虑提高民族地区法律职业收入水平。探索建立民族地区法官、检察官挂职锻炼、轮换机制。第二，培养高素质双语司法人才队伍。与高校法学院共建培育基地，定点培养既精通法律又知晓民族语言文化的司法人才。加强现有司法队伍培训，集中资源、集中时间，坚持分类、分级进行专项培训，着重培养双语人才法律适用能力和裁判文书写作能力。拓宽民族地区人民陪审员选任渠道和范围，确保把品行良好、公道正派、群众威望高的少数民族地区群众选任到陪审员队伍中。第三，拓宽律师、公证、司法鉴定、仲裁、调解等法律服务队伍。扎实推进“万名法律服务工作者大法援”活动，着力解决民族地区法律服务资源分布不均衡问题，努力让每一位民族地区老百姓打得起官司。做好法律援助对口帮扶工作，持续动员四川同心·律师服务团、四川律师公证送法进寺庙服务团提供高质量法律服务。

（八）推进社会治理体系和治理能力现代化

加强和完善社会治理，关乎党长期执政、国家长治久安和广大人民群众的切身利益。民族地区要着力做好以下几方面工作：第一，强化各级党组织的领导核心作用。充分发挥党建引领和示范带头的优势，加强党对社会治理工作的绝对领导，确保民族地区社会治理沿着正确的方向前进。第二，健全群众自治的制度化渠道。规范村（居）民委员会、村（居）民议事会等自治组织建设，健全村（居）民协商议事机制，充分发挥广大人民群众参与基层社会治理的积极性、主动性和创造性，注重发挥优良民风、家风在基层社会治理中的重要作用。第三，牢固树立法治理念，依法治理。区县职能部门、乡镇政府（街道办事处）按照减负赋能原则，制定和落实在社区治理方面的权责清单。强化矛盾纠纷多元化解，综合运用行政调解、司法调解、人民调解，积极完善新时代“枫桥经验”的民族模式。健全网格化服务管理机制，及时消除各类风险隐患，坚决防范暴力恐怖、分裂破坏、刑事治安案件发生。第四，发挥德治的教化作用。不断强化社会主义核心价值观，开展移风易俗活动，遏制陈规陋习。继承和发扬中华民族优良文化和民族地区优良传统，推行建立道德讲坛、文化主题公园。第五，提高社会治理的智能化水平。持续打造智慧城市、智慧社区、智慧交通，促进“天网+雪亮+慧眼”三网融合，形成问题联治、工作联动、平安联创的信息化、数字化治理机制。

（九）重视民族法治理论研究

重视并加强民族法治理论研究，加快四川民族地区法治体系建设。第一，立足四川民族地区民族本土性，以现实问题为关切，加强对民族地区法治建设的理论研究，努力构建体现民族区域自治制度，具有鲜明实践特色、时代特色的民族法治理论体系和话语体系，如继续深入诠释“本民族内部事务”的内涵、正确把握法律共同性和差异性的关系、铸牢中华民族共同体意识的法律保障等。第二，坚持和发展四川部分民族地区法律制度建设的既有优势，深入研究和总结四川部分民族地区法律制度体系建设的成功经验，推进四川民族地区整体法治体系创新发展。挖掘和传承民族地区传统法律文化，研究、总结和提炼党领导四川少数民族群众推进法治建设的实践和理论成果，推动民族法治实践与民族法治理论研究相互激发、互相促进。[①]第三，组织和邀请四川省内外的高等学校、科研院所以及法学专家学者加强民族法治理论研究，进一步丰富少数民族权利保护、民族习惯法、民族法制史等研究，借鉴和融通多学科知识，为四川民族地区法治建设提供充分学理支撑。

① 潘红祥、张星：《中国民族法治七十年：成就、经验与展望》，北京：《民族研究》，2019年第3期。

‖第十章‖

党的建设

中国共产党作为领导党与执政党，党的建设与四川民族地区的建设紧密相连。党的二十大报告指出：“以铸牢中华民族共同体意识为主线，坚定不移走中国特色解决民族问题的正确道路，坚持和完善民族区域自治制度，加强和改进党的民族工作，全面推进民族团结进步事业。”民族工作能不能做好，最根本的一条是党的领导是不是坚强有力。做好新时代党的民族工作，必须加强和完善党的全面领导，不忘初心、牢记使命，坚定不移走中国特色解决民族问题的正确道路，坚持和完善民族区域自治制度，加强党的民族理论和民族政策学习以及民族团结教育，以铸牢中华民族共同体意识为主线做好各项工作，把各族干部群众的思想和行动统一到党中央决策部署上来，推动各民族坚定对伟大祖国、中华民族、中华文化、中国共产党、中国特色社会主义的高度认同，团结带领各族人民坚定走中国特色社会主义道路。

一、历史与现状

四川民族地区主要是指四川的三个少数民族自治州，即阿坝藏族羌族自治州、甘孜藏族自治州、凉山彝族自治州，三州主要分布在川西地区，面积占全省面积的60%。中国共产党历来高度重视民族工作，把解决国内民族问题作为自己的历史使命。中国共产党带领四川民族地区人民推翻三座大山，实行民主改革，打赢脱贫攻坚战，和全国人民一道全面建成小康社会。实践证明，四川民族地区的团结、进步和发展得益于党的坚强领导。回顾四川民族地区党建工作历程，总结党建工作的经验，对于新时代坚持和加强党的领导，以党的建设促进四川民族地区的繁荣发展、保证民族地区的政治稳定意义重大。

（一）历史

1. 新民主主义革命时期

新民主主义革命时期，中国共产党把少数民族的解放运动与全国人民的解放运动相结合，把马克思主义民族理论同中国革命的实践相结合，提出许多民族理论政策，并做出具体实践，促进了民族地区的解放。中国共产党成立之初就主张各民族同胞团结起来反抗封建军阀的压迫。要求无产阶级实行“不分国界、省界及手艺、宗教、性别的阶级团结”，重视培养少数民族干部，在内蒙古、甘肃、云南、广西等民族地区建立党的各级组织。1926年2月底，中共重庆地方执行委员会正式成立，直属中共中央领导，并受中共中央委托领导四川全省党组织，实际上相当于最初的中共四川省委，这是中国共产党在四川建立的第一个省级组织。此后，中共四川省委机关几次遭到严重破坏并重建，四川各地的革命运动在省委的领导下艰难而有力地展开。1932年6月24日，四川省委发表了《中共四川省委关于川西南北边区少数民族工作决议案》，提出要加强党对少数民族独立运动的组织领导，要培养少数民族干部：“党应当设法首先在宁属、西康、松理茂团结夷民中的先进分子，提高他们阶级觉悟，给以教育和训练，培养出夷民群众的革命干部创造共产党的基础。”为党在四川的民族工作进一步指明方向。

长征时期，特别是在四川境内时，是红军与少数民族接触最广泛、最频繁和最深入的时期，中国共产党提出了一系列重要理论政策，形成了党的民族理论和民族政策的雏形。1932年12月至1936年8月，中国工农红军第四方面军以及红二、红六军团和红一方面军先后进入四川境内，转战四川各地和康藏地区，提出一系列理论政策，在各地建立了苏维埃政权和各种群众组织，把四川各族人民动员起来投入革命斗争。1935年5月，红军到达彝族聚居区四川省冕宁县，朱德在群众大会上亲自宣传民族平等，彝汉一家，号召各族穷人团结起来，打倒蒋介石、四川军阀。他还以红军总司令的名义发布了《中国工农红军布告》，鲜明生动地宣传了党的民族政策："中国工农红军，解放弱小民族；一切彝汉平民，都是兄弟骨肉。设立彝人政府，彝族管理彝族；真正平等自由，再不受人欺辱。"红四方面军转战川康时，"在芦山、太平、天全、宝兴、雅安、荥经、名山等地建立中共中央县委和区委，在大多数乡发展了中共党员或建立了党支部，并建立了以红军干部为主体的四川省委，建立了川康边革命根据地，还建立了省级苏维埃政府1个，县级苏维埃政权6个，区级苏维埃政权20个，乡级苏维埃政权78个，村级苏维埃政权324个"。红四方面军转战进入康北的甘孜、炉霍、道孚等地，也建立了波巴政权及各种群众组织。红一方面军在阿坝地区帮助藏族群众前后建立了6个乡级革命政权，"召开各部藏民大会，成立人民政府；用民主方式，推举代表及主席"。在中国共产党的领导下，中国革命史上第一、第二个省级少数民族革命政权，即格勒得沙共和国和波巴人民共和国先后建立，还分别 在"卓斯甲、甘堡、卓克基、党坝、阿坝等地和甘孜的泸定、丹巴等地召开藏民大会，成立各级藏民苏维埃政权"。总之，红军长征途径川康民族地区时，宣传动员川康各族人民起来推翻自己民族的压迫者，川康各族人民则在物资、兵源、担任向导以及保护伤病员等方面对红军长征做出了巨大贡献。党的有效的民族政策及其实践不仅使红军顺利通过民族地区，而且对后来实行民族区域自治进行了有益探索。

2. 社会主义革命和建设时期

中华人民共和国的成立，标志着各族人民当家做主的时代已经到来，四川民族地区的历史也翻开了新的篇章。1949年6月，中共中央决定在四川分设川东、川南、川西、川北四个省级行署区以及西康省、中央直辖的重庆市，分别组建各区、省、市党委，由后来成立的中共中央西南局统一领导。1952年9月，四川四区合并，形成了四川省、西康省和重庆市的两省一市格局。1954年7月，中央直辖的重庆市改为省辖。1955年10月1日，按照此前全国人民代表大会的决议，四川、西康两省合并为四川省，至此形成了四川至今的基本行政格局。在少数民族地区，民族自治政权相继建立。西康解放后，按照党的民族区域自治政策，1950年11月西康省藏族自治区在康定成立。1955年3月，西康省藏族自治区更名为西康省藏族自治州；10月1日，西康省并入四川省，西康省藏族自治州更名为四川省甘孜藏族自治州。阿坝州是四川少数民族自治地方中距省会城市最近的地方，具有相对较好的区位优势。1950年1月，阿坝建立川西人民行政公署茂县专区专员公署，1953年撤茂县专区建立四川省藏族自治区，1955年更名为阿坝藏族自治州，1987年更名为阿坝藏族羌族自治州。凉山彝族自治州是全国最大的彝族聚居区。中华人民共和国成立时，西昌地区仍在国民党军队手中，1950年3月中国人民解放军进入西昌，西昌战役取得胜利，西昌获得解放。1952年政务院决定，将西昌专区的大凉山地区划出，设立凉山彝族自治区（州级），1978年与原西昌专区合并成立新的凉山彝族自治州，首府设西昌市。由于历史的原因，解放初期四川各少数民族处于不同的社会发展阶段。大凉山的彝族聚集区主要是奴隶制社会；甘孜州、阿坝州和凉山州木里县的广大藏族地区主要是封建农奴社会；川东南地区的土家族、苗族及阿坝州东南部的羌族等少数民族地区主要是封建地主制度。在汉族地区进行社会主义改造时，少数民族地区进行了民主改革和随后的农牧业合作化。中华人民共和国成立后，四川省委在领导少数民族地区开展清匪和恢复生产的同时，大力培养少数民族干部，在农村建立起共产党和共青团组织。甘孜州在民主改革前，培养了各级民族干部及农牧民积极分子5200余人。凉山州仅民族干部学校就培养出民族干部2800余人。不少民族干部在提高觉悟后，加入了共产党、共青团。1955年12月，四川省第一届人民代表大会第三次会议根据甘孜、阿坝、凉山三州代表的提案，通过了三州实行民主改革的决议。三州的民主改革贯彻党的民族政策和宗教政策。周恩来强调："要认真发展党员，建立党组织；要大力提拔少数民族干部，逐步由他们替代汉族干部。以后少数民族地、县委书记由少数民族担任，汉族干部任第二书记、副书记。"按照中央和四川省委的指示精神，四川少数民族地区的民主改革采取和平协商的方式全面展开。民主改革的胜利，摧毁了四川民族地区的奴隶制度和封建农奴制度，"一步跨千年"，使少数民族同胞获得彻底解放，民族区域自治政权得到巩固和发展。

3. 改革开放和社会主义现代化建设时期

1978年底召开的党的十一届三中全会开启了中国改革开放的新征程，在党的建设方面重新确立了实事求是的思想路线，党的各项工作和自身建设逐渐回到正确轨道。十一届三中全会提出要把全党的工作重点转移到社会主义现代化建设事业上来，现代化建设是包括民族地区的现代化，"现代化非常需要少数民族，少数民族也非常需要现代化"。为推动民族地区经济建设，十一届三中全会后党中央做出了发达地区对口支援少数民族地区等决策。这一时期四川民族地区党建工作也走上了稳步发展的道路。随着拨乱反正和改革开放，四川民族地区党的建设在调整中加强、在整顿中发展。许多在"文化大革命"中受到迫害的干部得到平反，党的民族宗教政策得到落实，基层党组织的思想、组织、制度建设等也都有了新的内容。同时，随着"文化大革命"后政策环境变得宽松，群众的宗教热情开始高涨，境外分裂势力抓紧进行渗透破坏，一些地方的基层党组织建设也出现了一些问题，面临一定程度的挑战。针对基层党组织建设面临的挑战，各地普遍有计划地加强基层党组织的建设，加强对农牧区党员的教育，整顿的方针是以思想整顿为主。通过整顿，提高了党员干部贯彻党的路线、方针、政策的自觉性，增强了党的基层组织和党员抵制资本主义思想和封建残余思想侵蚀的能力，纠正了不正之风，提高了党的战斗力，同时基层党建工作在社会新阶层中也得到了进一步加强。进入21世纪以后，党的建设持续加强。例如，阿坝州开展了“五个好”村党支部、“六个好”乡镇党委和基层组织建设“三级联创”等活动，并以开展 “三个代表”学习教育、先进性教育和科学发展观教育等集中教育活动为契机，大力加强基层党组织建设，不断筑牢共同团结奋斗、共同繁荣发展的思想基础、组织基础和群众基础。2008年西藏拉萨“3.14”和阿坝县“3.16”等打砸抢烧暴力事件发生后，针对基层党组织建设暴露出来的突出问题和薄弱环节，深入开展爱国主义教育、民族团结进步教育、法治教育、感恩教育等，持续加强边界地基层党组织结对共建、藏区党建提升工程等重大行动，深化党的群众工作，教育引导各族群众听党话、感党恩、跟党走。

总的来说，四川民族地区的党建工作与四川民族地区的发展是高度一致的，党建工作的内容服务于党的自身建设，也服务于民族地区的建设，党建工作促进了四川民族地区的解放与发展。

（二）现状

1. 显著成效

党的十八大以来，四川深入贯彻习近平新时代中国特色社会主义思想，聚焦党的建设重要领域和关键环节，围绕“五位一体”总体布局和“四个全面”战略布局，扎实推进“一二三四五”工作方法，攻坚克难，不断将党的建设制度优势转化为治理效能，为实现脱贫攻坚，推进全面小康建设，营造民族团结、宗教和顺的社会氛围发挥了应有的作用，为推动治蜀兴川再上新台阶提供了坚强保证。

第一，始终把思想政治建设摆在首位。四川民族地区反分裂、反渗透、反藏独形势严峻、任务艰巨，四川省以坚决贯彻中央八项规定为起点，深入践行党的群众路线和开展“三严三实”主题教育，围绕深化“两学一做”学习教育、筹备“不忘初心、牢记使命”专题教育，大力弘扬红军长征精神，通过创办“长征干部学院”加强党性教育。持续加强全体党员理想信念教育，始终把中国特色社会主义理论体系教育放在首位，强调马克思主义国家观、民族观、历史观、文化观教育，深入学习马克思列宁主义、毛泽东思想、邓小平理论、“三个代表”重要思想以及科学发展观重要精髓，掌握习近平新时代中国特色社会主义思想，加强党的基本知识和基本理论学习，扎实开展党史教育，引导党员始终坚定理想信念，自觉做到“五个认同”，在维护祖国统一、反对民族分裂等重大政治问题上立场坚定、行动坚决。深入开展党的民族宗教政策教育，揭批达赖集团反动本质，促使广大党员厘清少数民族风俗习惯和宗教信仰、群众信教自由和党员坚持理想信念的界限。深入开展国情和省情教育，增强四川民族地区各族党员对中华民族的认同感和对四川发展的自豪感，切实增强走中国特色社会主义道路的自觉性和坚定性。重点培育和引导党员干部坚定政治理想、把握政治方向、站稳政治立场、保持敏锐政治洞察力，牢固树立党章意识，加强党性教育，以维护党的核心凝聚力，推动党的路线、方针、政策在民族地区落地生根。坚持以政治能力建设为重点，全覆盖开展党的十九大精神轮训，不断增强班子队伍的政治洞察力、政治敏锐性。坚持推行每周一课、每月一谈、每季一议、每年一评等制度，大力推广“党员思想体检、支部主题党日、党员固定活动日”等做法。不断健全完善政治生活制度机制。坚决除旧习、治陋习、扫恶习，坚持开展作风整治专项行动正风肃纪，大大提升了党员干部的政治涵养，广大党员干部的责任感、使命感明显增强，风清气正的政治文化氛围逐步显现。对关键时刻态度暧昧、不敢发声的干部坚决免职，推动“咬耳扯袖”成为常态，总体形成风清气正的政治生态。

第二，始终坚持抓好党员队伍、干部队伍和基层党组织建设。截至2021年6月5日，四川省全省党员队伍总量稳步增长，共有中国共产党党员540.66万名，党员队伍结构不断优化。全省共有女党员151.69万名，占党员总数的28.1%；大专及以上学历党员281.46万名，占52.1%；全省共有35岁及以下党员131.51万名，占24.3%；年轻党员持续增加，文化程度明显提高，整体素质不断增强。完善党员选拔机制，优化民族地区党员队伍结构。认真抓好党员发展“六项计划”，大力实施党员发展“源头行动”，全面推行乡镇青年人才党支部工作法，深入实施党员精准扶贫示范工程，建立党内表彰、激励关怀、困难帮扶等制度，在抗震救灾、灾后重建、反分维稳、脱贫攻坚中充分发挥先锋模范作用，党员队伍呈现结构更加优化、质量稳步提高、作用有效发挥的发展态势。坚持政治首位，以德才兼备、以德为先的标准和民主集中制原则，积极选拔优秀基层党员干部，把明辨大是大非立场特别清醒、维护民族团结行动特别坚定、热爱各族群众感情特别真挚的优秀少数民族干部选拔到领导岗位上。十八大后，四川省委选拔了一大批优秀少数民族领导干部到省直机关和内地担任领导职务，目前有6名少数民族干部担任省级部门主要领导，有3名少数民族干部担任地市级四大班子主要领导。党的力量来自组织，组织能使力量倍增。四川省坚持党建引领，紧紧围绕全面进步、全面过硬目标，始终树牢“落实到基层、落实靠基层”的基层组织建设理念，夯实基层治理、乡村振兴、脱贫攻坚的组织基础。截至2021年6月，四川省基层党组织数量达到26.93万个，其中基层党委1.21万个，总支部2.30万个，支部23.43万个，组织覆盖面不断扩大，基层党组织数量不断增加。着眼于民族地区地理环境和历史文化，结合民族地区党员的生产方式、生活方式，因地制宜、科学合理地设置党组织，例如阿坝州委立足“重点在农村、关键在牧区”的基本判断，针对性开展“边界地基层党建结对共建”“藏羌城乡党旗红”“藏区千里党建示范走廊”，探索构建“一核三治”基层治理模式。2017年底，阿坝州基层党组织有3943个，比十八大前增加了123个，其中，农村基层党组织1881个，城市领域基层党组织2062个。逐步加强农村基层组织建设、推动乡村振兴、服务农村经济发展。将“回引”作为抓农民工党建的核心步骤，大力实施优秀农民工回引培养工程，到去年底全省共回引村支部书记8000余名、培育后备力量6.1万名、发展党员2万余名；全面推行村（社区）党组织书记和村（居）委会主任“一肩挑”，全省村、社区“一肩挑”比例分别达77.4%、20.9%；结合村级建制调整改革，大幅度提高村“两委”干部经济待遇，有效激发了基层干部干事创业活力。通过推进各领域党支部标准化规范化建设，基层党组织组织力、战斗力、引领力持续提升。

第三，持续深化党的建设制度改革。四川省党建工作着力加强党的各项制度建设，坚持以政治建设为统领，健全“两个维护”的制度机制，坚持以党章为根本遵循，结合三会一课、“两学一做”学习教育常态化制度化。进一步严格党内政治生活，严明党的政治纪律和政治规矩，强化党员干部纪律意识和规矩意识。健全净化政治生态机制，深化以案为鉴、以案促改工作，构建一体推进不敢腐、不能腐、不想腐体制机制，实施“带病提拔”“赌博敛财”等问题专项整治，坚决查处违反政治纪律和政治规矩的案件，确保党员干部思想和行动均行进在全党统一意志和统一行动的轨道上。全省政治生态持续修复向好。深入贯彻《党政领导干部选拔任用工作条例》，不断健全干部工作“五大体系”，制定《省委管理的党政领导班子和领导干部年度考核办法》《关于进一步激励全省广大干部新时代新担当新作为的实施意见》等措施办法，选人用人科学化水平不断提升。健全党建工作制度体系，始终把党建责任作为第一责任，做到党委管党建、书记抓党建、述职述党建、考评考党建，严格落实各级党组织书记抓党建工作述职、评议、督查、考核、问责制度。建立抓党建工作全程纪实、目标任务分解、责任清单管理、重要事项督办、月季工作例会等制度，聚焦农村、机关、国企等七个领域，分类设置对应专项考核指标，初步建立问责制度体系，党建工作考核权重不断提高，党建工作的制度化、规范化、科学化水平得到较大提高。健全抓党建促基层治理制度体系，推动党建引领基层治理走深走实，初步形成了科学有效的基层党建引领和能力建设新格局。坚持把抓党建促脱贫攻坚制度系建设摆在突出位置，构建起脱贫攻坚“3+10”制度总体设计，严格落实保持贫困县党政正职稳定政策，建立贫困村“五个一”、非建档立卡贫困村“三个一”帮扶机制，统筹选派5700多名干部综合帮扶凉山11个贫困县，坚持7市35县对口帮扶藏区、彝区45个贫困县制度。2020年，四川决战脱贫攻坚取得决定性进展和历史性成就。全省88个贫困县全部摘帽，11501个贫困村全部退出，现行标准下625万建档立卡贫困人口全部脱贫。

2. 存在的问题

四川民族地区受宗教文化背景的影响，宗教氛围浓厚，民族地区涉藏重点人员点多线广程度深、面宽量大，且以中青年为主体，较大程度影响着当地居民的思维习惯、行为准则和价值取向。部分党员仍然盲信盲从，分不清信教自由和党员坚持理想信念的界限，受宗族家族势力影响、人际关系缠绕，仍然存在“两面人”“骑墙派”。比如，阿坝县88个村有42座藏传佛教寺庙，每名僧尼背后又有一个家庭和一片信教群众，寺庙与党员群众联系紧密，思想影响力难以割除。一些人面对境外分裂集团持续不断地反宣渗透行为，不愿发声，不敢亮剑；一些地方党员教育工作仍然是流于形式，方式缺乏针对性，内容缺乏吸引力，效果评估缺乏实效性，导致难以入心入脑。

受到特定环境的客观约束，部分乡镇行政区划分过宽过大的问题仍然较为突出，人居分散。农牧民由于游牧生产需要，长期无法在固定地点定居，致使党组织管理难覆盖、服务难跟进，流动党员管理普遍存在“两不管，两头松”的现象，党组织的设置难以完全适应游牧地区发展需要，难以发挥战斗堡垒的作用。“两新”组织等领域的党组织建设还未适应发展需要，党的组织覆盖还存在大量“空白点”。如阿坝州专合组织达到2886个，单独建立党组织的只有55个，仅占1.9%；各类协会达到138个，单独建立党组织的只有9个，仅占6.5%。

干部队伍建设仍然有待加强，面临着新时代背景下的新问题新挑战，一些班子无法对标当地发展需要，专业化不足，如阿坝州13县（市）党政领导班子成员中有农业农村专业背景的仅28人，占11.9%，无一人有环境保护专业背景。部分乡镇党委存在支配和调控资源的空间受限，承担的事务多、责任重，但可支配和调控资源的空间受限，再加待遇保障低，生存条件恶劣，激励政策未体现差异性等原因，干部积极性难调动，优质干部资源流失严重。据统计，2012年以来，阿坝州1110名干部人才通过各种方式调离出州，其中辞职达224人。

党建责任落实制度链条还有待健全。一些地方、一些部门党委（党组）抓党建的主体责任履行不够，对抓党建认识不够、重视不足，基层党建抓得不够深入、不够扎实。“部门化、材料化、数据化”倾向仍然突出，抓党建成了个别部门的事情，干部监管“失之于宽、失之于软”，内部监督还存在“有制度不执行”的现象，而党建考核结果运用和问责力度不够，对基层党组织不作为、慢作为的问责机制不健全。

二、近期与远景目标

2017年10月党的十九大报告提出新时代党的建设总要求：“坚持和加强党的全面领导，坚持党要管党、全面从严治党，以加强党的长期执政能力建设、先进性和纯洁性建设为主线，以党的政治建设为统领，以坚定理想信念宗旨为根基，以调动全党积极性、主动性、创造性为着力点，全面推进党的政治建设、思想建设、组织建设、作风建设、纪律建设，把制度建设贯穿其中，深入推进反腐败斗争，不断提高党的建设质量，把党建设成为始终走在时代前列、人民衷心拥护、勇于自我革命、经得起各种风浪考验、朝气蓬勃的马克思主义执政党。”新时代党的建设总要求为四川民族地区党建工作指明了方向。党的二十大报告深刻指出，全面建设社会主义现代化国家、全面推进中华民族伟大复兴，关键在党，必须弘扬伟大建党精神，坚定不移全面从严治党，以党的自我革命引领社会革命。我们要认真学习领悟党的二十大精神，一刻不停歇地推进全面从严治党，努力把党建设得更加坚强有力，为新时代治蜀兴川事业发展提供坚强保证。

（一）2025年近期目标：党的建设质量明显提高

1. 党对四川民族地区工作的全面领导一步加强

加强和完善党的全面领导，是做好新时代党的民族工作的根本政治保证。2021年8月27日至28日，中华人民共和国成立以来第五次中央民族工作会议在北京召开，习近平总书记在会议上强调，“必须坚持党对民族工作的领导，提升解决民族问题、做好民族工作的能力和水平”，对加强和完善党对民族工作的全面领导提出明确要求。

民族工作能不能做好，关键看党的领导是不是坚强有力。我们党从成立之日起，就高度重视民族问题、民族工作。中华人民共和国成立后，我们党创造性地把马克思主义民族理论同中国民族问题具体实际相结合，走出一条中国特色解决民族问题的正确道路，开辟了发展各民族平等团结互助和谐关系的新纪元。党的十八大以来，以习近平同志为核心的党中央就民族工作做出一系列重大决策部署，推动我国民族团结进步事业取得了新的历史性成就。当前我国民族关系的主流是向好的，大局是稳定的，但是“边疆民族地区特别是西藏、新疆都面临反分裂、反暴力恐怖和反非法宗教活动的严峻政治斗争形势，这种斗争是复杂的、尖锐的”。国际上敌对势力利用所谓“民族”“宗教”问题加紧对我国实施西化、分化，尤其是目前互联网技术和高科技产品的普及，分裂势力由现实转向网络、由线下转为线上，给民族地区的党建工作在防范和抵御境外敌对势力网络渗透方面带来了巨大挑战。当前的国际国内形势要求我们必须加强党对民族地区的领导。

党的十九届五中全会提出到2035年基本实现社会主义现代化的远景目标。在全面建设社会主义现代化国家的新征程上，要坚持和加强党的全面领导，加强党的建设，提升解决民族问题、做好民族工作的能力和水平，为四川民族地区与全国全省同步基本实现社会主义现代化提供根本保证。四川民族地区党委要增强“四个意识”，坚定“四个自信”，做到“两个维护”，不断提高政治判断力、政治领悟力、政治执行力，牢记“国之大者”，认真履行主体责任，把党的领导贯穿民族工作全过程，形成党委统一领导、政府依法管理、统战部门牵头协调、民族工作部门履职尽责、各部门通力合作、全社会共同参与的新时代党的民族工作格局。全面贯彻党把方向、谋大局、定政策、促改革的要求，完善党委研究经济社会发展战略、定期分析经济形势、研究重大政策措施的工作机制。健全党委领导、政府负责的规划组织领导机制，强化政府实施主体地位，明确州级部门和各级政府职责分工，制订年度分工计划。发挥各级党组织战斗堡垒作用和党员先锋模范作用，更好带领群众投身现代化建设。

2. 党的先进性和纯洁性进一步彰显，党群关系更加融洽

先进性和纯洁性是马克思主义政党的本质属性。保持党的先进性和纯洁性是具体的，而不是抽象的，它体现在党的性质、宗旨、任务和全部工作中。

首先，保持党的先进性和纯洁性必须加强党风廉政建设。四川民族地区各级党委要严格执行党风廉政建设责任制，认真履行“一岗双责”。深化政治巡察，锲而不舍落实中央八项规定精神，持续用力整饬“四风”，大力整治形式主义、官僚主义，切实为基层减负，坚决打赢作风建设持久战。坚持“三个区分开来”，加大干部正向激励力度。始

终保持惩治腐败高压态势，持续强化资源开发、国资国企、工程建设、灾后重建等重点领域监管，大力惩治群众身边的不正之风和腐败问题。加强对权力运行的制约和监督，坚定不移惩治腐败。

其次，保持党的先进性和纯洁性必须加强党员队伍建设。党员质量是党的先进性纯洁性的保证，关系党的生死存亡。四川民族地区条件较为艰苦，但不能因此降低选人用人标准。一是严把“入口”，从源头上提高党员质量。健全党管干部、选贤任能制度，严把政治关、廉洁关、素质能力关，选优配强党委班子成员。按照《中国共产党发展党员工作细则》提出的“控制总量、优化结构、提高质量、发挥作用”的总要求，认真做好党员发展工作，为党注入合格的新鲜血液。在新形势下，发展党员工作，必须坚持以党章为根本遵循，始终把政治建设放在首位，着重吸收那些信仰坚定、对党忠诚、为民服务、严守纪律的先进分子入党。二是注重党员的教育培训。教育引导党员干部做深做实“两联一进”群众工作，增强群众工作本领。健全落实党员干部定期培训制度，依托长征干部学院和县级党校等教育载体，积极开展党员培训教育活动，提高党员队伍整体素质。推行党务干部专职化、专业化、梯次化建设，加强非公经济组织和社会组织党建工作指导员选派管理。加强农村党员队伍建设，持续推进党组织带头人队伍优化提升。加强对于敢担当、善作为干部的激励保护，以正确用人导向引领干事创业导向。结合民族特色开展党员教育培训工作。在第五次中央民族工作会议上，习总书记指出要以筑牢中华民族共同体意识为新时代党的民族工作的主线。结合民族特色，组织党员去民族文化遗址、民族博物馆等具有民族特色的地方开展党建活动，通过实地参观、现场教学厚植党员爱国情怀、做好民族团结教育、筑牢中华民族共同体意识。三是畅通“出口”，健全党员队伍自我净化机制。加强反腐倡廉工作，清除贪腐分子，通过整党整风将党内不合格分子清理出来。到2025年，党的先进性和纯洁性进一步彰显，党群关系更加融洽。

（二）2035年远景目标：形成党建工作的四川民族地区经验

到2035年，四川民族地区将同全省、全国一道基本实现社会主义现代化。与现代化的四川民族地区相适应，其党建工作也将迈上新台阶。

1. 党的领导与民族区域自治有机结合，制度优势充分彰显

民族区域自治制度是我国的一项基本政治制度，是中国特色解决民族问题的正确道路的重要内容和制度保障。党的十九届四中全会总结出我国国家制度和国家治理体系具有多方面的显著优势，其中一个方面的显著优势就是“坚持各民族一律平等，铸牢中华民族共同体意识，实现共同团结奋斗、共同繁荣发展的显著优势”。民族区域自治制度是这一优势的集中体现。坚持和完善民族区域自治制度要着重坚持统一与自治相结合、民族因素与区域因素相结，历史和现实充分表明，中华民族是一个命运共同体，一荣俱荣、一损俱损。中国共产党的领导是中国特色社会主义最本质的特征，也是各项事业最根本的保证。民族区域自治制度的关键，在于始终把党的领导置于制度运行的首位，把民族区域自治置于国家的集中统一领导之下。我国所有民族自治地方都是党领导下的地方，都是中华人民共和国的地方，都是全国各族人民共同拥有的地方。因此，要把党的领导与民族区域自治相结合，既坚持党的领导，又坚持四川民族地区人民当家做主，在党的集中统一领导之下发展和完善民族区域自治制度，巩固平等团结互助和谐的社会主义民族关系，促进各民族和睦相处、和衷共济、和谐发展。

2. 党的建设全面加强，为民族地区党建工作提供经验

（1）四川民族地区党建工作具有特殊性、复杂性和艰巨性

由于特殊的地理环境和历史现实原因，与其他地区相比，民族地区

党建工作更为特殊、复杂和艰巨，做好民族地区党的自身建设和以党建促发展的工作任务艰巨、意义重大。

首先，四川民族地区自然条件艰苦，发展难度大。甘孜、阿坝地区普遍高寒缺氧，自然条件恶劣。例如，位于四川西部的甘孜藏族自治州，境内大部分地区属青藏高原藏东，川西山地针叶林地带，平均海拔3500千米以上。就阿坝州而言，13个县（市）海拔在3000米以上的有4个县；海拔2500—3000米的有2个县（市）；乡镇平均海拔3395米，最高达4235米；常年高寒缺氧、气候恶劣，最低气温零下41℃。在这种特殊环境下，大骨节病、高原病等地方病发病率较高。据统计，阿坝全州在岗干部职工中患有高原病的有1.6万人，占干部职工总人数的近1/3；海拔2500米以上6个县（市）干部职工人数中患高原病的人数超过1万人，占比高达一半以上。甘孜、阿坝地广人稀，长期以来出于游牧生产的需要，农牧民群众逐水草而居，形成了以县乡为中心的辐射状态，乡村建制过大过宽的问题突出，制约了基层党的组织和工作有效覆盖。恶劣的自然地理环境使党领导四川民族地区发展经济的难度较大。

其次，民族地区的宗教问题和民族问题给党建工作带来巨大挑战。据调研，四川民族地区普遍存在“五多”现象和“六个交织”问题，即：信教人数多、信教民族多、教职人员多、宗教活动多、宗教场所多；宗教问题与民族问题、历史问题与现实问题、国际问题与国内问题、政治问题与社会问题、合法宗教活动与非法宗教活动、敌我矛盾与内部矛盾交织在一起。从国际环境看，西方敌对势力从遏制、分化中国的战略出发，打出的牌包括“南海牌”“东海牌”“贸易牌”“分裂牌”，其中“分裂牌”中就有“台独”“港独”“疆独”“藏独”，四川民族地区直接面对的就是“藏独牌”，涉藏国际斗争仍然是长期的、复杂的。从达赖集团看，随着十四世达赖步入暮年，达赖集团内部面临权力交接和转世问题，焦虑感和危机感上升，加紧策划分裂活动，反分裂斗争仍然是长期的、复杂的。从四川民族地区实际看，自然条件特殊，经济社会发展滞后，贫困问题突出，发展经济和维护稳定工作面临的挑战仍然是长期的、复杂的。

（2）创新党建工作路径，形成四川民族地区党建工作模式

第一，重构乡村管理体制和力量配置，优化组织布局。针对四川民族地区半径难覆盖、服务难跟进等特殊难题，重构乡村管理体制和力量配置，确保党的组织和工作有形有效覆盖。一是在乡镇一级，针对行政区划过大过宽的实际，以区域面积为主重新核定编制，调整优化乡镇编制数，进一步充实工作力量，确保管得过来。二是在村一级，针对牧民游牧生产方式，在远牧点、散居点等区域推行“联户自治”模式，划分若干联牧小组，在每个联牧小组设1名组长，将其纳入村组干部范畴管理，发挥政策宣传、信息收集、纠纷调解、群众服务管理等职责。三是在交界地，建立州与州、县与县之间边界地结对共建机制，大力开展组织联建、党员联管、活动联办、信息联通、发展联动“五联”活动，推动边界地大稳定、大发展、大治理。

第二，构建党建工作进寺庙有效机制，规范组织运行。立足牢牢把握寺庙领导权、主导权，构建党建工作进寺庙有效机制，防止基层党组织“缺位”、活佛“越位”、寺庙“脱管”。一是在州县党委成立“寺庙领域党建工作委员会”，单列机构和编制，根据不同教派信教区设置机构，把寺庙领域党建工作具体化、制度化，把管寺庙与管党建融合起来。二是在重点寺庙信教区设立区域党委，统筹管理经济社会发展和民族宗教事务，寺管会主任兼任区域党委书记，同时挂任县委副书记，所辖乡镇党委书记兼任委员，解决寺管会管得了寺庙、管不了信教区的问题，形成州县党委、寺管会党组织、信教区基层党组织同频共振的工作机制。三是全面推行“干部+僧人”寺庙管理模式，全覆盖改组重点寺庙管理机构，健全工作规则，强化寺管会对寺庙民管会的政治领导；突出政治标准，选好驻寺干部和僧人代表，探索建立“抓干部、干部抓”“抓僧人、僧人抓”的有效机制，确保管得了、管得住。

第三，开展乡村分类转化提升，增强组织功能。立足解决四川民族地区基层党组织弱化、虚化、边缘化问题，开展乡村分类转化提升攻坚

行动，全面消除软乡弱村。一是开展藏区软乡弱村专项整治，坚持“一乡一案、一村一策”抓整顿，不定指标、不设比例、不划阶段，着力把每个乡村党组织建成服务群众、凝聚人心、维护稳定、促进和谐的战斗堡垒。二是开展“四股”势力干扰侵蚀基层组织和政权建设专项整治，制定对参与非法组织、非法活动的党员干部的处置办法，渐进消化在寺未成年人存量，严控增量，加强护照统一管理，严防非法出境朝拜。三是开展村干部队伍纯洁行动，出台对“两面人”的评价标准和处置办法，常态实施全覆盖政治体检、资格联审，清除对党不忠诚不老实、阳奉阴违的“两面人”“骑墙派”。

第四，推行党员队伍素质提升计划，激活组织作用。立足打造一支留得下、用得上、干得好的执政骨干队伍，推行党员队伍素质提升计划，确保扎得下根、开得了花、结得了果。一是统筹实施基层干部定向培养计划，立足区域差异调整招考比例，让真正熟悉适应民族地区环境的大中专毕业生“进得来”；参照西藏标准制定与海拔、工龄、职级等配套的优惠政策，解决基层干部队伍的后顾之忧。二是加强乡村干部的实践培训，遴选一批优秀乡村干部和“9+3”学历干部，到对口帮扶地乡镇顶岗挂职，并形成长效制度；依托境内红色教育基地、职业教育学校等平台，打造一批实训基地，加强思想淬炼、政治历练、实践锻炼、专业训练。

第五，实施党建专项投入行动，强化组织保障。坚持“重点投入、重点倾斜、重点攻坚”的理念，实施党建专项投入行动，确保甘孜、阿坝、凉山地区基础牢固、政权稳固。一是建立基层组织和政权建设经费保障长效机制，将三州党建工作经费纳入中央、省级转移支付范畴，加强在职和离职村干部报酬及生活补助等保障力度，健全落实报酬逐年递增机制。二是实施村集体经济专项扶持计划，针对“难发展、发展难”的现状，出台专项政策，制定专项规划，落实专项资金，重点扶持维稳重点乡村，增强村级党组织凝聚民心、争取人心的能力和实力。

三、路径与保障

（一）坚持和加强党的领导

2021年7月1日在庆祝中国共产党成立100周年大会上的讲话中，习近平总书记强调：“办好中国的事情，关键在党。中国共产党领导是中国特色社会主义最本质的特征，是中国特色社会主义制度的最大优势，是党和国家的根本所在、命脉所在，是全国各族人民的利益所系、命运所系。新的征程上，我们必须坚持党的全面领导，不断完善党的领导，增强‘四个意识’、坚定‘四个自信’、做到‘两个维护’，牢记‘国之大者’，不断提高党科学执政、民主执政、依法执政水平，充分发挥党总揽全局、协调各方的领导核心作用！”中国共产党是中国特色社会主义事业的领导核心，党的领导是做好党和国家各项工作的根本保证，是战胜一切困难和风险的“定海神针”。坚持党的全面领导是应对发展环境深刻复杂变化的根本保证。必须加强党的全面领导，不断提高党的执政能力和领导水平，不断提高党把方向、谋大局、定政策、促改革的能力和定力，确保中国特色社会主义事业的正确航向。

习近平总书记在中央民族工作会议上讲话指出：“民族工作能不能做好，最根本的一条是党的领导是不是坚强有力。中国共产党的领导是民族工作成功的根本保证，也是各民族大团结的根本保证。”总书记的重要讲话为做好新形势下的民族工作提供了根本的理论遵循和实践指导。四川民族地区毗邻滇、黔、甘、陕、藏、青六省（区），位于青藏高原与四川盆地的衔接区域，自古就是中国的“民族走廊”，进一步加强党对四川民族地区工作的全面领导是四川党建工作的重中之重，必须把党的领导贯穿民族工作全过程，优化和重构维稳重点地区党的领导和组织体系布局，推动党建工作进寺庙，确保牢牢把握寺庙管理的领导权、主导权，形成党委统一领导、政府依法管理、统战部门牵头协调、民族工作部门履职尽责、各部门通力合作、全社会共同参与的新时代党的民族工作格局。纵深推进全面从严治党，以党的政治建设为统领，认真践行“两个维护”，坚定落实中央八项规定精神，分层分类开展正风肃纪督察，常态化开展明察暗访，加大查处问责和通报曝光力度。

坚持不懈用习近平新时代中国特色社会主义思想武装各族干部群众，持续加强对党的民族理论和民族政策的学习以及民族团结教育，铸牢中华民族共同体意识，不断增强各族群众对伟大祖国、中华民族、中华文化、中国共产党、中国特色社会主义的认同，任何时候都坚定不移听党话、跟党走。

（二）坚持和完善民族区域自治制度

坚持和完善民族区域自治制度，做到坚持统一和自治相结合、民族因素和区域因素相结合。民族区域自治制度是我国的一项基本政治制度，是中国特色解决民族问题的正确道路的重要内容和制度保障。习近平总书记在中央民族工作会议上强调指出，要坚持统一和自治相结合、民族因素和区域因素相结合，把宪法和民族区域自治法的规定落实好，关键是帮助自治地方发展经济、改善民生。这一重要论断重申了民族区域自治制度作为我国一项基本政治制度不可动摇的重要地位，揭示了我国民族区域自治制度的核心要义，为我们更好地坚持和完善民族区域自治制度提供了根本遵循。民族区域自治制度充分彰显了中国共产党领导各民族繁荣进步的制度优势。坚定不移走中国特色解决民族问题的正确道路，坚持各民族一律平等，坚持各民族共同团结奋斗、共同繁荣发展，保证民族自治地方依法行使自治权，保障少数民族合法权益，巩固和发展平等团结互助和谐的社会主义民族关系。

四川是一个多民族省份，有56个民族，其中15个是世居民族，有全国第二大藏族聚居区、最大的彝族聚居区、唯一的羌族聚居区。中华人民共和国成立以来，四川省始终坚持全面贯彻落实党的民族政策，始终坚持民族平等，尊重少数民族风俗习惯，帮助少数民族实现政治解放，促使民族自治的主张从民族自决、自治引领到民族区域自治，并自始至终重视和培养少数民族干部。四川省建立了我国第一个少数民族自治州——甘孜藏族自治州，随后又建立了凉山彝族自治州、四川藏族自治州（后改为阿坝藏族羌族自治州）、木里藏族自治县。1984年先后成立峨边、马边两个彝族自治县，2003年成立了北川羌族自治县，自此全省民族自治地方达到7个，促使各民族的平等权利得到有效保障，各民族之间的交流、交往、交融不断增强，四川民族地区社会面貌发生巨大变化。这充分说明党的民族政策是完全正确的，民族区域自治制度是符合我国国情的一项基本政治制度，是必须毫不动摇地坚持和完善的。

进入新时代，四川省党建工作必须坚持不懈开展马克思主义祖国观、民族观、文化观、历史观宣传教育，打牢中华民族共同体思想基础，以铸牢中华民族共同体意识为新时代民族工作的鲜明主线，以推进民族事务治理法治化为抓手，进一步坚持和完善民族区域自治制度，践行中国共产党“共同团结奋斗，共同繁荣发展”的原则，帮助少数民族发展经济和传承文化、大力发展教育，巩固脱贫攻坚成果，着力改善民生，打牢民族团结进步的广泛群众基础，不断全面深入持久开展民族团结进步创建，深化各民族交往、交流、交融，使全省各族人民共同团结奋斗、共同繁荣发展的良好局面更加巩固，为推动中华民族走向包容性更强、凝聚力更大的命运共同体贡献四川力量，成为民族团结进步的典范。

加强党的宣传工作与民族团结进步教育，使党群关系更加融洽。习近平总书记在中央第七次西藏工作座谈会上指出，要深入开展党史、新中国史、改革开放史、社会主义发展史教育，深入开展西藏地方和祖国关系史教育，引导各族群众树立正确的国家观、历史观、民族观、文化观、宗教观。四川省委要更加注重挖掘、整理、宣传四川民族地区自古以来各民族交往、交流、交融的历史事实，充分用好民族地区丰富的红色资源，引导党员群众看到民族的走向和未来，深刻认识到中华民族是命运共同体，着力构建铸牢中华民族共同体意识宣传教育常态化机制，并将其纳入干部教育、党员教育、国民教育体系，搞好社会宣传教育，促进各民族更加有效地交往、交流、交融。全面贯彻落实中央关于民族工作的各项战略决策部署，加强民族团结，始终站在促进各民族“共同团结奋斗、共同繁荣发展”的全局高度，坚持以铸牢中华民族共同体意识为主线，不断增进民族地区群众对伟大祖国、中华民族、中华文化、中国共产党、中国特色社会主义的认同。

（三）抓紧抓实基层党组织建设

我们党历来高度重视基层党组织建设，特别是党的十八大以来，以习近平同志为核心的党中央坚定推进全面从严治党向基层延伸，讲政治、强功能，攻弱项、补短板，重创新、求实效，严格党的组织生活，加强党内监督，促进基层党组织建设取得显著成效。四川民族地区有的地方，基层党组织建设也还存在一些弱化、虚化、边缘化的不良倾向。这与新时代坚持全面从严治党、保持党的先进性和纯洁性、提高党的执政能力和领导水平的要求不相适应。对此，要着眼强基固本、长远发展，以提升组织力为重点，突出政治功能，抓紧抓实基层党组织建设，不断提升基层党组织的组织力。党的十九大报告指出，加强基层党组织建设，要以提升组织力为重点，首次以党的文件形式正式提出基层党组织的组织力建设，充分体现了党中央对基层党组织的组织力建设的高度重视。没有组织力，就没有创造力、凝聚力、战斗力和领导力、号召力，基层党组织的组织力强弱对党执政兴国具有重大影响。习近平总书记在党的二十大报告中对“增强党组织政治功能和组织功能”做出新的全面部署，明确指出：“严密的组织体系是党的优势所在、力量所在。

各级党组织要履行党章赋予的各项职责，把党的路线方针政策和党中央决策部署贯彻落实好，把各领域广大群众组织凝聚好。”

进入新时代，四川省党建工作应该按照习近平总书记的重要指示，以提升组织力为重点，加强党的基层组织建设，注重基层党组织的结构优化和机制创新，不断探索适合不同地区和不同情况的基层党组织设置模式。必须扩大党组织覆盖范围，以提升组织力为重点，突出政治功能，把提升组织力延伸到乡村，必须盯住乡村抓组织力提升，着眼于“有效衔接”抓党建、促乡村振兴，研究制定抓党建、促乡村振兴的政策措施，发展壮大村级集体经济，加强换届后村（社区）党组织书记队伍建设，持续整顿软弱涣散的基层党组织。党组织活动内容和活动方式都要与当地党员的生产方式、生活方式相适应，要发挥好组织群众、宣传群众、凝聚群众、服务群众的基本职责，不断增强老、少、边、贫地区党组织的政治领导力、思想引领力、群众组织力、社会号召力，筑牢夯实党在民族地区的执政根基，为民族地区繁荣发展和长治久安筑牢组织基础。持续深化两新组织、专合组织、协会组织中党的组织和工作“两个覆盖”攻坚行动，加强新兴领域党的建设，健全新兴领域党组织“三会一课”等制度配套机制，全面推行党支部组织生活纪实制度，提升政治生活质量效果，做到党员工作生活在哪里，党组织就覆盖到哪里，组织生活就开展到哪里，让党员无论在哪里都能找到组织、找到家。

（四）打造坚强的党员干部人才队伍

党员是党的肌体的“细胞”。党的先进性和纯洁性要靠千千万万党员的先进性和纯洁性来体现。建设一支忠诚、干净、担当的高素质党员干部人才队伍是推动高质量发展的关键所在。四川部分民族地区宗教氛围浓厚、影响根深蒂固，一些地方“寺大僧众”，僧人地位比党员高、数量比党员多、影响比党员大，加之部分党员关键时刻不敢发声、危急时刻不敢亮身、平常时刻隐身，以致一些基层党组织战斗堡垒作用难以有效发挥。要对党员干部严把政治关，出台干部选拔任用政治标准和考察实施办法，细化政治忠诚、政治定力、政治担当、政治能力、政治自律等考察指标，着力解决政治上“带病”的问题。淡化民族身份，突出党员标准，不断完善党员选拔机制，坚持政治首位，以德才兼备、以德为先的标准和民主集中制原则选拔优秀基层党员干部，把明辨大是大非立场特别清醒、维护民族团结行动特别坚定、热爱各族群众感情特别真挚的优秀少数民族干部选拔到领导岗位上，不断优化民族地区党员队伍结构。构建“基层党员干部政治合格标准评价体系”，制定党员干部政治标准评价办法，完善定性和定量相结合的考察标准体系，出台对“两面人”的评价标准和处置办法，常态实施全覆盖政治体检、资格联审，精准评价基层党员干部政治素质，坚决清理和清除不合格党员，清除对党不忠诚不老实、阳奉阴违的“两面人”“骑墙派”。

党的十八大以来，习近平总书记多次强调，要重视民族工作干部队伍建设，大力培养选拔少数民族干部和各类人才，支持民族工作部门更好地履职尽责。少数民族干部作为党的干部队伍的重要组成部分，为中国革命、建设和改革事业的胜利，为发展民族团结进步事业做出了巨大贡献。四川省部分民族地区，如阿坝州，高寒缺氧，环境恶劣，仍然存在人才引不进、留不住、用不好的情况，落实人才激励措施，突出政治上激励关爱，干事创业上优化环境，关心关爱上保障激励是迫切需要解决的问题。我们要不断深化人才发展体制机制改革，实行更加积极、开放、有效的人才政策，制定机构编制动态管理实施办法，扩大县（市）编制管理自主权，探索行业系统编制统筹工作试点，解决教育、卫生系统缺编问题；出台待遇留人新政，分级设立人才发展专项资金，不断完善人才培养机制，改进人才评价机制，创新人才流动机制，健全人才激励机制，最大限度地把广大人才的报国情怀、奋斗精神、创造活力激发出来。

（五）深化“互联网”+“党建”模式

习近平总书记指出：“政治工作过不了网络关就过不了时代关。”在民族地区互联网普及率、青年网民数量不断增长的背景下，必须把准网络要求，提高网络引导力，增强政治工作互联网思维，将党建工作积极融入互联网，探索四川民族地区党的建设“互联网+党建”新模式，通过打造智慧党建平台、开展党性教育、解决百姓难题、推动乡村振兴等途径，巩固夯实基层党建根基，激发党建工作的新活力。四川省党的建设必须要加强相关理论学习培训，推动民族地区党员干部把互联网思维融入工作谋划、工作部署、工作落实和工作效果中，提高其在互联网条件下开展工作的能力。

一方面，利用好互联网党建工作平台，打通党组织与党员的联系通道，将党员学习教育、党务公开、党风廉政等信息纳入其中，形成完整的数据联系库，加强党组织与党员之间、党组织与群众之间、党员与群众之间的互动，同时所有信息都可及时反馈到工作平台，党组织可以及时掌握基层党建的第一手材料，利用大数据提升党建工作的信息化、科学化水平，使党建工作更开放、更规范、更科学。运用“互联网+党建”模式，积极探索加强流动党员管理的有效途径，解决部分民族地区设在定居点的党组织对游牧性质党员管理、服务难跟进的问题，通过平台加大对党员服务的跟踪管理，为最终实现“党员在哪里，组织就建到哪里，工作就覆盖到哪里”这一目标助力。

另一方面，要加强实践作为，积极顺应融媒体趋势，主动通过互联网发布政治信息和政治知识，重视网络舆情处置，有效处理网络政治风险，夯实政治话语主导地位，使“三个离不开”“五个认同”思想更加深入人心。积极结合民族传统节日等重要时间节点，推动民族文化活动进网络，强化融合传播和交流互动，为各民族交往、交流、交融提供空间，使党建工作的开展更有动力和活力，切实提升民族地区群众网络空间政治认同。要将网络政治参与机制制度化，为网络政治参与提供规范化的平台和畅通的渠道，提高群众政治参与质量，切实提升政治认同。

综上所述，四川民族地区的党建工程尽管起步较晚，但经过长期努力取得实效，推动四川民族地区大踏步赶上时代。特别是党的十八大以来，党建引领四川民族地区打赢脱贫攻坚战，至2020年甘孜、阿坝、凉山等地区同全国一道实现全面小康，四川各民族同胞的生活质量得到显著提升。新征程上四川民族地区要继续奋斗，以党的建设总要求为指引，加强党的自身建设，以自身建设推动各项建设，以铸牢中华民族共同体意识为主线做好民族工作，同时做好返贫预防工作。展望2035年，在党的坚强领导下，四川民族地区必将同全省、全国一道基本实现社会主义现代化。

参考文献

[1] 中国地方志集成编委会. 中国地方志集成 四川府县志辑·汶川县志卷 [Z]. 成都：巴蜀书社，1992.

[2] 四川省少数民族古籍整理办公室. 羌族释比经典 [M]. 成都：四川民族出版社，2008.

[3] 杨开华. 彝族传统环境法律文化及其现代生态价值 [J]. 攀枝花学院学报（综合版），2017，34（3）：7.

[4] 王永莉. 生态文明理念下四川民族地区重点生态功能区建设研究 [J]. 民族学刊，2020，11（3）：80—140.

[5] 边燕燕，邓玲. 西部民族地区推进生态文明建设存在的问题与对策——以四川民族地区为例 [J]. 贵州民族研究，2014，35（12）：12—15.

[6] 张志英. 生态文明视角下四川民族地区产业跨越 [J]. 中共四川省委党校学报，2009（4）：65—67.

[7] 吴建萍. 论彝族的自然神与自然崇拜 [J]. 西南民族大学学报（人文社科版），1998.

[8] 陆文熙，陆铭宁. 彝族传统文化中的生态理念［J］. 西南民族大学学报（人文社科版），2005（12）.

[9] 王谋. 四川西部地区生态环境建设与可持续发展模式探讨［D］. 成都理工大学，2002.

[10] 杨庆华. 展天保工程建设成就谋甘孜林业更好发展［N］. 甘孜日报（汉文版），2008—12—22。

[11] 康俊. 保护生态环境促进经济发展——关于四川民族地区经济开发与生态环境保护的几点建议［J］. 西南民族学院学报（畜牧兽医版），1989（4）：80—86.

[12] 马强，周方. 四川民族地区水电开发与区域可持续发展研究［J］. 四川省社会主义学院学报，2021（1）：61—65.

[13] 王永莉. 四川民族地区发展低碳经济的路径研究［J］. 西南民族大学学报（人文社科版），2012，33（11）：119—123.

[14] 沈茂英. 西南生态脆弱民族地区的发展环境约束与发展路径选择探析——以四川藏区为例［J］. 西藏研究，2012（4）：105—114.

[15] 陈鹰，丁彦华. 公平视角下四川民族地区水电开发生态资源有偿使用研究［J］. 西南民族大学学报（人文社科版），2014，35（3）：135—139.

[16] 司林波，刘小青，乔花云，孟卫东. 政府生态绩效问责制的理论探讨——内涵、结构、功能与运行机制［J］. 生态经济，2017，33（12）：208—222.

[17] 任铃. 系统观念视阈下的生态文明体系建设［J］. 思想理论教育导刊. 2021（05）：69—73.

[18] 陈凯. 加速水电发展构建西部山区的绿色反贫困格局——四川民族地区脱贫发展调查 [J]. 中国经贸导刊，2017 (22)：47—50.

[19] 甘路有，曾国良. 四川民族地区低碳经济产业结构调整的对策研究 [J]. 农业现代化研究. 2012，33 (6)：687—691.

[20] 求是评论员. 坚定不移走中国特色解决民族问题的正确道路 [J]. 求是. 2014 (20)：12—13.

[21] 裴长洪，刘洪愧. 习近平新时代对外开放思想的经济学分析 [J]. 经济研究，2018，53 (2)：4—19.

[22] 费孝通. 中华民族多元一体格局 [M]. 北京：中央民族大学出版社，1999.

[23] 李静. 铸牢中华民族共同体意识的历史与现实基础 [J]. 西北民族大学学报 (哲学社科版)，2021 (1)：14—20.

[24] 杜韵红. 南方丝绸之路的变迁与保护 [J]. 文化遗产，2015 (2)：148—156.

[25] 全洪涛. 古代“南丝路”经济文化探究 [D]. 云南大学，2015.

[26] 任新建. 略论“汉藏民族走廊”之民族历史文化特点 [J]. 藏学学刊. 2005：39—45.

[27] 陈华亨，王小刚，刘守辉. 新形势下民族地区反贫困问题——四川省“三州”地区的调研报告 [J]. 社会科学研究，2007 (1)：38—43.

[28] 屈洪斌. 20世纪甘阿地区交通演替与社会经济发展 [D]. 四川大学，2006.

[29] 成阿工业园区管委会. 成都—阿坝工业园区概况，http://www.abazhou.gov.cn/abazhou/c102049/201406/3ba49df0749a4d29a53a8b6a3e6e7b92.shtml，2014—06—26.

[30] Feenstra R.Advanced International Trade Theoryand Evidence [M]. Princenton: Princenton University Press. 2004.

[31] 韩军，刘润娟，张俊森. 对外开放对中国收入分配的影响——“南方谈话”和“入世”后效果的实证检验[J]. 中国社会科学，2015(2): 24—40.

[32] 四川省发展和改革委员会网站. 2018年四川藏区飞地产业园区实现又好又快发展，http://www.sc.gov.cn/10462/10464/10797/2019/2/11/37c88c3c0f774e4ab1734db1a8d983ee.shtml，2019—02—11.

[33] 徐奇渊. 双循环新发展格局：如何理解和构建[J]. 金融论坛，2020(9): 3—9.

[34] 董志勇，李成明. 国内国际双循环新发展格局：历史溯源、逻辑阐释与政策导向[J]. 中共中央党校(国家行政学院)学报，2020，24(5): 47—55.

[35] 贾华强. 如何深刻理解“形成强大国内市场，构建新发展格局”[J]. 党课参考，2020(2): 88—104.

[36] Branko Milanovic. Global inequality recalculated and updated: the effect of new PPP estimates global inequality and 2005 estimates[J]. The Journal of Economic Inequality. 2012Mar1—10(1): 1—8.

[37] 习近平. 共担时代责任共促全球发展——在世界经济论坛2017年年会开幕式上的主旨演讲[N]. 人民日报，2017—01—17.

[38] 蔡宏波，逯慧颖，雷聪．“一带一路”倡议如何推动民族地区贸易发展——基于复杂网络视角［J］．管理世界，2021，37（10）．

[39] 四川省民族宗教事务委员会．四川省民宗委副主任甘映平解读《关于进一步加快飞地园区建设发展助推藏区彝区脱贫攻坚的意见》，http://www.sc.gov.cn/10462/10464/13298/13302/2018/4/18/10449266.shtml，2018—04—18.

[40] 郭佩霞，梁茜，朱明熙．四川民族地区财政体制改革的路径选择［J］．经济学家，2015（04）：103—104.

[41] 任维德．“一带一路”战略下的对口支援政策创新［J］．内蒙古大学学报（哲学社科版），2016，48（1）：5—10.

[42] 时光，马长友，罗晓芹．论西部民族地区发展资本市场前拟要性与可行性［J］．西南民族学院学报（哲学社科版），2001，22（6）：164—173.

[43] 阚大学，郑丽瑶．江西省利用外资的现状、问题及对策［J］．南昌师范学院学报，2015，36（2）：4—17.

[44] 母涛．四川民族地区旅游经济发展研究［J］．理论与改革，2006（2）：88—91.

[45] 习近平．习近平在庆祝改革开放40周年大会上的讲话［N］．新华社，2018—12—08.

[46] 习近平．习近平总书记在经济社会领域专家座谈会的重要讲话［N］．新华社，2020—08—24.

[47] 习近平．决胜全面建成小康社会 夺取新时代中国特色社会主义伟大胜利——在中国共产党第十九次全国代表大会上的报告［R］．北京：人民出版社，2017.

[48] 中共中央. 中国共产党第十九届中央委员会第五次全体会议公报[R]. 新华社，2020.

[49] 国务院. 国务院关于全面加强基础科协研究的若干意见[S]. http://www.gov.cn/zhengce/content/2018-01/31/content_5262539.htm，2018—01—31.

[50] 国务院. 高新技术研究开发计划纲要[S]，1986.

[51] 国务院. 中华人民共和国国民经济和社会发展第十三个五年计划纲要[S]. 新华社，2016.

[52] 阿坝藏族羌族自治州人民政府. 阿坝藏族羌族自治州国民经济和社会发展第十四个五年规划和二〇三五年远景目标纲要[S]. http://www.abazhou.gov.cn/abazhou/c102016/202104/837ac7d176b34614843f47d00775e0b0.shtml，2021.

[53] 甘孜藏族自治州人民政府. 甘孜藏族自治州国民经济和社会发展第十四个五年规划和二〇三五年远景目标纲要[S]. http://www.gzz.gov.cn/gzzrmzf/c104067/202204/714efa81b98040dabc6b7ab0f036a37a.shtml，2021.

[54] 凉山彝族自治州人民政府. 凉山彝族自治州国民经济和社会发展第十四个五年规划和二〇三五年远景目标纲要[S]. http://www.lsz.gov.cn/xxgk/ghjh/fzghs/202106/t20210624_1946652.html，2021.

[55] 四川省人民政府办公厅. 四川省"十三五"科技创新规划[S]. https://www.sc.gov.cn/10462/10464/13298/13299/2017/4/1/10418976.shtml，2017.

[56] 广东省科技厅．“十三五”广东省科技创新规划［S］，2017.

[57] 刘秀兰，付强，刘兴全．西部民族地区大开发与科技创新［M］．成都：四川民族出版社，2002.

[58] 王康，刘秀兰，刘兴全，庄万禄．四川民族地区技术创新体系建设研究［M］．北京：民族出版社，2007.

[59] 张瑾燕等．民族地区科技创新能力提升战略研究［M］．北京：民族出版社，2014.

[60] 查有梁，周遂志．巴蜀科技史略［M］．成都：四川人民出版社，2010.

[61] 王康，刘秀兰．四川民族地区技术创新体系建设的对策［M］．西南民族大学学报，2005.

[62] 李鸣．羌族法制的历程［M］．北京：中国政法大学出版社，2008.

[63] 张晓辉，方慧．彝族法律文化研究［M］．北京：民族出版社，2005.

[64] 龚卫东．西部少数民族民事习惯法治化问题研究［M］．北京：法律出版社，2016.

[65] 王允武，王杰．中国民族法学研究概览（2008—2018）［M］．北京：法律出版社，2020.

[66] 熊文钊．中国民族法制60年［M］．北京：中央民族大学出版社，2010.

[67] 四川省地方志编纂委员会．四川省志·民族志［M］．成都：四川民族出版社，2000.

[68] 甘孜藏族自治州地方志编纂委员会. 甘孜州志［M］. 成都：四川人民出版社，1997.

[69] 阿坝藏族羌族自治州地方志编纂委员会. 阿坝州志［M］. 北京：民族出版社，1994.

[70] 凉山彝族自治州地方志编纂委员会. 凉山州志［M］. 北京：方志出版社，2000.

[71] 中共中央统战部. 民族问题文献汇编［G］. 北京：中共中央党校出版社，1991.

[72] 中共四川省委党校，中共四川省委党史研究室. 中国共产党四川历史十讲［M］. 成都：四川人民出版社，2020.

[73] 人民出版社. 中国工农红军第一方面军长征记［M］. 北京：人民出版社，1958.

[74] 李丹等. 西藏2050：和谐、绿色、开放、现代化的世界第三极［M］. 北京：人民出版社，2019.

[75] 李加才旦. 长征时期红军执行民族政策的情况述要［J］. 青海民族学院学报，1996（4）.

[76] 闫科培，周瑾. 加强边疆民族地区高校党建工作［J］. 高校理论战线，2012（4）.

[77] 林凌，吴浩. 把党的建设制度优势转化为治理效能［N］. 四川日报，2020—07—01.

[78] 王阳. 中国共产党民族政策在四川的实践与启示［J］. 四川省社会主义学院学报，2021（2）.

[79] 郝时远. 习近平新时代中国特色社会主义思想与民族工作[J]. 民族研究，2017(6).

[80] 任志江，胡小娇. 从“脱贫攻坚”到“乡村振兴”战略转轨阶段的农村基层党建工作研究——以四川省凉山彝族自治州为例[J]. 阿坝师范学院学报，2021(1).

[81] 中共中央统一战线工作部，国家民族事务委员会. 中央民族工作会议精神学习辅导读本[M]. 北京：民族出版社，2022.

后 记

中国式现代化和铸牢中华民族共同体意识都是全面建成社会主义现代化强国，进而实现中华民族伟大复兴的应有之义。自从习近平总书记在“七一”重要讲话中明确提出“中国式现代化”，以及党的十九大将“铸牢中华民族共同体意识”正式写入党章以来，学术界关涉二者的研究热度持续增加，研究成果络绎不绝。“中国式现代化”是客观存在的实现路径，而“铸牢中华民族共同体意识”是主观意识的统一路径。两者间互通的内在一致之处为彼此形成互构支撑、联动发展，为广大民族地区铸牢中华民族共同体意识同步现代化提供了方向指引，奠定了坚实基础。

2021年6月，受四川省民族宗教事务委员会委托，由西南财经大学的贾晋研究员牵头，以“四川民族地区铸牢中华民族共同体意识同步现代化研究”为题，组织了由西南财经大学、中共四川省委党校和成都市社会科学院的专职科研人员组成的课题组。课题组先后召开3次课题论证会，邀请来自四川省民族宗教事务委员会、四川大学、西南民族大学等单位的专家学者共同把脉，确定了研究的思路、提纲与内容。随后，课题组在四川省民族宗教事务委员会的协调帮助下，先后赴阿坝藏族羌族自治州、甘孜藏族自治州、凉山彝族自治州等多地开展实地调研，收集相关资料、征求地方建议，夜以继日辛勤工作，于2022年7月完成本书文稿的写作，又通过征求多方意见，集体对书稿进行反复修改，于2022年12月形成送审稿并顺利完成结项。本书各章节的执笔分工为：第一章，吕进鹏（西南财经大学）；第二章和第三章，贡布泽仁（西南财经大学）；第四章和第八章，贾晋、李雪峰（西南财经大学）；第五章和第六章，雷霞（成都市社会科学院）；第七章，廖思雁（西南财经大学）；第九章，徐天然（西南财经大学）；第十章，储连伟（中共四川省委党校）。经四川省民族宗教事务委员会批准支持，《四川民族地区铸牢中华民族共同体意识同步现代化研究》最终在四川民族出版社得以正式出版，与广大读者朋友们见面。

最后需要指出的是，中国式现代化和铸牢中华民族共同体意识提出的时间均不长，很多探索性理论研究和地方实践正在有序推进，其内在机理、协同机制亦处于动态变化之中。本书立足当前、放眼未来，尝试提出四川民族地区铸牢中华民族共同体意识同步现代化的发展方向，可能存在不当和错漏之处，敬请读者不吝指正，共同助力以中国式现代化全面推进中华民族伟大复兴。